山东省新闻出版广播影视行政执法实用手册

山东省新闻出版广电局　编

山东大学出版社

《山东省新闻出版广播影视行政执法实用手册》编委会

目　录

第一篇

行政处罚案例示范文书

某市文化市场综合行政执法局

文化市场行政处罚案卷

案件编号：(某)文罚字〔2016〕第F-001号

案　　由：擅自安装和使用卫星电视地面接收设施

当 事 人：某国际假日酒店

处罚内容：没收10台HSR-2080型卫星电视接收机、10台ZY750M型有线电视射频调制器和1个直径1.2米卫星天线(无型号)，并处15000元罚款。

自2016年6月至2016年7月	本卷共××件××页	
此案共1卷，本卷是第1卷	保管期限	30年

全宗号	目录号	案卷号
××	××	×××

卷内文件目录

序号	文号	题名	日期	页号
1	(某)文罚字〔2016〕第F-001号	行政处罚决定书	2016年6月27日	略
2	(某)文送字〔2016〕第F-001-2号	送达回证	2016年6月27日	略
3	(某)文检(勘)字〔2016〕第2203号	现场检查(勘验)笔录	2016年6月12日	略
4	(某)文保审字〔2016〕第2203号	证据先行登记保存审批表	2016年6月12日	略
5	(某)文保字〔2016〕第2203号	证据先行登记保存通知书	2016年6月12日	略
6	/	调查询问通知书	2016年6月12日	略
7	(某)文案立字〔2016〕第F-001号	立案审批表	2016年6月13日	略
8	/	调查询问笔录	2016年6月14日	略
9	/	营业执照复印件	2016年6月14日	略
10	/	授权委托书	2016年6月14日	略
11	/	法定代表人身份证复印件	2016年6月14日	略
12	/	受委托人身份证复印件	2016年6月14日	略
13	/	现场检查(勘验)取证	2016年6月14日	略
14	/	某国际假日酒店电视节目单取证	2016年6月14日	略
15	(某)文保告字〔2016〕第2203号	证据先行登记保存处理告知书	2016年6月15日	略
16	/	返还物品清单	2016年6月15日	略
17	(某)文终字〔2016〕第F-001号	案件调查终结审批表	2016年6月21日	略
18	/	集体讨论笔录	2016年6月21日	略
19	(某)文罚告字〔2016〕第F-001号	行政处罚事先告知书	2016年6月22日	略
20	(某)文送字〔2016〕第F-001-1号	送达回证	2016年6月22日	略
21	/	山东省非税收入通用票据	2016年7月7日	略
22	(某)文结字〔2016〕第F-001号	结案报告	2016年7月8日	略

行政处罚决定书

(某)文罚字〔2016〕第 F-001 号

当事人姓名或名称:某国际假日酒店

法定代表人:高某某 电话:87000000

地址:某市某路 149 号

2016 年 6 月 12 日 14 时 20 分至 15 时 49 分,某市文化市场综合行政执法局执法人员张某(执法证号 01-00××01)、郑某国(执法证号 01-00××02)、刘某(执法证号 01-00××03)在出示执法证件后,对位于某市某路 149 号的某国际假日酒店的收视情况依法进行检查,该酒店工程部经理刘某某全程陪同。

在某国际假日酒店 3 层餐厅,执法人员打开电视机电源开关,通过遥控器换台的方式,对电视节目进行逐一检查。发现该电视机第 1 频道为某国际假日酒店的宣传视频,之后的第 2 至第 11 频道没有电视节目,电视画面全部是蓝屏,从第 12 频道开始之后的各频道,可以正常收看中央及各省卫视电视节目。

在该酒店工程部经理刘某某的引导下,执法人员对位于该酒店 1 层的电视机房进行检查并发现,该机房最内侧机柜从上至下依法安装有 10 台 HSR-2080 型卫星电视接收机(以下简称"接收机")和 10 台 ZY750M 型有线电视射频调制器(以下简称"调制器")。执法人员对机房内竖立在地面墙边的电视机进行加电,第 2 至第 11 频道仍然没有电视节目,电视画面全部是蓝屏。经检查发现,上述 10 台接收机与 10 台调制器之间的视频输出线均被拔出,所有接收机与调制器也均处于断电状态。随后,执法人员将接收机与调制器之间的视频输出线依次连接,并对上述设备进行加电。机房内电视机屏幕的第 3 至第 11 频道依次由蓝屏显示出境外节目 A、境外节目 B、境外节目 C 等 9 套境外电视节目,第 2 频道依然显示蓝屏。经询问该酒店工程部经理刘某某得知,第 2 频道的接收机损坏,无法正常使用。执法人员对第 2 频道的接收机再次进行检查发现,该接收机前面板 LED 显示窗口显示数字"18"字样,该字样为接收卫星传送的电视节目的频道序号。通过正常工作的接收机,操作该接收机前面板的 CH+和 CH-按键,将其接收的卫星传送的电视节目的频道序号调整为 18,电视节目画面显示的内容是某国外电视节目。执法人员在该酒店裙楼 3 层平台发现接收上述电视信号的卫星天线 1 个。

据某国际假日酒店工程部经理刘某某讲,该酒店通过卫星天线接收上述 10 套境外电视节目信号,将该信号传送到电视机房的接收机和调制器,再通过酒店有线电视局域网送至各间客房和餐厅的电视机终端,供住宿和就餐客人收看,但该酒店现场不能提供接收卫星传送的境外电视节目许可证。

执法人员现场调取了某国际假日酒店营业执照复印件,电话请示某市文化市场综合行政执法局副局长李某军,经同意后对 10 台 HSR-2080 型接收机、10 台 ZY750M 型调制器和 1 个直径 1.2 米卫星电视(无型号)进行证据先行登记保存。执法人员对执法过程、安装有 HSR-2080 型接收机和 ZY750M 型调制器的机柜、境外节目 A HSR-2080 型接收机和 ZY750M 调制器、第 3 至第 11 频道及第 18 频道正在播放的电视节目画面。酒店裙楼 3 层楼顶安装的卫星电视接收天线进行拍照取证,并留置调查询问通知书。该酒店工程部经理刘某某在现场检查(勘验)笔录、证据先行登记保存通知书、证据先行登记保存物品清单、调查询问通知书等执法文书上签字确认。

6 月 13 日,我局认为某国际假日酒店在未取得接收卫星传送的境外电视节目许可证的情况下,接收境外卫星电视节目供就餐和住宿客人收看,涉嫌擅自安装和使用卫星电视地面接收设施,根据《卫星电视广播地面接收设施管理规定》,准予按一般程序立案。

6月14日，某国际假日酒店副总经理张某某受法定代表人高某某委托，到我局就该公司涉嫌擅自安装和使用卫星地面接收设施一案接受调查询问，承认了该公司擅自安装和使用卫星电视地面接收设施的违规行为。张某某在调查询问笔录、现场检查（勘验）取证（一）至现场检查（勘验）取证（十三）共计13页照片及某国际假日酒店电视节目单取证等证据上签字确认。

6月17日，向当事人下达了证据先行登记保存处理告知书，解除证据先行登记保存，向当事人返还证据先行登记保存的10台HSR-2080型卫星电视接收机、10台ZY750M型有线电视射频调制器和1个直径1.2米卫星天线（无型号）。

6月21日，本案调查终结。我局认为该酒店擅自安装和使用卫星地面接收设施一案事实清楚，证据确凿。有以下证据为证：

1.现场检查（勘验）笔录，证明6月12日我局对该酒店检查时，现场发现用于接收卫星电视节目的卫星天线和接收机，且可以正常接收境外卫星电视节目；

2.现场检查（勘验）取证（一）至现场检查（勘验）取证（十三）共计13页，证明在当事人机房内，可以通过电视机终端收看境外卫星电视节目；

3.证据先行登记保存物品，证明当事人用于接收境外卫星电视节目的非法设备；

4.调查询问笔录，证明当事人承认该酒店在未取得接收卫星传送的电视节目许可证的情况下，接收境外卫星电视节目供就餐和住宿客人收看的事实；

5.现场检查录像，通过视听资料证明我局执法人员的检查过程及其该酒店存在的违规行为。

根据以上事实和证据，当事人擅自安装和使用卫星地面接收设施的违法行为，事实清楚，证据确实，违反了《卫星电视广播地面接收设施管理规定》第三条的规定。依据《某市文化市场行政处罚裁量基准》第0058条规定，当事人违法行为属于较轻。依据《卫星电视广播地面接收设施管理规定》第十条第三款之规定，拟对当事人处以“没收其安装和使用的10台HSR-2080型卫星电视接收机和10台ZY750M型有线电视射频调制器，并处15000元人民币罚款”的行政处罚。

6月23日，向某国际假日酒店送达（某）文罚告字〔2016〕第F-001号行政处罚事先告知书。在规定期限内，当事人某国际假日酒店未提出陈述和申辩。

综上所述，我局决定给予当事人以下处罚：

1.没收10台HSR-2080型卫星电视接收机、10台ZY750M型有线电视射频调制器和1个直径1.2米卫星天线（无型号）；2.罚款15000元人民币。

当事人如对本处罚决定不服，可在收到本决定书之日起60日内向某市人民政府申请行政复议，也可在收到本决定书之日起6个月内直接向某区人民法院提起行政诉讼。

当事人应在收到本处罚决定书之日起15日内持本决定书到建设银行某支行交纳罚款，逾期每日按罚款数额的3%加处罚款。行政复议或行政诉讼期间本处罚决定不停止执行。

行政处罚实施机关（印章）
2016年6月27日

（本决议书一式三份，一分随案，一份备存，一份送达当事人。）

送达回证

(某)文送字〔2016〕第 F-001-2 号

案由	擅自安装和使用卫星电视地面接收设施
送达执法文书 名称及文号	行政处罚决定书 (某)文罚字〔2016〕第 F-001 号
受送达人	某国际假日酒店
送达方式	直接送达
送达地点	某市某路 149 号
受送达人或代收人 签名或者盖章	张某某(手印) 2016 年 6 月 27 日
见证人签名	/ 年 月 日
送达人签名 (执法证号)	郑某国(执法证号 01-00××02) 刘某(执法证号 01-00××03) 行政处罚实施机关(印章) 2016 年 6 月 27 日
备 注	/

现场检查(勘验)笔录

(某)文检(勘)字〔2016〕第 2203 号

<table>
<tr><td rowspan="4">当事人</td><td rowspan="2">单位</td><td>名称</td><td colspan="2">某国际假日酒店</td><td>法定代表人或负责人</td><td colspan="2">高某某</td></tr>
<tr><td>地址</td><td colspan="3">某市某路 149 号</td><td>电话</td><td>13800000000</td></tr>
<tr><td rowspan="2">个人</td><td>姓名</td><td></td><td>性别</td><td></td><td>电话</td><td></td></tr>
<tr><td>地址</td><td></td><td colspan="2">证件名称及号码</td><td colspan="2"></td></tr>
<tr><td colspan="2" rowspan="2">现场负责人</td><td>姓名</td><td>刘某某</td><td>证件名称及号码</td><td colspan="3">身份证 37××××000000000000</td></tr>
<tr><td>职务</td><td>工程部经理</td><td>电话</td><td colspan="3">13300000000</td></tr>
<tr><td colspan="2">检查(勘验)部门</td><td colspan="3">某市文化市场综合行政执法局</td><td>记录人</td><td colspan="2">高琳</td></tr>
<tr><td colspan="2">执法人员及执法证号</td><td colspan="6">张某(执法证号 01-00××01) 郑某国(执法证号 01-00××02) 刘某(执法证号 01-00××03)</td></tr>
<tr><td colspan="2">检查(勘验)地点</td><td colspan="2">某市某路 149 号</td><td>检查(勘验)时间</td><td colspan="3">2016 年 6 月 12 日 14 时 20 分至 15 时 49 分</td></tr>
<tr><td colspan="8">2016 年 6 月 12 日 14 时 20 分至 15 时 49 分,某市文化市场综合行政执法局执法人员张某(执法证号 01-00××01)、郑某国(执法证号 01-00××02)、刘某(执法证号 01-00××03)在出示执法证件后,对位于某市某路 149 号的某国际假日酒店的收视情况依法进行检查,该酒店工程部经理刘某某全程陪同。
在某国际假日酒店 3 层餐厅,执法人员打开电视机电源开关,通过遥控器换台的方式,对电视节目进行逐一检查。发现该电视机第 1 频道为某国际假日酒店的宣传视频,之后的第 2 至第 11 频道没有电视节目,电视画面全部是蓝屏,从第 12 频道开始之后的各频道,可以正常收看中央及各省卫视电视节目。
在该酒店工程部经理刘某某的引导下,执法人员对位于该酒店 1 层的电视机房进行检查并发现,该机房最内侧机柜从上至下依法安装有 10 台 HSR-2080 型卫星电视接收机(以下简称“接收机”)和 10 台 ZY750M 型有线电视射频调制器(以下简称“调制器”)。执法人员对机房内竖立在地面墙边的电视机进行加电,第 2 至第 11 频道仍然没有电视节目,电视画面全部是蓝屏。经检查发现,上述 10 台接收机与 10 台调制器之间的视频输出线均被拔出,所有接收机与调制器也均处于断电状态。随后,执法人员将接收机与调制器之间的视频输出线依次连接,并对上述设备进行加电。机房内电视机屏幕的第 3 至第 11 频道依次由蓝屏显示出境外节目 A、境外节目 B、境外节目 C 等 9 套境外电视节目,第 2 频道依然显示蓝屏。经询问该酒店工程部经理刘某某得知,第 2 频道的接收机损坏,无法正常使用。执法人员对第 2 频道的接收机再次进行检查发现,该接收机前面板 LED 显示窗口显示数字“18”字样,该字</td></tr>
</table>

样为接收卫星传送的电视节目的频道序号。通过正常工作的接收机，操作该接收机前面板的CH＋和CH－按键，将其接收的卫星传送的电视节目的频道序号调整为18，电视节目画面显示的内容是某国外电视节目。执法人员在该酒店裙楼3层平台发现接收上述电视信号的卫星天线1个。

据某国际假日酒店工程部经理刘某某讲，该酒店通过卫星天线接收上述10套境外电视节目信号，将该信号传送到电视机房的接收机和调制器，再通过酒店有线电视局域网送至各间客房和餐厅的电视机终端，供住宿和就餐客人收看，但该酒店现场不能提供接收卫星传送的境外电视节目许可证。

执法人员现场调取了某国际假日酒店营业执照复印件，电话请示某市文化市场综合行政执法局副局长李某军，经同意后对10台HSR-2080型接收机、10台ZY750M型调制器和1个直径1.2米卫星电视（无型号）进行证据先行登记保存。执法人员对执法过程、安装有HSR-2080型接收机和ZY750M型调制器的机柜、境外节目A HSR-2080型接收机和ZY750M调制器、第3至第11频道及第18频道正在播放的电视节目画面和酒店裙楼3层楼顶安装的卫星电视接收天线进行拍照取证，并留置调查询问通知书。该酒店工程部经理刘某某在现场检查（勘验）笔录、证据先行登记保存通知书、证据先行登记保存物品清单、调查询问通知书等执法文书上签字确认。

以上内容已阅，情况属实。　刘某某　2016年6月12日

执法人员签名：*张某　郑某国　刘某*　　　　2016年6月12日

当事人签名或盖章：*刘某某（手印）*　　　　2016年6月12日

行政处罚实施机关（印章）

2016年6月12日

证据先行登记保存审批表

（某）文保审字〔2016〕第 2203 号

<table>
<tr><td>案件来源</td><td colspan="4">日常检查</td></tr>
<tr><td>案　　由</td><td colspan="4">涉嫌擅自安装和使用卫星地面接收设施</td></tr>
<tr><td rowspan="3">当事人</td><td>名称（姓名）</td><td colspan="3">某国际假日酒店</td></tr>
<tr><td>法定代表人</td><td>高某某</td><td>联系电话</td><td>13800000000</td></tr>
<tr><td>住所（住址）</td><td colspan="3">某市某路 149 号</td></tr>
<tr><td>案情概要</td><td colspan="4">2016 年 6 月 12 日 14 时 20 分至 15 时 49 分，某市文化市场综合行政执法局执法人员张某（01-00××01）、郑某国（01-00××02）、刘某（01-00××03）在出示执法证件后，对位于某市某路 149 号的某国际假日酒店的收视情况依法进行检查并发现，该酒店在未取得接收卫星传送的境外电视节目许可证的情况下，通过卫星接收并向客房传输境外节目 A、境外节目 B、境外节目 C 等 9 套境外电视节目，涉嫌擅自安装和使用卫星地面接收设施，其行为涉嫌违反了《卫星电视广播地面接收设施管理规定》第三条之规定。</td></tr>
<tr><td>审批事项</td><td colspan="4">根据《中华人民共和国行政处罚法》第三十七条第二款规定，建议对涉案的 10 台 HSR-2080 型卫星电视接收机、10 台 ZY750M 型调制器和 1 个直径 1.2 米卫星天线（无型号）进行证据先行登记保存。保存方式：异地保存；保存时间：2016 年 6 月 12 日至 2016 年 6 月 19 日；保存地点：某市文化市场综合行政执法局 509 室。
承办人：张某　郑某国　刘某　　2016 年 6 月 12 日</td></tr>
<tr><td>承办部门意　　见</td><td colspan="4">同意。
负责人：魏某祥　　2016 年 6 月 12 日</td></tr>
<tr><td>法制部门意　　见</td><td colspan="4">同意。
负责人：胡某钟　　2016 年 6 月 12 日</td></tr>
<tr><td>承办机构意　　见</td><td colspan="4">/
负责人：　　年　月　日</td></tr>
<tr><td>行政处罚实施机关意　　见</td><td colspan="4">同意。
负责人：李某军　　2016 年 6 月 12 日</td></tr>
</table>

证据先行登记保存通知书

（某）文保字〔2016〕第 2203 号

某国际假日酒店：

你单位涉嫌擅自安装和使用卫星地面接收设施的行为，涉嫌违反了《卫星电视广播地面接收设施管理规定》第三条第一款、第七条的规定，依据《中华人民共和国行政处罚法》第三十七条第二款的规定，现对你（单位）有关物品（详见证据先行登记保存物品清单）采取先行登记保存措施。先行登记保存期间，任何单位或者个人不得销毁或者转移保存的物品。

保存方式：异地保存

保存地点：某市文化市场综合行政执法局某某室（某市某区某路 1 号）

保存期限：2016 年 6 月 12 日至 2016 年 6 月 19 日

执法人员签名（执法证号）：张某（01-00××01）　郑某国（01-00××02）　刘某（01-00××03）

联系电话：86600000

附：证据先行登记保存物品清单

某市文化市场综合行政执法局
2016 年 6 月 12 日

本通知书已于 2016 年 6 月 12 日 15 时 49 分收到。

签收人签名或盖章：刘某某（手印）　联系电话：13300000000

（本通知书一式三份，一份随案，一份备存，一份送达当事人。）

附件：

证据先行登记保存物品清单

当事人：某国际假日酒店

法定代表人：高某某　联系电话：13800000000

地址：某市某路149号

编号	物品名称	单位	数量	备　注
1	HSR-2080型卫星电视接收机	台	10	
2	ZY750M型调制器	台	10	
3	直径1.2米卫星天线	个	1	

以上物品，清单与实物一致。

执法人员签名及执法证号：*张某*（*01-00××01*）　*郑某国*（*01-00××02*）　*刘某*（*01-00××03*）

行政处罚实施机关（印章）

2016年6月12日

本通知书已于*2016*年*6*月*12*日*15*时*49*分收到。

签收人签名或盖章：*刘某某（手印）*　联系电话：13300000000

［本清单一式三份，一份随案，一份备存，一份送达当事人。本清单在采取证据先行登记保存、抽样取证、(解除)查封(扣押)等措施时使用。］

调查询问通知书

某国际假日酒店：

因涉嫌擅自安装和使用卫星电视地面接收设施，请你（单位）于 2016 年 6 月 14 日 14 时到某市文化市场综合行政执法局某某室（某市某区某路 1 号）接受调查询问，并携带下列材料：

☑被询问人的有效身份证件；

□经营许可证；

☑营业执照；

☑法定代表人或负责人身份证明；

☑如委托他人前来，须出具有效的授权委托书及被委托人的有效身份证明；

□其他：

如无法按时前来，请及时联系。

联系人：张某

联系电话：86600000

行政处罚实施机关（印章）

2016 年 6 月 12 日

本通知书已于 *2016* 年 *6* 月 *12* 日 *10* 时 *46* 分收到。

签收人签名或者盖章：*刘某某（手印）* 联系电话：13300000000

（此通知书一式三份，一份随案，一份备存，一份送达当事人。）

立案审批表

(某)文案立字〔2016〕第 F-001 号

<table>
<tr><td>案件来源</td><td colspan="4">日常检查</td></tr>
<tr><td>案　　由</td><td colspan="4">涉嫌擅自安装和使用卫星电视地面接收设施</td></tr>
<tr><td rowspan="3">当事人</td><td>名称(姓名)</td><td colspan="3">某国际假日酒店</td></tr>
<tr><td>法定代表人</td><td>高某某</td><td>联系电话</td><td>13800000000</td></tr>
<tr><td>住所(住址)</td><td colspan="3">某市某路 149 号</td></tr>
<tr><td>案情概要</td><td colspan="4">2016 年 6 月 12 日 14 时 20 分至 15 时 49 分，某市文化市场综合行政执法局执法人员张某(01-00××01)、郑某国(01-00××02)、刘某(01-00××03)在出示执法证件后，对位于某市某路 149 号的某国际假日酒店的收视情况依法进行检查发现，该酒店在未取得接收卫星传送的电视节目许可证的情况下，涉嫌擅自安装和使用卫星电视地面接收设施，接收某国外频道及境外节目 A、境外节目 B 等 10 套境外卫星电视节目，供酒店就餐和住宿客人收看，其行为涉嫌违反《卫星电视广播地面接收设施管理规定》第三条的规定。</td></tr>
<tr><td>承办人
意　见</td><td colspan="4">建议立案调查。
承办人：张某　郑某国　刘某　　2016 年 6 月 13 日</td></tr>
<tr><td>承办部门
意　　见</td><td colspan="4">同意。
负责人：魏某祥　　2016 年 6 月 13 日</td></tr>
<tr><td>法制部门
意　　见</td><td colspan="4">同意。
负责人：胡某钟　　2016 年 6 月 13 日</td></tr>
<tr><td>承办机构
负责人意见</td><td colspan="4">/
签名：　　年　月　日</td></tr>
<tr><td>行政处罚
实施机关
意　　见</td><td colspan="4">同意。
负责人：李某军　　2016 年 6 月 13 日</td></tr>
</table>

调查询问笔录

询问时间：2016 年 6 月 14 日 14 时 40 分至 16 时 01 分

询问地点：某市文化市场综合行政执法局　第 1 次询问

询问人(执法证号)：张某(01-00××01)　郑某国(01-00××02)　刘某(01-00××03)

记录人：高琳　**被询问人**：张某某　**性别**：男　**出生年月**：19××年×月××日

证件名称及号码：身份证 37××××000000000000

联系电话：15900000000

工作单位：某国际假日酒店

住址：某市某路 149 号

问：你好，我们是某市文化市场综合行政执法局的行政执法人员，我叫张某，他叫郑某国，正在执行公务，这是我们的文化市场行政执法证(出示证件)，你看清楚了吗？

答：看清楚了。

问：关于某国际假日酒店涉嫌擅自安装和使用卫星电视地面接收设施一案，我们依法对你进行调查询问，请你如实回答。在场进行调查询问的执法人员，你认为如有需要回避的，请申请回避。

答：没有。

问：请你介绍一下你的基本情况？

答：我叫张某某。性别：男；出生年月：19××年×月××日；电话：15900000000；身份证号370000000000000000；工作单位：某国际假日酒店；职务：副总经理；工作单位地址：某市某路 149 号。

问：某国际假日酒店的法定代表人是谁？你能否代表某国际假日酒店，就该酒店安装和使用卫星电视地面接收设施的情况，接受我们的调查并回答我们提出的问题？

答：某国际假日酒店的法定代表人是高某某，我可以代表某国际假日酒店，就我单位安装和使用卫星电视地面接收设施的情况，接受你们的调查并回答你们提出的问题。

问：请提供某国际假日酒店营业执照、法定代表人的身份证件复印件、委托证明以及你的身份证件。

答：2016 年 6 月 12 日，某市文化市场综合行政执法局对某国际假日酒店进行检查时，某国际假日酒店现场已提交工商营业执照复印件，这是该工商营业执照原件，请核对。另外，这是法定代表人的身份证件复印件、委托证明以及我的身份证件。

问：某国际假日酒店是何时开业运营的？有多少间客房？

答：某国际假日酒店是 2016 年 1 月份开业运营，有 236 间客房。

问：某国际假日酒店是几星级标准的服务单位？

答：某假日酒店未申请和参加宾馆星级标准评定。

问：根据 2016 年 6 月 12 日检查情况来看，某国际假日酒店不论是硬件设施还是管理水平，基本具备了星级宾馆的标准，为什么不申请和参加宾馆星级标准评定？

答：因为只要成功申请了星级宾馆，每隔几年就会对星级宾馆进行复核，复核程序和备查工作非常繁琐，为了减轻工作压力，某国际假日酒店从开业之初就决定不申请宾馆星级评定。

被询问人签名或者盖章：张某某(手印)　询问人签名：张某　郑某国

问:2016 年 6 月 12 日 14 时 20 分至 15 时 49 分,某市文化市场综合行政执法局执法人员张某(01-00××01)、郑某国(01-00××02)、刘某(01-00××03)在出示执法证件后,对位于某市某路 149 号的某国际假日酒店的收视情况依法进行检查,整个检查过程中你单位何人全程陪同?

答:整个检查过程我单位工程部经理刘某某全程陪同,在我的办公室曾与贵局张某、郑某国等几位执法人员进行过交谈,了解安装和使用卫星电视地面接收设施的有关规定,以及我单位存在的违规行为。

问:请问某国际假日酒店的卫星天线和卫星电视接收机分别安装在酒店的什么位置?

答:卫星天线安装在某国际假日酒店裙楼 3 层楼顶,卫星电视接收机安装在 1 层机房内。

问:在某国际假日酒店 3 层餐厅,执法人员打开电视机电源开关,通过遥控器换台的方式,对电视节目进行逐一检查。发现该电视终端的第 1 频道为某国际假日酒店的宣传视频,第 1 频道之后的第 2 至第 11 频道没有电视节目,电视画面全部是蓝屏。请你解释一下,在检查当日,上述 10 个频道为什么没有电视节目?

答:据工程部经理刘某某讲,当听说文化执法部门来检查收视情况,为规避检查和处罚,工程部工作人员切断了卫星电视节目信号。

问:工程部工作人员是如何切断卫星电视节目信号的?

答:就是把机房内的 10 台接收机与 10 台调制器之间的视频输出线拔出,关闭所有接收机与调制器的电源。

问:把机房内的 10 台接收机与 10 台调制器之间的视频输出线拔出,关闭所有接收机与调制器的电源,这样酒店内的包括餐厅和客房内的电视机就无法收看卫星电视节目了吗?

答:是的。

问:通过上述 10 台接收机与 10 台调制器所传送的卫星电视节目,分别对应某国际假日酒店电视机终端的哪几个频道?

答:分别对应电视机终端的第 2 至第 11 这 10 个频道。

问:在 10 台接收机与 10 台调制器之间的视频输出线被拔出,以及关闭所有接收机与调制器的电源之前,这 10 个频道的播放的是什么节目?

答:在 10 台接收机与 10 台调制器之间的视频输出线被拔出,以及关闭所有接收机与调制器的电源之前,这 10 个频道的播放的节目分别是某国外频道及境外节目 A、境外节目 B 等 10 套境外电视节目。

问:在执法人员将上述 10 台接收机与 10 台调制器之间的视频输出线依次连接,并加电后,机房内的电视机第 2 至第 11 这 10 个频道分播放的是什么电视节目?

答:就是刚才说的某国外频道及境外节目 A、境外节目 B 等这 10 套境外电视节目。

问:请看一下,这张"电视节目单"是某国际假日酒店的吗?请解释其用途?

答:这张电视节目单是某国际假日酒店的,是摆放在客房供住宿客人了解各频道电视节目内容的。

问:这张电视节目单中的第 2 至第 11 频道分别标注的是什么电视节目?

答:第 2 至第 11 频道分别标注的是某国外频道及境外节目 A、境外节目 B 等。

问:某国际假日酒店是否持有接收卫星传送的境外卫星电视节目许可证?

答:我们不知道收看卫星电视节目还要申请接收卫星传送的卫星电视节目许可证,所以也没申请这个许可证。

问:这是现场检查(勘验)取证(一)至现场检查(勘验)取证(十三)共计 13 页,是 2016 年 6 月 12 日本机关对某国际假日酒店现场检查时的取证照片,请核对是否属实,如属实请签字确认。

答:情况属实,我已签字确认。

问:某国际假日酒店从何时开始安装和使用卫星电视地面接收设施的?

被询问人签名或者盖章:张某某(手印) 询问人签名:张某 郑某国

共 3 页 第 2 页

答：大概一个月前安装的。
问：某国际假日酒店是何时、从何处购买的上述卫星电视接收设施，并由谁负责施工安装的？
答：是某国际假日酒店已经离职的IT技术人员负责购买安装的。
问：你还有什么补充的吗？
答：没有补充的。
问：请认真阅读这份调查询问笔录，如果情况属实，请签字。
答：（阅读后）情况属实，与我表述和意思表达一致，我签字。

被询问人签名或者盖章：张某某（手印） 询问人签名：张某 郑某国

受委托人身份证复印件

正面 （示范案卷略）

反面 （示范案卷略）

经核对与原件一致。　张某某（手印）

营业执照复印件

（示范案卷略）

经核对与原件一致。 张某某（手印）

法定代表人身份证复印件

正面
（示范案卷略）

反面
（示范案卷略）

经核对与原件一致。 张某某（手印）

授权委托书

某市文化市场综合行政执法局：

兹委托副总经理张某某处理我单位涉嫌擅自安装和使用卫星电视地面接收设施一案的相关事宜。

委托权限：申请回避，接受调查询问，出示证据，提出陈述和申辩，签收法律文书，申请和参加听证，代为放弃、变更委托人权利等。

本委托书有效期自2016年6月14日至案件办理终结。

委托单位：某国际假日酒店（签章）

法定代表人：高某某

联系电话：13800000000

受委托人（签名）：张某某（手印）

身份证号：37××××00000000000

工作单位：某国际假日酒店

家庭地址：某市某区某路某号某单元某室

联系电话：15900000000

2016年6月13日

现场检查(勘验)取证

2016 年 6 月 12 日 14 时 20 分至 15 时 49 分，某市文化市场综合行政执法局执法人员张某(执法证号 01-00××01)、郑某国(执法证号 01-00××02)、刘某(执法证号 01-00××03)在出示执法证件后，对位于某市某路 149 号的某国际假日酒店的收视情况依法进行检查。执法人员现场取证，共拍摄照片 13 张。当事人、执法人员对每张照片逐一签字确认后，存入本案卷(示范案卷略)。

某国际假日酒店电视节目单取证

某国际假日酒店电视节目单			
频道	节目	频道	节目
1	酒店频道	17	中央 6
2	某国外节目	18	中央 7
3	境外节目A	19	中央 8
4	境外节目B	20	中央 9
5	境外节目C	21	中央 10
6	境外节目D	22	中央 11
7	境外节目E	23	中央新闻
8	境外节目F	24	中央少儿
9	境外节目G	25	北京卫视
10	境外节目H	26	山东卫视
11	境外节目I	27	江苏卫视
12	中央 1	28	湖南卫视
13	中央 2	29	浙江卫视
14	中央 3	30	广东卫视
15	中央 4	31	安徽卫视
16	中央 5	32	四川卫视

2016 年 6 月 12 日 14 时 20 分至 15 时 49 分，某市文化市场综合行政执法局执法人员张某(01-00××01)、郑某国(01-00××02)、刘某(01-00××03)在出示执法证件后，对位于某市某路 149 号的某国际假日酒店的收视情况依法进行检查。上图为执法人员在 3 层餐厅吧台调取的该酒店电视节目单。

当事人签字确认：张某某(手印)　　2016 年 6 月 14 日

执法人员签字确认：张某　郑某国　刘某　　2016 年 6 月 14 日

证据先行登记保存处理告知书

（某）文保告字〔2016〕第 2203 号

某国际假日酒店：

本机关以证据先行登记保存通知书[（某）文保字〔2016〕第 2203 号]对你（单位）有关物品（详见证据先行登记保存物品清单）予以先行登记保存。因你单位涉嫌擅自安装和使用卫星地面接收设施，依据《中华人民共和国行政处罚法》第三十七条第二款，现作出以下处理决定：

□于______年______月______日至______年______月______日送鉴定机构鉴定。

□退还当事人。

□随案件移送________________________________处理。

☑解除证据先行登记保存措施。

□其他：

执法人员签名（执法证号）：张某（01-00××01）　郑某国（01-00××02）　刘某（01-00××03）

联系电话：86600000

附：证据先行登记保存物品清单

行政处罚实施机关（印章）

2016 年 6 月 15 日

本告知书已于 2016 年 6 月 15 日 16 时 24 分收到。

当事人签名或者盖章：张某某（手印）　联系电话：15900000000

（本告知书一式三份，一份随案，一份备存，一份送达当事人。）

附件：

证据先行登记保存物品清单

当事人：某国际假日酒店

法定代表人：高某某　联系电话：13800000000

地址：某市某路149号

编号	物品名称	单位	数量	备　注
1	HSR-2080型卫星电视接收机	台	10	
2	ZY750M型调制器	台	10	
3	直径1.2米卫星天线	个	1	

以上物品，清单与实物一致。

执法人员签名及执法证号：*张某（01-00××01）　郑某国（01-00××02）　刘某（01-00××03）*

行政处罚实施机关（印章）

2016年6月15日

本通知书已于*2016*年*6*月*15*日*15*时*49*分收到。

签收人签名或盖章：*刘某某（手印）*　联系电话：13300000000

［本清单一式三份，一份随案，一份备存，一份送达当事人。本清单在采取证据先行登记保存、抽样取证、（解除）查封（扣押）等措施时使用。］

返还物品清单

当事人:某国际假日酒店
法定代表人:高某某　联系电话:13800000000
地址:某市某路 149 号

编号	物品名称	单位	数量	备　注
1	HSR-2080 型卫星电视接收机	台	10	/
2	ZY750M 型调制器	台	10	/
3	直径 1.2 米卫星天线	个	1	/

以上物品,清单与实物一致。
执法人员签名及执法证号:张某(01-00××01)　郑某国(01-00××02)　刘某(01-00××03)

行政处罚实施机关(印章)
2016 年 6 月 15 日

本通知书已于 *2016* 年 *6* 月 *15* 日 *15* 时 *49* 分收到。
签收人签名或盖章:*刘某某(手印)*　联系电话:13300000000
(本清单一式三份,一份随案,一份备存,一份送达当事人。本清单在采取证据先行登记保存、抽样取证、(解除)查封(扣押)等措施时使用。)

案件调查终结审批表

（某）文终字〔2016〕第 F-001 号

<table>
<tr><td>案　由</td><td colspan="4">擅自安装和使用卫星电视地面接收设施</td></tr>
<tr><td rowspan="3">当事人</td><td>名称(姓名)</td><td colspan="3">某国际假日酒店</td></tr>
<tr><td>法定代表人</td><td>高某某</td><td>联系电话</td><td>87000000</td></tr>
<tr><td>住所(住址)</td><td colspan="3">某市某路 149 号</td></tr>
<tr><td>立案日期</td><td colspan="4">2016 年 6 月 13 日</td></tr>
<tr><td>违法事实
证据记录</td><td colspan="4">2016 年 6 月 12 日 14 时 20 分至 15 时 49 分，某市文化市场综合行政执法局执法人员张某(01-00××01)、郑某国(01-00××02)、刘某(01-00××03)在出示执法证件后，对位于某市某路 149 号的某国际假日酒店的收视情况依法进行检查，整个检查过程我单位工程部经理刘某某全程陪同。
在某国际假日酒店 3 层餐厅，执法人员打开该餐厅内电视机电源开关，通过遥控器换台的方式，对电视节目进行逐一检查。发现该电视终端的第 1 频道为某国际假日酒店的宣传视频，第 1 频道之后的第 2 至第 11 频道没有电视节目，电视画面全部是蓝屏，从第 12 频道开始之后的各频道，可以正常收看中央及各省卫视电视节目。
在该酒店工程部经理刘某某的引导下，执法人员对位于该酒店 1 层的机房进行检查并发现，该机房最内侧机柜从上至下依法安装有 10 台 HSR-2080 型卫星电视接收机(以下简称“接收机”)和 10 台 ZY750M 型有线电视射频调制器(以下简称“调制器”)。执法人员对机房内竖立在地面墙边的电视机进行加电，第 2 至第 11 频道仍然没有电视节目，电视画面全部是蓝屏。经检查发现，上述 10 台接收机与 10 台调制器之间的视频输出线均被拔出，所有接收机与调制器也均处于断电状态。
随后，执法人员将接收机与调制器之间的视频输出线依次连接，并对上述设备进行加电。机房内电视机屏幕的第 3 至第 11 频道，依次由蓝屏显示出境外节目 A、境外节目 B、境外节目 C 等 9 套境外电视节目，第 2 频道依然显示蓝屏。据该酒店工程部经理刘某某介绍，第 2 频道的接收机损坏，无法正常使用。执法人员对该接收机再次进行检查发现，该接收机前面板 LED 显示窗口显示数字“18”字样，该字样为卫星传送电视节目的频道序号。执法人员通过正常工作的接收机，操作该接收机前面板的 CH＋和 CH－按键，将其接收的卫星传送电视节目的频道序号调整为 18，电视节目画面显示的内容是某国外节目。经询问，工程部经理刘某某承认，在得知文化执法部门检查收视情况后，立即拔出了接收机与调制器之间的视频输出线，中断了卫星电视节目信号向所有电视机终端的传输。执法人员在该酒店裙楼 3 层平台发现卫星天线 1 个。</td></tr>
</table>

<table>
<tr><td>违法事实
证据记录</td><td>经询问，该酒店工程部经理刘某某介绍该酒店通过卫星天线接收上述10套境外电视节目信号，将该信号传送到电视机房的接收机和调制器，通过酒店有线电视局域网送至各间客房和餐厅的电视机终端。该酒店现场不能提供接收卫星传送的电视节目许可证，涉嫌擅自安装和使用卫星电视地面接收设施，其行为涉嫌违反《卫星电视广播地面接收设施管理规定》第三条“国家对卫星地面接收设施的生产、进口、销售、安装和使用实行许可制度”的规定。
执法人员现场调取了某国际假日酒店营业执照复印件。通过电话请示某市文化综合行政执法局副局长李某军，经同意后对10台HSR-2080型接收机、10台ZY750M型调制器和1个直径1.2米卫星电视（无型号）进行证据先行登记保存。执法人员对执法过程、安装有HSR-2080型接收机和ZY750M型调制器的机柜境外节目A HSR-2080型接收机和ZY750M调制器、第3至第11频道及第18频道正在播放的电视节目画面和酒店裙楼3层楼顶安装的卫星电视接收天线进行拍照取证，并留置调查询问通知书。该酒店工程部经理刘某某在现场检查（勘验）笔录、证据先行登记保存通知书、证据先行登记保存物品清单、调查询问通知书等执法文书上签字确认。
6月13日，本机关认为某国际假日酒店涉嫌擅自安装和使用卫星电视地面接收设施的违法事实成立，准予按一般程序立案。
6月14日，某国际假日酒店副总经理张某某受法定代表人高某某委托，到我局就该公司涉嫌擅自安装和使用卫星地面接收设施一案接受调查询问，在调查询问笔录、现场检查（勘验）取证（一）至现场检查（勘验）取证（十三）共计13页照片证据上签字确认，承认了该公司擅自安装和使用卫星电视地面接收设施的违规行为。
6月15日，向当事人下达了证据先行登记保存处理告知书，先行登记保存的设备随案一并处理。
6月21日，经集体讨论，我们认为该酒店擅自安装和使用卫星地面接收设施的行为事实清楚，证据确凿，应当给予行政处罚。</td></tr>
<tr><td>处罚依据</td><td>当事人擅自安装和使用卫星地面接收设施的违法行为，违反了《卫星电视广播地面接收设施管理规定》第三条的规定。依据《某市文化市场行政处罚裁量基准》第0058条规定，当事人违法行为属于较轻。根据《卫星电视广播地面接收设施管理规定》第十条第三款之规定，拟对当事人处以“没收其安装和使用的10台HSR-2080型卫星电视接收机和10台ZY750M型有线电视射频调制器，并处15000元罚款”的行政处罚。</td></tr>
<tr><td>处理建议</td><td>建议给予当事人没收10台HSR-2080型接收机、10台ZY750M型调制器和直径1.2米卫星天线（无型号）1个，并处15000元罚款的行政处罚。

签名：张某　郑某国　刘某　　　2016年6月21日</td></tr>
<tr><td>承办部门
意　　见</td><td>同意。

负责人：魏某祥　　　2016年6月21日</td></tr>
</table>

法制部门 意　　见	同意。 负责人：胡某钟　　　　　　　　　　　　2016年6月21日
承办机构 意　　见	/ 负责人：　　　　　　　　　　　　　　　年　月　日
行政处罚 实施机关 意　　见	同意。 负责人：李某军　　　　　　　　　　　　2016年6月21日

集体讨论笔录

讨论时间：2016年6月21日10时20分至11时40分

讨论地点：某市文化市场综合行政执法局会议室

主持人、职务：李某军副局长

记录人：高某

参加人员、职务：魏某祥处长、张某副处长

案由：擅自安装和使用卫星电视地面接收设施

案情介绍及初步意见：

2016年6月12日14时20分至15时49分，某市文化市场综合行政执法局执法人员张某(01-00××01)、郑某国(01-00××02)、刘某(01-00××03)在出示执法证件后，对位于某市某路149号的某国际假日酒店的收视情况依法进行检查。经查发现，某国际假日酒店在未取得接收卫星传送的境外电视节目许可证的情况下，擅自安装和使用卫星电视地面接收设施，接收境外节目A、境外节目B等10套境外电视节目，并将上述电视节目送至餐厅和所有客房，供就餐和住宿客人收看。执法人员对其机房接收设施、电视机终端播放的境外电视节目画面进行了拍照取证，对某国际假日酒店副总经理张某某进行了调查询问。某国际假日酒店的违法事实，有以下证据证实：(1)现场检查(勘验)笔录，证明当事人使用卫星电视接收设施接收境外卫星电视节目的事实；(2)现场检查(勘验)取证(一)至现场检查(勘验)取证(十二)共计12页，证明当事人的电视机终端可以收看境外卫星电视节目；(3)证据先行登记保存物品，证明当事接收境外卫星电视节目所使用的设备；(4)调查询问笔录1份，证明当事人承认其存在的违规行为；(5)现场检查录像，证明当事人违规行为的事实。该案事实清楚，证据确凿，根据《卫星电视广播地面接收设施管理规定》第十条第三款，办案人员建议给予当事人没收10台HSR-2080型接收机、10台ZY750M型调制器和直径1.2米卫星天线(无型号)1个，并处15000元罚款的行政处罚。

讨论记录：

李某军副局长：以上案情的介绍是办案人员初步意见，现在请大家发表意见。

魏某祥处长：办案人员调查比较细致，证据链很完整，以现场证据材料以及后续取得的证据足以证明某国际假日酒店擅自安装和使用卫星电视地面接收设施的违规行为。该案事实清楚，证据确凿，处罚条款适用正确。我同意办案人员意见，建议给予当事人没收10台HSR-2080型接收机、10台ZY750M型调制器和直径1.2米卫星天线(无型号)1个，并处15000元罚款的行政处罚。

张某副处长：我看了下案卷，办案人员的办理案卷齐全，违反条款和处罚依据适用正确。我同意办案人员的意见，建议给予当事人没收10台HSR-2080型接收机、10台ZY750M型调制器和直径1.2米卫星天线(无型号)1个，并处15000元罚款的行政处罚。

李某军：刚才听了大家的意见和建议，我完全同意。下面我们进行举手表决，同意给予当事人没收10台HSR-2080型接收机、10台ZY750M型调制器和直径1.2米卫星天线(无型号)1个，并处15000元罚款的行政处罚，请举手……共3票；不同意给予当事人没收10台HSR-2080型接收机、10台ZY750M型调制器和直径1.2米卫星天线(无型号)1个，并处15000元罚款的行政处罚，请举手……0票。

集体讨论结论性意见：

经讨论研究，决定对某国际假日酒店处以没收10台HSR-2080型接收机、10台ZY750M型调制器和直径1.2米卫星天线(无型号)1个，并处15000元罚款的行政处罚。

参加讨论人员签名：李某军　魏某祥　张某

行政处罚事先告知书

（某）文罚告字〔2016〕第 F-001 号

某国际假日酒店：

你（单位）擅自安装和使用卫星地面接收设施一案，具体调查情况如下：

2016 年 6 月 12 日 14 时 20 分至 15 时 49 分，某市文化市场综合行政执法局执法人员张某（01-00××01）、郑某国（01-00××02）、刘某（01-00××03）在出示执法证件后，对位于某市某路 149 号的某国际假日酒店的收视情况依法进行检查，该酒店工程部经理刘某某全程陪同。

在某国际假日酒店 3 层餐厅，执法人员打开电视机电源开关，通过遥控器换台的方式，对电视节目进行逐一检查。发现该电视终端的第 1 频道为某国际假日酒店的宣传视频，第 1 频道之后的第 2 至第 11 频道没有电视节目，电视画面全部是蓝屏，从第 12 频道开始之后的各频道，可以正常收看中央及各省卫视电视节目。

在该酒店工程部经理刘某某的引导下，执法人员对位于该酒店 1 层的机房进行检查并发现，该机房最内侧机柜从上至下依法安装有 10 台 HSR-2080 型卫星电视接收机（以下简称“接收机”）和 10 台 ZY750M 型有线电视射频调制器（以下简称“调制器”）。执法人员对机房内竖立在地面墙边的电视机进行加电，第 2 至第 11 频道仍然没有电视节目，电视画面全部是蓝屏。经检查发现，上述 10 台接收机与 10 台调制器之间的视频输出线均被拔出，所有接收机与调制器也均处于断电状态。随后，执法人员将接收机与调制器之间的视频输出线依次连接，并对上述设备进行加电。机房内电视机屏幕的第 3 至第 11 频道，依次由蓝屏显示出境外节目 A、境外节目 B 等 9 套境外电视节目，第 2 频道依然显示蓝屏。据该酒店工程部经理刘某某介绍，第 2 频道的接收机损坏，无法正常使用。执法人员对该接收机再次进行检查发现，该接收机前面板 LED 显示窗口显示数字“18”字样，该字样为卫星传送电视节目的频道序号。执法人员通过正常工作的接收机，操作该接收机前面板的 CH＋和 CH－按键，将其接收的卫星传送电视节目的频道序号调整为 18，电视节目画面显示的内容某国外节目。执法人员在该酒店裙楼 3 层平台发现卫星天线 1 个。

经询问，该酒店工程部经理刘某某介绍，该酒店通过卫星天线接收上述 10 套境外电视节目信号，将该信号传送到电视机房的接收机和调制器，通过酒店有线电视局域网送至各间客房和餐厅的电视机终端。该酒店现场不能提供接收卫星传送的境外电视节目许可证，涉嫌擅自安装和使用卫星电视地面接收设施，其行为涉嫌违反《卫星电视广播地面接收设施管理规定》第三条“国家对卫星地面接收设施的生产、进口、销售、安装和使用实行许可制度”的规定。

执法人员现场调取了某国际假日酒店营业执照复印件。通过电话请示某市文化综合行政执法局副局长李某军，经同意后对 10 台 HSR-2080 型接收机、10 台 ZY750M 型调制器和 1 个直径 1.2 米卫星电视（无型号）进行证据先行登记保存。执法人员对执法过程、安装有 HSR-2080 型接收机和 ZY750M 型调制器的机柜境外节目 A HSR-2080 型接收机和 ZY750M 调制器、第 3 至第 11 频道及第 18 频道正在播放的电视节目画面和酒店裙楼 3 层楼顶安装的卫星电视接收天线进行拍照取证，并留置调查询问通知书。该酒店工程部经理刘某某在现场检查（勘验）笔录、证据先行登记保存通知书、证据先行登记保存物品清单、调查询问通知书等执法文书上签字确认。

6 月 13 日，我局认为某国际假日酒店涉嫌擅自安装和使用卫星电视地面接收设施的违法事实成立，准予按一般程序立案。

6 月 14 日，某国际假日酒店副总经理张某某受法定代表人高某某委托，到我局就该公司涉嫌擅自安装和使用卫星地面接收设施一案接受调查询问，承认了该酒店擅自安装和使用卫星地面接收设施的事实，在调查询问笔录、现场检查（勘验）取证（一）至现场检查（勘验）取证（十三）共计 13 页照片证据上签字确认。

6 月 17 日，向当事人下达了证据先行登记保存处理告知书。

6 月 21 日，本案调查终结。我局认为该酒店擅自安装和使用卫星地面接收设施的违法行为成立。有以下证据为证：

（1）现场检查（勘验）笔录，证明 6 月 12 日我局对该酒店检查时，现场发现用于接收卫星电视节目的卫星天线和接收机，且可以正常接收境外卫星电视节目观看；（2）现场检查（勘验）取证（一）至现场检查（勘验）取证（十三）共计 13 页，证明我局执法人员在当事人机房内，可以通过电视机终端收看境外卫星电视节目；（3）证据先行登记保存物品，证明当事人用于接收境外卫星电视节目的非法设备；（4）调查询问笔录，证明当事人承认该酒店在未取得接收卫星传送的电视节目许可证的情况下，接收境外卫星电视节目供就餐和住宿客人收看的事实；（5）现场检查录像，通过视听资料证明我局执法人员的检查过程及其该酒店存在的违规行为。

根据以上事实和证据，当事人擅自安装和使用卫星地面接收设施的违法行为，事实清楚，证据确实。当事人违反了《卫星电视广播地面接收设施管理规定》第三条“国家对卫星地面接收设施的生产、进口、销售、安装和使用实行许可制度”的规定。依据《某市文化市场行政处罚裁量基准》第 0058 条规定，当事人违法行为属于较轻。根据《卫星电视广播地面接收设施管理规定》第十条第三款之规定，拟对当事人处以“没收其安装和使用的 10 台 HSR-2080 型卫星电视接收机和 10 台 ZY750M 型有线电视射频调制器，并处 15000 元罚款”的行政处罚。

当事人如不服本拟处罚决定，可在收到本告知书后向本机关提出陈述和申辩，本机关将在三日后作出行政处罚。

某市文化市场综合行政执法局
2016 年 6 月 22 日

联系地址：某市某区某路某号某室

联系人：张某　郑某国

电话：86600000

送达回证

(某)文送字〔2016〕第 F-001-1 号

送达执法文书 名称及文号	行政处罚事先告知书 (某)文罚告字〔2016〕第 F-001 号
受送达人	某国际假日酒店
送达方式	直接送达
送达地点	某市某路 149 号
受送达人 签名或者盖章	张某某(手印) 2016 年 6 月 23 日
代收人 签名或者盖章	/ 年 月 日
送达人签名 (执法证号)	郑某国(01-00××02) 刘某(01-00××03) 行政处罚实施机关(印章) 2016 年 6 月 23 日
备　　注	

山东省非税收入通用票据

（示范案卷略）

行政处罚案件结案报告

（某）文结字〔2016〕第 F-001 号

案　　由	擅自安装和使用卫星电视地面接收设施
当事人	某国际假日酒店
立案时间	2016 年 6 月 13 日
承办人员	张某、郑某国、刘某
简要案情及查处经过	2016 年 6 月 12 日 14 时 20 分至 15 时 49 分，某市文化市场综合行政执法局执法人员张某(01-00××01)、郑某国(01-00××02)、刘某(01-00××03)在出示执法证件后，对位于某市某路 149 号的某国际假日酒店的收视情况依法进行检查发现，该酒店涉嫌擅自安装和使用卫星电视地面接收设施，其行为涉嫌违反《卫星电视广播地面接收设施管理规定》第三条的规定。 6 月 13 日，我局认为某国际假日酒店涉嫌擅自安装和使用卫星电视地面接收设施的违法事实成立，准予按一般程序立案。 6 月 14 日，某国际假日酒店副总经理张某某受法定代表人高某某委托，到我局就该公司涉嫌擅自安装和使用卫星地面接收设施一案接受调查询问，承认了该公司擅自安装和使用卫星电视地面接收设施的违规行为。 6 月 21 日，经集体讨论，一致认为该酒店擅自安装和使用卫星地面接收设施一案事实清楚，证据确凿，应当给予行政处罚。 某国际假日酒店的违法事实，有以下证据证实：(1)现场检查(勘验)笔录，证明 6 月 12 日我局对该酒店检查时，现场发现用于接收卫星电视节目的卫星天线和接收机，且可以正常接收境外卫星电视节目观看；(2)现场检查(勘验)取证(一)至现场检查(勘验)取证(十二)共计 12 页，证明我局执法人员在当事人机房内，可以通过电视机终端收看境外卫星电视节目；(3)证据先行登记保存物品，证明当事人用于接收境外卫星电视节目的非法设备；(4)调查询问笔录，证明当事人承认该酒店在未取得《接收卫星传送的电视节目许可证》的情况下，接收境外卫星电视节目供就餐和住宿客人收看的事实；(5)现场检查录像，通过视听资料证明我局执法人员的检查过程及其该酒店存在的违规行为。 6 月 23 日，向当事人下达了行政处罚事先告知书，在规定期限内，当事人未提出陈述和申辩。 6 月 27 日，向当事人下达了行政处罚决定书。
行政处罚内容	没收 10 台 HSR-2080 型卫星电视接收机、10 台 ZY750M 型有线电视射频调制器和 1 个直径 1.2 米卫星天线(无型号)，并处 15000 元罚款。

处罚执行	当事人在规定期限内主动履行行政处罚决定。
罚没财物 处置情况	10 台 HSR-2080 型卫星电视接收机、10 台 ZY750M 型有线电视射频调制器和 1 个直径 1.2 米卫星天线(无型号)6 月 24 日已入库,择期进行销毁。
承办人意见	建议结案。 承办人:张某 郑某国 刘某 2016 年 6 月 30 日
承办部门 意　　见	同意。 负责人:魏某祥 2016 年 7 月 5 日
法制部门 意　　见	同意。 负责人:胡某钟 2016 年 7 月 5 日
承办机构 负责人意见	/ 签名: 年 月 日
行政处罚 实施机关 意　　见	同意。 负责人:李某军 2016 年 7 月 8 日

卷内备考表

本卷情况说明：

2016 年 6 月 12 日的检查录像已刻录成光盘 1 份，附案卷保存。责任人：魏某祥

立卷人：张某、郑某国、刘某
检查人：魏某祥
立卷时间：2016 年 08 月 11 日

某县文化广电新闻出版局

文化市场行政处罚案卷

案件编号：(某)文案字〔2016〕第101号

案　　由：发行非法出版物

当 事 人：山东省某图书传媒有限公司

处罚内容：没收《稀奇古怪的物种》《人类未来的问号》《能量》《离开地球去火星》《卡通形象图典》《女孩故事屋》《寻找哥伦布》《漂亮字速成36技》《成功的资本》《永不失败的成功定律》等非法出版物共计20本，并处罚款人民币2万元整的行政处罚。

自2016年6月至2016年6月	本卷共××件××页	
此案共1卷，本卷是第1卷	保管期限	30年

全宗号	目录号	案卷号
××	××	×××

卷内文件目录

序号	文号	题名	日期	页号
1	(某)文罚字〔2016〕第101号	行政处罚决定书	2016年6月12日	略
2	(某)文送字〔2016〕第101-2号	送达回证	2016年6月12日	略
3	/	举报处理单	2016年6月2日	略
4	(某)文检(勘)字〔2016〕第101号	现场检查(勘验)笔录	2016年6月2日	略
5	(某)文封(扣)字〔2016〕第101号	查封(扣押)决定书	2016年6月2日	略
6	/	实施行政强制措施现场笔录	2016年6月2日	略
7	/	采取查封(扣押)强制措施审批表	2016年6月3日	略
8	/	调查询问通知书	2016年6月2日	略
9	/	对丁某的调查询问笔录	2016年6月2日	略
10	/	丁某的身份证复印件	2016年6月2日	略
11	/	货物运输托运单复印件	2016年6月2日	略
12	/	调查询问通知书	2016年6月2日	略
13	/	对钱某的调查询问笔录	2016年6月2日	略
14	/	钱某的身份证复印件	2016年6月2日	略
15	/	立案审批表	2016年6月2日	略
16	/	调查询问通知书	2016年6月2日	略
17	/	对陆某的调查询问笔录	2016年6月3日	略
18	/	委托书	2016年6月3日	略
19	/	陆某的身份证复印件	2016年6月3日	略
20	/	李某的身份证复印件	2016年6月3日	略
21	/	中标(成交)通知书复印件	2016年6月3日	略
22	/	采购图书合同复印件	2016年6月3日	略
23	/	征订目录	2016年6月3日	略
24	/	出版物经营许可证复印件	2016年6月3日	略
25	/	营业执照复印件	2016年6月3日	略
26	/	现场检查照片	2016年6月3日	略
27	(某)文封(扣)告字〔2016〕第101号	查封(扣押)处理告知书	2016年6月3日	略

28	/	出版物鉴定申请书	2016年6月3日	略
29	/	出版物鉴定书	2016年6月5日	略
30	/	对陆某的调查询问笔录	2016年6月5日	略
31	/	调查终结审批表	2016年6月5日	略
36	/	案件集体讨论笔录	2016年6月6日	略
32	(某)文罚告字〔2016〕第101号	行政处罚事先告知书	2016年6月6日	略
33	(某)文送字〔2016〕第101-1号	送达回证	2016年6月6日	略
34	/	陈述(申辩)申请书	2016年6月7日	略
35	/	调查询问笔录	2016年6月7日	略
36	/	委托调查函	2016年6月7日	略
37	/	委托调查复函	2016年6月12日	略
38	/	陈述(申辩)情况审核表	2016年6月12日	略
39	/	案件集体讨论笔录	2016年6月12日	略
40	/	山东省非税收通用票据	2016年6月13日	略
41	/	解除查封(扣押)强制措施审批表	2016年6月13日	略
42	(某)文解封(扣)字〔2016〕第101号	解除查封(扣押)决定书	2016年6月13日	略
43	/	行政处罚案件结案报告	2016年6月23日	略

行政处罚决定书

(某)文罚字〔2016〕第 101 号

当事人：山东省某图书传媒有限公司
法定代表人或负责人：李某
住所(住址)：山东省某市某区青年路 26 号

2016 年 6 月 2 日，某县文化广电新闻出版局接到自称姓王的老师举报，称在某县实验中学有卖非法和盗版书的。2016 年 6 月 2 日 14 时 40 分至 16 时 10 分，某县文化广电新闻出版局执法人员刘某(鲁 08××-06)、王某(鲁 08××-07)出示执法证件后，依法对位于建设路 32 号的某县实验中学进行检查。执法人员发现在该校二号楼前停有一辆运输车，有搬运工人正从车上向该校图书室搬运图书。经调查，车上原来载有 100 包图书，已经搬运到该校图书室 5 包图书，车上还剩 95 包。山东省某图书传媒有限公司现场负责人馆藏图书部经理陆某称这批书是某县实验中学从该公司采购的，是该校用于装配图书室的图书，当前正在给某县实验中学交接手续，并出示了征订目录。执法人员对其中标有“某县实验中学 90＃”和“某县实验中学 91＃”的 2 包图书进行现场抽查，发现该 2 包图书中的《稀奇古怪的物种》《人类的未来问号》《能量》等图书印刷质量粗糙。执法人员通过中国扫黄打非网查询，版权页 CIP 数据部分内容与中国版本图书馆在版编目不符，疑似非法出版物。当事人的行为涉嫌发行非法出版物，涉嫌违反了《出版管理条例》第四十条第(三)项、《出版物市场管理规定》第二十条第(二)项的规定。某县实验中学校长钱某表示：为防止非法出版物流入校园，要求执法人员将图书全部带走，进行鉴定。执法人员依法录像拍照取证，要求当事人立即停止违法行为。经行政机关负责人批准，执法人员对山东省某图书传媒有限公司配送给某县实验中学的 100 包图书采取扣押措施(详见扣押物品清单)，告知了当事人依法享有的权利、救济途径等，制作了实施行政强制措施现场笔录，下达了查封(扣押)决定书、调查询问通知书。

6 月 2 日，本机关执法人员在某县实验中学对某省某快运有限公司驾驶员丁某和某县实验中学校长钱某进行调查询问，被询问人对案件的有关情况进行了如实陈述，提供了采购图书合同、货物运输托运单等材料。

6 月 2 日，经批准对本案进行立案调查。6 月 3 日，本机关执法人员对当事人的委托人陆某进行调查询问，并提供了中标(成交)通知书、采购图书合同、出版物经营许可证、营业执照、委托书等。6 月 3 日，某县文化广电新闻出版局向某市文化广电新闻出版局对扣押的出版物申请鉴定。6 月 5 日，某市文化广电新闻出版局出具出版物鉴定书：当事人发行的出版物《稀奇古怪的物种》《人类未来的问号》《能量》《离开地球去火星》《卡通形象图典》《女孩故事屋》《寻找哥伦布》《漂亮字速成 36 技》《成功的资本》《永不失败的成功定律》10 种出版物，经鉴定系伪造出版单位名称出版的出版物和其他非法出版物，其余出版物为合法出版物。

6 月 5 日，本机关对当事人委托人陆某再次调查询问，再次确认了相关案情，了解了违法经营数额和违法所得。当事人对该公司的违法行为予以承认，并对执法人员的执法情况予以确认，对某市文化广电新闻出版局的鉴定意见没有提出异议。

以上事实证据如下：

1. 编号为(某)文检字〔2016〕第 101 号的现场检查(勘验)笔录 1 份、现场检查照片 5 张、检查录像资料及扣押的出版物，证明执法人员现场检查及调查取证的情况。

2. 调查询问笔录 4 份，某市文化广电新闻出版局出具的出版物鉴定书、货物运输托运单（复印件）、中标（成交）通知书（复印件）、采购图书合同（复印件）、征订目录各 1 份，证明当事人发行非法出版物的相关事实。

3. 陆某、李某的身份证复印件及授权委托书各 1 份，证明陆某的资格及代理当事人行使相关权利义务的合法性；丁某和钱某的身份证复印件，证明行使相关权利义务的合法性。

4. 出版物经营许可证（副本）、营业执照（副本）各 1 份，证明当事人的主体资格真实合法有效。

当事人的上述行为违反了《出版管理条例》第四十条第（三）项、《出版物市场管理规定》第二十条第（二）项的规定，违法事实清楚，证据确凿。当事人发行伪造出版单位名称的出版物，依据《出版管理条例》第六十五条“有下列行为之一的，由出版行政主管部门没收出版物、违法所得，违法经营额 1 万元以上的，并处违法经营额 5 倍以上 10 倍以下的罚款；违法经营额不足 1 万元的，可以处 5 万元以下的罚款；情节严重的，责令限期停业整顿或者由原发证机关吊销许可证以 2010 年……（六）印刷或者复制单位、发行单位或者个体工商户印刷或者复制、发行伪造、假冒出版单位名称或者报纸、期刊名称的出版物的”，应当给予处罚。当事人发行其他非法出版物，依据《出版物市场管理规定》第三十二条第三款“发行其他非法出版物和出版行政主管部门明令禁止出版、印刷或者复制、发行的出版物的，依照《出版管理条例》第六十五条处罚”和《出版管理条例》第六十五条，应当给予行政处罚。

经调查，当事人购进的非法出版物《稀奇古怪的物种》《人类未来的问号》《能量》《离开地球去火星》《卡通形象图典》共 5 种 10 本，单本定价均为 29.80 元，进货款为 119.20 元，批进的非法出版物《女孩故事屋》《寻找哥伦布》《漂亮字速成 36 技》《成功的资本》《永不失败的成功定律》共 5 种 10 本，单本定价均为 36.00 元，进货款为 144.00 元。依据《新闻出版署关于如何计算非法出版活动中非法经营数额和非法获利数额的批复》（新出政〔1992〕815 号）“三、非法发行（销售）阶段数额计算：(3) 批进的出版物全部未售出的，进货款额即经营数额，无获利数额”，当事人发行非法出版物的情形，适用上述计算方法，核定当事人的违法经营额为 263.20 元，无违法所得。

依据《某县文化广电新闻出版局行政处罚自由裁量权量化标准》第六章（《〈出版管理条例〉处罚自由裁量标准》）第十五条第（三）项规定：单位发行非法出版物 2000 册（份、盘）以下的、违法经营额不足 1 万元的，处罚基准为：没收出版物、违法所得，可以处以罚款 5 万元以下处罚。经核定当事人的违法经营额为 263.20 元，不足 1 万元，当事人未经严格核查，为学校配送非法出版物，造成不良影响，其发行非法出版物 20 本的违规情节适用于上述自由裁量情形。

6 月 6 日，本机关经过集体讨论后，依法向当事人送达编号为（某）文罚告字〔2016〕第 101 号的行政处罚事先告知书，告知其拟作出处罚决定的内容、事实、理由及依据，并告知当事人相关权利义务，拟给予当事人没收非法出版物《稀奇古怪的物种》《人类未来的问号》《能量》《离开地球去火星》《卡通形象图典》《女孩故事屋》《寻找哥伦布》《漂亮字速成 36 技》《成功的资本》《永不失败的成功定律》出版物共计 20 本，并罚款人民币 3 万元整的行政处罚。

6 月 7 日，山东省某图书传媒有限公司受委托人陆某向本机关提交了陈述（申辩）申请书，申请从轻或减轻处罚，并放弃听证要求，本机关对陆某进行了调查询问。当事人表示：该单位积极配合执法人员调查，在执法人员指出违法行为后能自觉停止违法行为，主动配合调查，提供了某省某图书公司出货清单和某省某图书公司收款收据和出版物供货商名称、地址等信息，主动消除或减轻违法行为危害后果。6 月 7 日，本机关委托某省某区文化广电新闻出版局对当事人说明的非法出版物的来源、指认的情况进行调查。6 月 12 日，某省某区文化广电新闻出版局回复委托调查复函，对当事人说明的非法出版物的来源、指认的情况进行调查，经查证属实，并提供了现场检查（勘验）笔录、出版物鉴定书、证据先行登记保存通知书等证据。

当事人对非法出版物的来源作出说明、指认的情况，经当地出版部门查证属实，依据《出版管理条例》第六十九条“印刷或者复制、批发、零售、出租、散发含有本条例第二十五条、第二十六条禁止内容的出版物或者其他非法出版物的，当事人对非法出版物的来源作出说明、指认，经查证属实的，没收出版物、违法所得，可以减轻或者免除其他行政处罚”，本机关于2016年6月12日，经集体讨论研究后，决定减轻拟处罚决定。

综上，本机关决定给予当事人如下行政处罚：

没收非法出版物《稀奇古怪的物种》《人类未来的问号》《能量》《离开地球去火星》《卡通形象图典》《女孩故事屋》《寻找哥伦布》《漂亮字速成36技》《成功的资本》《永不失败的成功定律》出版物共计20本，并处罚款人民币2万元整的行政处罚。

当事人应当自收到本决定书之日起15日内，到某县吉祥北街113号中国建设银行股份有限公司某支行缴纳罚款。逾期不缴纳罚款的，依据《中华人民共和国行政处罚法》第五十一条第（一）项的规定，本机关可每日按罚款数额的3%加处罚款。

当事人如对本处罚决定不服，可在收到本决定书之日起60日内向某县人民政府申请行政复议，也可在收到本决定书之日起6个月内直接向某县人民法院提起行政诉讼。行政复议或行政诉讼期间本处罚决定不停止执行。

逾期不申请行政复议或者提起行政诉讼，又不履行本处罚决定，经催告后仍未履行义务的，依据《中华人民共和国行政强制法》第五十四条的规定，本机关可申请人民法院强制执行。

行政处罚实施机关（印章）
2016年6月12日

（本决议书一式三份，一份随案，一份备存，一份送达当事人。）

送达回证

(某)文送字〔2016〕第 101-2 号

案　由	发行非法出版物
送达文件名称及文号	行政处罚决定书(某)文罚字〔2016〕第 101 号
受送达人	山东省某图书传媒有限公司
送达方式	直接送达
送达地点	某县文化广电新闻出版局
受送达人或代收人签名或盖章	陆某(手印) 2016 年 6 月 12 日
见证人签名	/ 年　月　日
送达人签名	刘某(鲁 08××-06) 王某(鲁 08××-07) 行政处罚实施机关(印章) 2016 年 6 月 12 日
备　注	/

举报处理单

<table>
<tr><td>举报案由</td><td colspan="2">关于某学校涉嫌发行非法出版物、盗版出版物的举报</td><td>举报类别</td><td>出版物市场</td></tr>
<tr><td>举报时间</td><td colspan="2">2016 年 6 月 2 日 14 时 20 分</td><td>举报方式</td><td>电话</td></tr>
<tr><td rowspan="4">举报人
信息</td><td>姓名(名称)</td><td>王老师</td><td>性　别</td><td>男</td></tr>
<tr><td>联系电话</td><td>68×××××</td><td>电子邮件</td><td>无</td></tr>
<tr><td>通讯地址</td><td colspan="3">匿名</td></tr>
<tr><td>是否要求回复</td><td colspan="3">□是　☑否</td></tr>
<tr><td rowspan="2">被举报人
信息</td><td>姓名(名称)</td><td>某县实验中学</td><td>联系方式</td><td>不详</td></tr>
<tr><td>地　址</td><td colspan="3">建设路 32 号某县实验中学</td></tr>
<tr><td>接报人</td><td colspan="4">刘某</td></tr>
<tr><td>举报内容及
初步证据</td><td colspan="4">举报人自称王老师,说在某县实验中学内现在有卖非法和盗版书的,请马上查处。
初步证据:亲眼看到院内有拉书的车。</td></tr>
<tr><td>接报人
意　见</td><td colspan="4">建议受理查处。
签　名:刘某　　2016 年 6 月 2 日</td></tr>
<tr><td>执法部门
意　　见</td><td colspan="4">同意受理,请刘某、王某调查处理。
签　名:冯某明　2016 年 6 月 2 日</td></tr>
<tr><td>回复情况</td><td colspan="4">举报人未留下有效联系方式,拨打电话是公用电话,无法回复,且当事人未明确要求回复。
签　名:刘某　　2016 年 6 月 2 日</td></tr>
<tr><td>附件</td><td colspan="4">无</td></tr>
<tr><td>备注</td><td colspan="4">无</td></tr>
</table>

现场检查(勘验)笔录

(某)文检(勘)字〔2016〕第 101 号

<table>
<tr><td rowspan="4">当事人</td><td rowspan="2">单位</td><td>名称</td><td colspan="2">山东省某图书传媒有限公司</td><td colspan="2">法定代表人或负责人</td><td colspan="2">李某</td></tr>
<tr><td>地址</td><td colspan="4">山东省某市某区青年路 26 号</td><td>电话</td><td>05××-83××1745</td></tr>
<tr><td rowspan="2">个人</td><td>姓名</td><td></td><td>性别</td><td colspan="2"></td><td>电话</td><td></td></tr>
<tr><td>地址</td><td></td><td colspan="3">证件名称及号码</td><td colspan="2"></td></tr>
<tr><td colspan="2" rowspan="2">现场负责人</td><td>姓名</td><td colspan="2">陆某</td><td colspan="2">证件名称及号码</td><td colspan="2">身份证 370000000000000000</td></tr>
<tr><td>职务</td><td colspan="2">山东省某图书传媒有限公司馆藏图书部经理</td><td colspan="2">电话</td><td colspan="2">181×××××123</td></tr>
<tr><td colspan="2">检查(勘验)部门</td><td colspan="3">某县文化广电新闻出版局</td><td colspan="2">记录人</td><td colspan="2">刘某</td></tr>
<tr><td colspan="2">执法人员及执法证号</td><td colspan="7">刘某(鲁 08××-06)　王某(鲁 08××-07)</td></tr>
<tr><td colspan="2">检查(勘验)地点</td><td colspan="2">某县建设路 32 号某县实验中学</td><td colspan="2">检查(勘验)时间</td><td colspan="3">2016 年 6 月 2 日 14 时 40 分至 2016 年 6 月 2 日至 16 时 10 分</td></tr>
<tr><td colspan="9">现场检查(勘验)情况:2016 年 6 月 2 日,某县文化广电新闻出版局接到自称姓王的老师举报,称在某县实验中学有卖非法和盗版书的。2016 年 6 月 2 日 14 时 40 分至 16 时 10 分,某县文化广电新闻出版局执法人员刘某(鲁 08××-06)、王某(鲁 08××-07)出示执法证件后,依法对位于某县建设路 32 号的某县实验中学进行检查,执法人员发现在该校二号楼前停有一辆运输车,有搬运工人正从车上向</td></tr>
</table>

执法人员签名:刘某　王某　　2016 年 6 月 2 日

当事人签名或盖章:陆某(手印)　　2016 年 6 月 2 日

行政处罚实施机关(印章)

2016 年 6 月 2 日

该校图书室搬运图书。经调查,车上原来载有100包图书,已经搬运到该校图书室5包图书,车上还剩95包。山东省某图书传媒有限公司现场负责人馆藏图书部经理陆某称这批书是某县实验中学从该公司采购的,是该校用于装配图书室的图书,当前正在给某县实验中学交接手续,并出示了征订目录。执法人员对其中标有“某县实验中学90#”和“某县实验中学91#”的2包图书进行现场抽查,发现该2包图书中的《稀奇古怪的物种》《人类的未来问号》《能量》等图书印刷质量粗糙。执法人员通过中国扫黄打非网查询,版权页CIP数据部分内容与中国版本图书馆在版编目不符,疑似非法出版物。当事人的行为涉嫌发行非法出版物,涉嫌违反了《出版管理条例》第四十条第(三)项、《出版物市场管理规定》第二十条第(二)项的规定。某县实验中学校长钱某表示:为防止非法出版物流入校园,要求执法人员将图书全部带走,进行鉴定。执法人员依法录像拍照取证,要求当事人立即停止违法行为,并依法做出如下处理:(1)经行政机关负责人批准,执法人员对山东省某图书传媒有限公司配送给某县实验中学的100包图书采取扣押措施[详见查封(扣押)物品清单],告知了当事人依法享有的权利、救济途径等,制作了实施行政强制措施现场笔录,下达了查封(扣押)决定书;(2)下达调查询问通知书,通知当事人接受进一步调查处理。

以上记录共2页,我已看过,记录属实。

陆某(手印) 2016年6月2日

执法人员签名:刘某 王某 2016年6月2日

当事人签名或盖章:陆某(手印) 2016年6月2日

行政处罚实施机关(印章)

2016年6月2日

查封(扣押)决定书

(某)文封(扣)字〔2016〕第 101 号

山东省某图书传媒有限公司：

经查，你(单位)涉嫌发行非法出版物，本机关根据《出版管理条例》第七条的规定，决定对有关某县建设路 32 号某县实验中学二号楼前山东省某图书传媒有限公司配送给某县实验中学的图书 100 包，采取查封(扣押)措施[详见查封(扣押)物品清单]。查封(扣押)期限内，未经本机关同意，任何单位或者个人不得损毁或者擅自转移、处置查封(扣押)的场所、设施或者财物。

查封(扣押)地点：环山路 19 号某县文化广电新闻出版局仓库

查封(扣押)期限：2016 年 6 月 2 日至 2016 年 7 月 1 日

如不服本强制措施，可以提出陈述、申辩意见，也可以在收到本决定书之日起 60 日内向某县人民政府申请行政复议，或在 6 个月内直接向某县人民法院提起行政诉讼。

执法人员签名及执法证号：*刘某(鲁 08××-06)　王某(鲁 08××-07)*

联系电话：05××-68××001

附：查封(扣押)物品清单

行政处罚实施机关(印章)

2016 年 6 月 2 日

本决定书已于 *2016* 年 *6* 月 *2* 日 *15* 时 *55* 分收到。

签收人签名或盖章：*陆某(手印)*　联系电话：181××××123

(本决定书一式三份，一份随案，一份备存，一份送达当事人。)

附件：

查封(扣押)物品清单

当事人:山东省某图书传媒有限公司
法定代表人或负责人:李某
地址:山东省某市某区青年路 26 号
联系电话:131××××6789

编号	物品名称	单位	数量	备注(定价元)
1	爱科学、学科学——图解世界地理第 2 辑:《稀奇古怪的物种》	本	2	29.80
2	环境保护生活伴我行——《人类未来的问号》	本	2	29.80
3	科学第一视野——《能量》	本	2	29.80
4	马列主义常识公民读本——《马克思恩格斯书信精要》	本	2	29.80
5	榜样的力量——《列宁的故事/新》	本	2	29.80
6	时代印记——《寻找哥伦布》	本	2	29.80
7	《离开地球去火星》	本	2	29.80
8	《卡通形象图典》	本	2	29.80
9	《女孩故事屋》	本	2	36.00
10	《寻找哥伦布》	本	2	36.00
11	《漂亮字速成 36 技》	本	2	36.00
12	青少年走向辉煌丛书:《成功的资本》	本	2	36.00
13	青少年成功之路丛书:《永不失败的成功定律》	本	2	36.00
……	示范案卷省略			
1574	开拓青少年视野的课外读物丛书:《充满智慧的哲理小品》	本	2	25.80
1575	青少年必读丛书:《培养青少年受益一生的好心态》	本	2	25.80
合计	/	/	3150(册)	78750.80

以上物品,清单与实物一致。说明:根据当事人出示的征订目录填写,共 100 包。
执法人员签名及执法证号:*刘某(鲁 08××-06)* *王某(鲁 08××-07)*
见证人:*钱某(手印)*

行政处罚实施机关(印章)
2016 年 6 月 2 日

本清单已于 2016 年 6 月 2 日 15 时 56 分收到。
签收人签名或盖章:*陆某(手印)* 联系电话:181×××××123
(本清单一式三份,一份随案,一份备存,一份送达当事人。)

实施行政强制措施现场笔录

时间：2016 年 6 月 2 日 15 时 57 分至 16 时 08 分
地点：某县建设路 32 号某县实验中学二号楼前。
记录人：刘某
执法人员及执法证件号码：刘某(鲁 08××-06)　王某(鲁 08××-07)
当事人姓名(名称)：山东省某图书传媒有限公司
法定代表人或负责人：李某
地址：山东省某市某区青年路 26 号　**联系电话**：131××××6789
见证人：钱某　**证件名称及号码**：身份证 3700001953111000
单位或住址：单位某县实验中学　**联系电话**：136×××××996

现场情况及告知事项：

2016 年 6 月 2 日，某县文化广电新闻出版局接到自称姓王的老师举报，称在某县实验中学有卖非法和盗版书的。2016 年 6 月 2 日 14 时 40 分至 16 时 10 分，某县文化广电新闻出版局执法人员刘某(鲁 08××-06)、王某(鲁 08××-07)出示执法证件后，依法对位于某县建设路 32 号的某县实验中学进行检查。执法人员发现在该校二号楼前停有一辆运输车，有搬运工人正从车上向该校图书室搬运图书。经调查，车上原来载有 100 包图书，已经搬运到该校图书室 5 包图书，车上还剩 95 包。经当场询问驾驶员丁某和某县实验中学校长钱某，这些图书为山东省新华图书传媒有限公司配送给某县实验中学的图书。山东省某图书传媒有限公司现场负责人馆藏图书部经理陆某称这批书是某县实验该中学从该公司采购的，是该校用于装配图书室的图书，目前给某县实验中学正办理交接手续，并出示了征订目录。执法人员对其中标有“某县实验中学 90＃”和“某县实验中学 91＃”的 2 包图书进行现场抽查，发现该 2 包图书中的《稀奇古怪的物种》《人类的未来问号》《能量》等图书印刷质量粗糙。执法人员通过中国扫黄打非网查询，版权页 CIP 数据部分内容与中国版本图书馆在版编目不符，疑似非法出版物。当事人的行为涉嫌发行非法出版物，涉嫌违反了《出版管理条例》第四十条第(三)项、《出版物市场管理规定》第二十条第(二)项的规定。某县实验中学校长钱某表示：为防止非法出版物流入校园，要求执法人员将图书全部带走，进行鉴定。执法人员现场询问山东省某图书传媒有限公司现场负责人馆藏图书部经理陆某，该公司法定代表人是谁。陆某称该公司法定代表人是李某，并表示李某在外地出差。执法人员现场电话联系李某，李某表示在外地出差，今天不能赶过去处理，口头委托陆某代替行使权利，并马上发过去委托书。见证人某县实验中学校长钱某在场。执法人员向某县文化广电新闻出版局负责人报告并经批准实施扣押的行政强制措施；执法人员告知现场负责人陆某，认为有需要回避的，可以申请回避。采取行政强制措施的理由是涉嫌发行非法出版物[有现场检查(勘验)笔录、检查照片、检查录像、出版物等相关证据为证]，依据有《出版管理条例》第七条“出版行政主管部门根据已经取得的违法嫌疑证据或者举报，对涉嫌违法从事出版物出版、印

当事人签名：陆某(手印)　2016 年 6 月 2 日
见证人签名：钱某(手印)　2016 年 6 月 2 日
执法人员签名：刘某　王某　2016 年 6 月 2 日

刷或者复制、进口、发行等活动的行为进行查处时，可以检查与涉嫌违法活动有关的物品和经营场所；对有证据证明是与违法活动有关的物品，可以查封或者扣押”和《出版管理条例》第四十条“印刷或者复制单位、发行单位或者个体工商户不得印刷或者复制、发行有下列情形之一的出版物……(三)伪造、假冒出版单位名称的”以及《出版物市场管理规定》第二十二条“任何单位和个人不得发行下列出版物……(二)各种非法出版物，包括：未经批准擅自出版、印刷或者复制的出版物，伪造、假冒出版单位或者报刊名称出版的出版物，非法进口的出版物”，执法人员告知当事人对某县文化广电新闻出版局采取查封扣押的行政强制措施，如有异议，可以进行陈述、申辩。告知当事人如对本行政强制措施不服，可以在收到查封(扣押)决定书之日起 60 日内向某县人民政府或某市文化广电新闻出版局申请行政复议，也可以在收到查封(扣押)决定书之日起 6 个月内直接向某县人民法院提起诉讼。陆某进行了陈述申辩，执法人员予以了记录。

当事人的陈述、申辩：

我公司法定代表人李某电话委托我积极配合某县文化广电新闻出版局采取的强制措施和调查，至于我们公司这次配送的出版物是正版还是盗版出版物、是否为非法出版物，我们要看到正式的鉴定结果。如果是合法出版物，请返还给我们公司，不要影响到我们向某县实验中学按期交货。

现场处理情况：

实施机关听取了当事人的陈述、申辩，某县文化广电新闻出版局执法人员刘某(鲁 08××-06)、王某(鲁 08××-07)向陆某当场交付了查封(扣押)决定书 1 份[(某)文封(扣)字〔2016〕第 101 号，含查封(扣押)物品清单]；对山东省某图书传媒有限公司配送给某县实验中学的图书 100 包采取扣押措施，扣押地点为环山路 19 号某县文化广电新闻出版局仓库。执法人员对上述实施行政强制措施的过程拍照录像，详细记录检查和采取措施的过程。

当事人签名：陆某(手印)　2016 年 6 月 2 日

见证人签名：钱某(手印)　2016 年 6 月 2 日

执法人员签名：刘某　王某　2016 年 6 月 2 日

共 2 页　第 2 页

采取查封(扣押)强制措施审批表

<table>
<tr><td colspan="2">案件来源</td><td colspan="6">群众举报</td></tr>
<tr><td colspan="2">案　　由</td><td colspan="6">涉嫌发行非法出版物</td></tr>
<tr><td rowspan="4">当事人</td><td rowspan="2">单位</td><td>名称</td><td colspan="2">山东省某图书传媒有限公司</td><td colspan="2">法定代表人或负责人</td><td>李某</td></tr>
<tr><td>地址</td><td colspan="4">山东省某市某区青年路26号</td><td>电话</td><td>05××-83××1745</td></tr>
<tr><td rowspan="2">个人</td><td>姓名</td><td></td><td>性别</td><td></td><td>电话</td><td></td></tr>
<tr><td>地址</td><td></td><td colspan="3">证件名称及号码</td><td></td></tr>
<tr><td colspan="2">案情概要</td><td colspan="6">2016年6月2日，某县文化广电新闻出版局接到自称姓王的老师举报，称在某县实验中学有卖非法和盗版书的。2016年6月2日14时40分至16时10分，某县文化广电新闻出版局执法人员刘某(鲁08××-06)、王某(鲁08××-07)出示执法证件后，依法对位于某县建设路32号的某县实验中学进行检查。执法人员发现在该校二号楼前停有一辆运输车，有搬运工人正从车上向该校图书室搬运图书。经调查，车上原来载有100包图书，已经搬运到该校图书室5包图书，车上还剩95包。山东省某图书传媒有限公司现场负责人馆藏图书部经理陆某称这批书是某县实验中学从该公司采购的，是该校用于装配图书室的图书，当前正在给某县实验中学交接手续，并出示了征订目录。执法人员对其中标有“某县实验中学90#”和“某县实验中学91#”的2包图书进行现场抽查，发现该2包图书中的《稀奇古怪的物种》《人类的未来问号》《能量》等图书印刷质量粗糙。执法人员通过中国扫黄打非网查询，版权页CIP数据部分内容与中国版本图书馆在版编目不符，疑似非法出版物。当事人的行为涉嫌发行非法出版物，涉嫌违反了《出版管理条例》第四十条第(三)项、《出版物市场管理规定》第二十条第(二)项的规定。某县实验中学校长钱某表示：为防止非法出版物流入校园，要求执法人员将图书全部带走，进行鉴定。执法人员依法录像拍照取证，要求当事人立即停止违法行为，经行政机关负责人批准，执法人员对山东省某图书传媒有限公司配送给某县实验中学的100包图书采取扣押措施[详见查封(扣押)物品清单]，告知了当事人依法享有的权利、救济途径等，制作了实施行政强制措施现场笔录，下达了查封(扣押)决定书。</td></tr>
<tr><td colspan="2">审批事项</td><td colspan="6">当事人的行为涉嫌违反了《出版管理条例》第四十条第(三)项、《出版物市场管理规定》第二十条第(二)项的规定。《出版管理条例》第七条规定：“出版行政主管部门根据已经取得的违法嫌疑证据或者举报，对涉嫌违法从事出版物出版、印刷或者复制、进口、发行等活动的行为进行查处时，可以检查与涉嫌违法活动有关的物品和经营场所；对有证据证明是与违法活动有关的物品，可以查封或者扣押。”为防止山东省某图书传媒有限公司转移、调换疑似非法出版物，且某县实验中学负责人要求执法人员将图书全部带走并进行鉴定。执法人员在现场执法，不方便回来审批，电话联系口头申请机关负责人经批</td></tr>
</table>

审批事项	准后，采取扣押措施，并下达查封（扣押）决定书［详见查封（扣押）物品清单］。依据《中华人民共和国行政强制法》第十九条“情况紧急，需要当场实施行政强制措施的，行政执法人员应当在二十四小时内向行政机关负责人报告，并补办批准手续。行政机关负责人认为不应当采取行政强制措施的，应当立即解除”，现申请补办查封（扣押）措施批准手续。建议对涉案疑似非法出版物扣押［附：2016 年 6 月 2 日的查封（扣押）物品清单复印件］，扣押期限为 2016 年 6 月 2 日至 2016 年 7 月 1 日。 承办人：刘某　王某　2016 年 6 月 3 日 10 时 00 分
承办部门意见	同意对涉案疑似非法出版物扣押。期间要进行鉴定，鉴定后如是合法出版物要按照程序返还当事人。请法制部门审核。 负责人：吴某国　2016 年 6 月 3 日 10 时 01 分
法制部门意见	同意。 负责人：李某　2016 年 6 月 3 日 10 时 02 分
承办机构意见	同意。 负责人：冯某明　2016 年 6 月 3 日 10 时 03 分
行政处罚实施机关意见	同意。 负责人：陈某龙　2016 年 6 月 3 日 10 时 04 分

附：查封（扣押）物品清单

附件：

查封(扣押)物品清单复印件

当事人：山东省某图书传媒有限公司

法定代表人或负责人：李某

地址：山东省某市某区青年路26号

联系电话：131××××6789

编号	物品名称	单位	数量	备注(定价元)
1	爱科学、学科学——图解世界地理第2辑：《稀奇古怪的物种》	本	2	29.80
2	环境保护生活伴我行——《人类未来的问号》	本	2	29.80
3	科学第一视野——《能量》	本	2	29.80
4	马列主义常识公民读本——《马克思恩格斯书信精要》	本	2	29.80
5	榜样的力量——《列宁的故事/新》	本	2	29.80
6	时代印记——《寻找哥伦布》	本	2	29.80
7	《离开地球去火星》	本	2	29.80
8	《卡通形象图典》	本	2	29.80
9	《女孩故事屋》	本	2	36.00
10	《寻找哥伦布》	本	2	36.00
11	《漂亮字速成36技》	本	2	36.00
12	青少年走向辉煌丛书：《成功的资本》	本	2	36.00
13	青少年成功之路丛书：《永不失败的成功定律》	本	2	36.00
……	示范案卷省略			
1574	开拓青少年视野的课外读物丛书：《充满智慧的哲理小品》	本	2	25.80
1575	青少年必读丛书：《培养青少年受益一生的好心态》	本	2	25.80
合计	/	/	3150(册)	78750.80

以上物品，清单与实物一致。说明：根据当事人出示的征订目录填写，共100包。

执法人员签名及执法证号：*刘某(鲁08××-06)* *王某(鲁08××-07)*

见证人：*钱某(手印)*

行政处罚实施机关(印章)

2016年6月2日

本清单已于*2016*年*6*月*2*日*15*时*56*分收到。

签收人签名或盖章：*陆某(手印)* 联系电话：181×××××123

(本清单一式三份，一份随案，一份备存，一份送达当事人。)

调查询问通知书

丁某：

因山东省某图书传媒有限公司涉嫌发行非法出版物一案，因与你有业务关系，请你于 2016 年 6 月 2 日 16 时 15 分到某县实验中学校长办公室（某县建设路 32 号）接受调查询问，并携带下列材料：

☑被询问人的有效身份证件；

□经营许可证；

□营业执照；

□法定代表人或负责人身份证明；

☑如委托他人前来，须出具有效的授权委托书及被委托人的有效身份证明；

☑其他：货物运输托运单等运送图书的相关材料。

如无法按时前来，请及时联系。

联系人：刘某（鲁 08××-06） 王某（鲁 08××-07）

联系电话：05××-68××001

行政处罚实施机关（印章）

2016 年 6 月 2 日

本通知书已于 2016 年 6 月 2 日 16 时 12 分收到。

签收人签名或者盖章：丁某（手印） 联系电话：131××××6954

调查询问笔录

询问时间:2016 年 6 月 2 日 16 时 15 分至 16 时 45 分　第 1 次询问
询问地点:某县实验中学校长办公室
记录人:王某(鲁 08××-07)
询问人(执法证号):刘某(鲁 08××-06)　王某(鲁 08××-07)
被询问人:丁某　**性别**:男　**出生年月**:1977 年 6 月 9 日
证件名称及号码:身份证 370000197706090000　**联系电话**:131××××6954
工作单位:某省某快运有限公司
住址:山东省××市××区文平小区 2 号

问:我们是某县文化广电新闻出版局工作人员,我叫刘某(鲁 08××-06),他叫王某(鲁 08××-07),这是我们的执法证件(出示),你看清楚了吗?

答:看清楚了,我知道。

问:关于山东省某图书传媒有限公司涉嫌发行非法出版物一案,今天我们叫你过来询问,了解有关情况。你要如实陈述,作伪证要负法律责任。在座的如有需要回避的,你可以申请回避,知道吗?

答:我知道如实回答,没有回避的。

问:请你介绍一下你的姓名、身份证号、住址、工作单位和联系电话。

答:我叫丁某,这是我的身份证(出示),身份证号码是 370000197706090000,联系电话是 131××××6954,工作单位是某省某快运有限公司,住址是山东省××市××区文平小区 2 号。

问:2016 年 6 月 2 日你到某县实验中学来做什么?

答:来给我公司送货。

问:从哪儿运来的货? 送的什么货?

答:从某省某区某仓库装的货。货物运输托运单上写的是 100 包书。

问:货物运输托运单呢? 请出示一下。

答:我找找,在车上呢。(找到后)给你(出示)。

这个单子原件不能给你们,我还要结算工资,这是我们的公司的规定,但可以给你们复印件。(复印并签署"复印属实"等字样)

问:货物运输托运单署的托运人是谁?

答:写的托运人是山东省某图书传媒有限公司。

问:你驾驶的车辆车号多少? 运费多少?

答:车号是鲁×09××××,某省某快运有限公司收取运费是 2000 元。

问:你这次送货对谁负责?

答:我对某省某快运有限公司负责,是某省某快运有限公司安排我送的货。但是有个自称山东省某图书传媒有限公司的陆某跟我联系,叫我今天下午也就是 6 月 2 日 2 点送货到某县实验中学,具体送给

被询问人签名或者盖章:丁某(手印)　询问人签名:刘某　王某

谁我听他的电话。

问:你运输的货物涉嫌非法出版物,将要承担法律责任,这个情况你知道吗?

答:我真不知道这个情况。但是,我公司给我说这家是正规公司,提供的手续合法,货物不违法。

问:我们今天6月2日14时40分至16时10分,我机关在某县建设路32号某县实验中学二号楼前,对山东省某图书传媒有限公司配送给某县实验中学的图书100包,共计3150册,采取扣押措施,你也在场,情况是否属实。

答:我在场,情况属实。

问:以上记录请你仔细阅读,如果有误请你纠正,如需要补充的请补充说明。如记录无误或者不需要补充说明,请你签字。

答:(阅读后)以上记录已阅,是本人陈诉的真实意思,记录属实无误。

被询问人签名或者盖章:丁某(手印) 询问人签名:刘某 王某

丁某的身份证复印件

正面 （示范案卷略）

反面 （示范案卷略）

复印属实，与原件一致。仅用于某县文化广电新闻出版局办案用。

丁某（手印）

2016 年 6 月 2 日

货物运输托运单复印件

（示范案卷略）

发货经办人:陆某　提货人证件号码:370000000000000000

复印属实,与原件一致。仅用于某县文化广电新闻出版局办案用。

丁某(手印)

2016年6月2日

调查询问通知书

某县实验中学：

因山东省某图书传媒有限公司涉嫌发行非法出版物一案，与你单位有利益关系，请你单位于 2016 年 6 月 2 日 16 时 50 分到某县实验中学校长办公室（某县建设路 32 号）接受调查询问，并携带下列材料：

☑被询问人的有效身份证件；

□经营许可证；

□营业执照；

☑法定代表人或负责人身份证明；

☑如委托他人前来，须出具有效的授权委托书及被委托人的有效身份证明；

☑其他：中标（成交）通知书、采购图书合同、征订目录等采购图书的相关材料。

如无法按时前来，请及时联系。

联系人：*刘某（鲁 08××-06）　王某（鲁 08××-07）*

联系电话：05××-68××001

行政处罚实施机关（印章）

2016 年 6 月 2 日

本通知书已于 *2016* 年 *6* 月 *2* 日 *16* 时 *48* 分收到。

签收人签名或者盖章：*钱某（手印）*　联系电话：136××××996

调查询问笔录

询问时间:2016 年 6 月 2 日 16 时 50 分至 17 时 30 分　第 1 次询问
询问地点:某县实验中学校长办公室
记录人:王某(鲁 08××-07)
询问人(执法证号):刘某(鲁 08××-06)　王某(鲁 08××-07)
被询问人:钱某　**性别**:男　**出生年月**:1953 年 11 月
证件名称及号码:身份证 370000195311100000　**联系电话**:136××××996
工作单位:某县实验中学　**住址**:某县城南路 23 号实验中学家属院

问:我们是某县文化广电新闻出版局工作人员,我叫刘某(鲁 08××-06),他叫王某(鲁 08××-07),这是我们的执法证件(出示),你看清楚了吗?

答:看清楚了。

问:关于山东省某图书传媒有限公司涉嫌发行非法出版物一案,因与你单位有利益关系,今天叫你过来询问,了解有关情况。你要如实陈述,作伪证要负法律责任,在座的如有需要回避的,你可以申请回避,知道吗?

答:我知道如实回答,没有回避的。

问:请你介绍一下你的姓名、身份证号、住址、工作单位和联系电话。

答:我叫钱某,是某县实验中学校长,是法定代表人,我的身份证号码是 37000019531110000(出示身份证),现家庭住址是某县城南路 23 号实验中学家属院,手机号是 136××××996。

问:你能介绍一下今天的情况和缘由吗?

答:好的。为了迎接全国教育均衡县验收,半年前我们就委托某县政府采购管理办公室采购书籍,用来充实学校阅览室。招标项目是某县实验中学图书馆(室)建设工程,我们只是提供图书品种、数量。委托某县政府采购管理办公室负责具体的招标工作后,我们学校没参与招标工作,图书中标总金额为:码洋的 50%,实洋共计人民币四万元整(40000.00 元)。具体流程就是采购办先确定中标单位,中标的公司发过来书目名单,我们学校在从中选出需要的书目,选书时按照工具书可以 2013 年前、其他的书要 2013 年以后出版的要求采购。中标单位采购后,就配送给我们学校。具体什么时候发过来不清楚,今天上午山东省某图书传媒有限公司的陆某才打电话说下午要过来送书。中标(成交)通知书和采购图书合同你们可以看看(出示),县采购办和山东省某图书传媒有限公司也都有,招标时我们也要求他们提供正版图书,如果山东省某图书传媒有限公司卖给我们非法盗版出版物,我们就是受害者。我在你们检查时就说了,希望你们还要对山东省某图书传媒有限公司其他的图书进行鉴定,防止非法盗版出版物进入我县、我校。

问:你们学校里如果发现采购了非法盗版出版物会怎么办?

答:图书上架前,我们计划邀请县教育局来验收,验收合格方才按合同约定付给对方钱,也就是说现在还没给他们钱呢。如果发现他们公司给我们采购了非法盗版出版物,就按合同执行。

问:你们学校采购这批图书有征订目录清单吗?

被询问人签名或者盖章:钱某(手印)　询问人签名:刘某　王某

答:山东省某图书传媒有限公司提供的征订目录电子版我看了,属实。这是我打印的纸质版(出示)。

问:我机关6月2日14时40分至16时10分,在某县建设路32号某县实验中学二号楼前,对山东省某图书传媒有限公司配送给某县实验中学的图书100包,共计3150册,采取扣押措施,你也在场,情况是否属实。

答:我在场,情况属实。

问:以上记录请你仔细阅读,如果有误请你纠正,如需要补充的请补充说明。如记录无误或者不需要补充说明,请你签字。

答:(阅读后)以上记录已阅,是本人陈诉的真实意思,记录属实无误。

被询问人签名或者盖章:钱某(手印) 询问人签名:刘某 王某

共2页 第2页

钱某的身份证复印件

正面
（示范案卷略）

反面
（示范案卷略）

复印属实，与原件一致。仅用于某县文化广电新闻出版局办案用。

钱某（手印）

2016 年 6 月 2 日

立案审批表

<table>
<tr><td colspan="2">案　　由</td><td colspan="6">涉嫌发行非法出版物</td></tr>
<tr><td colspan="2">案件来源</td><td colspan="3">群众举报</td><td>办理部门</td><td colspan="2">某县文化广电新闻出版局某县文化市场综合执法大队</td></tr>
<tr><td rowspan="4">当事人</td><td rowspan="2">单位</td><td>名称</td><td colspan="2">山东省某图书传媒有限公司</td><td>法定代表人或负责人</td><td colspan="2">李某</td></tr>
<tr><td>地址</td><td colspan="3">山东省某市某区青年路 26 号</td><td>电话</td><td>05××-83××1745</td></tr>
<tr><td rowspan="2">个人</td><td>姓名</td><td></td><td>性别</td><td></td><td>电话</td><td></td></tr>
<tr><td>地址</td><td></td><td colspan="2">证件名称及号码</td><td colspan="2"></td></tr>
<tr><td colspan="2">案情概要</td><td colspan="6">2016 年 6 月 2 日，某县文化广电新闻出版局接到自称姓王的老师举报，称在某县实验中学有卖非法和盗版书的。2016 年 6 月 2 日 14 时 40 分至 16 时 10 分，某县文化广电新闻出版局执法人员刘某（鲁 08××-06）、王某（鲁 08××-07）出示执法证件后，依法对位于某县建设路 32 号的某县实验中学进行检查。执法人员发现在该校二号楼前停有一辆运输车，有搬运工人正从车上向该校图书室搬运图书。经调查，车上原来载有 100 包图书，已经搬运到该校图书室 5 包图书，车上还剩 95 包。山东省某图书传媒有限公司现场负责人馆藏图书部经理陆某称这批书是某县实验中学从该公司采购的，是该校用于装配图书室的图书，当前正在给某县实验中学交接手续，并出示了征订目录。执法人员对其中标有“某县实验中学 90＃”和“某县实验中学 91＃”的 2 包图书进行现场抽查，发现该 2 包图书中的《稀奇古怪的物种》《人类的未来问号》《能量》等图书印刷质量粗糙，执法人员通过中国扫黄打非网查询，版权页 CIP 数据部分内容与中国版本图书馆在版编目不符，疑似非法出版物。当事人的行为涉嫌发行非法出版物，涉嫌违反了《出版管理条例》第四十条第（三）项、《出版物市场管理规定》第二十条第（二）项的规定。执法人员依法录像拍照取证，经行政机关负责人批准，执法人员对山东省某图书传媒有限公司配送给某县实验中学的 100 包图书采取扣押措施[详见查封（扣押）物品清单]，告知了当事人依法享有的权利、救济途径等，制作了实施行政强制措施现场笔录，下达了查封（扣押）决定书。初步证据：现场检查（勘验）笔录 1 份、现场检查照片 5 张、检查录像资料、扣押的出版物、丁某和钱某调查询问笔录、丁某和钱某的身份证复印件、中标（成交）通知书、采购图书合同、征订目录等。</td></tr>
<tr><td colspan="2">承办人意见</td><td colspan="6">建议立案调查。
承办人：刘某　王某　　　　2016 年 6 月 2 日</td></tr>
</table>

承办部门意见	同意立案，建议由刘某、王某调查。 负责人：吴某国　　2016年6月2日
法制部门意见	同意。 负责人：李某　　2016年6月2日
承办机构意见	同意。 负责人：冯某明　　2016年6月2日
行政处罚实施机关意见	同意。 负责人：陈某龙　　2016年6月2日
备注	/

调查询问通知书

山东省某图书传媒有限公司：

因涉嫌发行非法出版物一案，请你（单位）于2016年6月3日10时30分到某县文化广电新闻出版局（环山路19号）接受调查询问，并携带下列材料：

☑被询问人的有效身份证件；

☑经营许可证；

☑营业执照；

☑法定代表人或负责人身份证明；

☑如委托他人前来，须出具有效的授权委托书及被委托人的有效身份证明；

☑其他：中标（成交）通知书、采购图书合同、征订目录等相关材料。

如无法按时前来，请及时联系。

联系人：*刘某（鲁08××-06）　王某（鲁08××-07）*

联系电话：05××-68××001

行政处罚实施机关（印章）

2016年6月2日

本通知书已于*2016*年*6*月*2*日*15*时*59*分收到。

签收人签名或者盖章：*陆某（手印）*　联系电话：181××××123

调查询问笔录

询问时间:2016 年 6 月 3 日 10 时 22 分至 11 时 42 分　第 1 次询问
询问地点:某县文化广电新闻出版局文化市场综合执法大队执法二中队办公室
记录人:王某(鲁 08××-07)
询问人(执法证号):刘某(鲁 08××-06)　王某(鲁 08××-07)
被询问人:陆某　**性别**:男　**出生年月**:1980 年 8 月 4 日
证件名称及号码:身份证 370000000000000000　**联系电话**:181××××123
工作单位:山东省某图书传媒有限公司
住址:山东省某县某镇陆庄村 217 号

问:我们是某县文化广电新闻出版局工作人员,我叫刘某(鲁 08××-06),他叫王某(鲁 08××-07),这是我们的执法证件(出示),你看清楚了吗?

答:看清楚了,我知道。

问:关于山东省某图书传媒有限公司涉嫌发行非法出版物,今天让你过来询问,了解有关情况。你要如实陈述,作伪证要负法律责任,在座的如有需要回避的,你可以申请回避,知道吗?

答:我知道如实回答,没有回避的。

问:请你介绍一下你的姓名、身份证号、住址。

答:我叫陆某,这是我的身份证(出示),身份证号码是 370000000000000000,现家庭住址是山东省某县某镇陆庄村 217 号。

问:2016 年 6 月 2 日给你公司下达的调查询问通知书要求的相关证件材料你带来了吗?

答:中标(成交)通知书、采购图书合同、出版物经营许可证、营业执照我都带来了(出示),受山东省某图书传媒有限公司法定代表人李某委托处理此案,这是我公司 6 月 2 日开具的委托书(出示)。中标(成交)通知书和采购图书合同县采购办和某县实验中学也都有一份。

问:这是某县实验中学校长钱某已提供过的中标(成交)通知书和采购图书合同,你可以看看,是否和你的一样(出示)。

答:一样的。

问:你提供的营业执照上公司名为山东省某图书传媒有限公司,而你出示的名片上印的是山东省某图书传媒有限公司馆藏图书部经理,两者之间是什么关系?

答:山东省某图书传媒有限公司馆藏图书部是山东省某图书传媒有限公司的下属部门。

问:你们怎么会给某县实验中学配送图书?

答:某县实验中学为丰富该校图书室馆藏图书进行了公开招标,我们山东省某图书传媒有限公司参与招标并中了标。我们提供的招标合同、中标书和采购书目清单上已载明。

问:2016 年 6 月 2 日,执法人员在抽查的两包图书中都发现了某省某快运有限公司配包统计单,上面客户栏写着"某省某快运有限公司",在某省某快运有限公司提供的货物运输托运单上,托运人写着"山

被询问人签名或者盖章:陆某(手印)　询问人签名:刘某　王某

东省某图书传媒有限公司”，请问是这个情况吗？

答：是。

问：你公司这次配送了书有多少本（包）？

答：某县实验中学这次采购了共 1575 种图书，复本数为 2，即每种 2 册，共 3150 册，一共包装了 100 包。

问：你有这批图书的货物清单吗？

答：征订目录电子版，我当天就给你们局了，打印的纸质版属实。

问：这 100 包书全是你公司进的货吗？

答：全是我们公司采购部门进的货。

问：你公司配送的《能量》及《人类未来的问号》等出版物是从什么地方采购的？

答：我只知道在某省采购的，目前哪个公司我还不清楚，我在公司不分管采购。

问：合同上写着码洋的 50%，是怎么回事？

答：我们的统一采购价格便宜，出版社给的价格低，所以合同上实收款是码洋的 50%。例如《能量》定价 29.80 元，我们销售给某县实验中学的中标折扣是 50%，即 14.90 元。

问：本机关昨天对你公司扣押的图书，对你询问完毕后，请同我们执法人员一块儿拆包，并申请到上级机关鉴定。如果有非法出版物的，我们将按照程序处理。

答：可以，我配合。

问：以上记录请你仔细阅读，如果有误请你纠正，如需要补充的请补充说明。如记录无误或者不需要补充说明，请你签字。

答：（阅读后）以上记录已阅，是本人陈诉的真实意思，记录属实无误。

被询问人签名或者盖章：陆某（手印） 询问人签名：刘某 王某

共 2 页 第 2 页

委托书

某县文化广电新闻出版局：

兹委托陆某代表山东省某图书传媒有限公司处理涉嫌发行非法出版物一案的相关事宜。

本委托书有效期自本授权书签发之日起至本案件处理完毕时止。

委托权限：申请回避，接受调查询问，出示证据或提出陈述和申辩，签收法律文书，申请、参加或放弃听证，代为放弃、变更委托人权利等。代理人在办理上述事项中，所签署的一切文件，我单位予以承认。

委托单位：山东省某图书传媒有限公司（签章）

法定代表人：李某　职务：总经理

受委托人：陆某

身份证号：370000000000000000

工作单位：山东省某图书传媒有限公司

住址：山东省某县某镇陆庄村 217 号

联系电话：181××××123

2016 年 6 月 2 日

2016 年 6 月 3 日提供　陆某（手印）

陆某的身份证复印件

正面
（示范案卷略）

反面
（示范案卷略）

复印属实。经核对与原件一致。仅用于某县文化广电新闻出版局执法办案用。

陆某（手印）

2016 年 6 月 3 日

李某的身份证复印件

正面
（示范案卷略）

反面
（示范案卷略）

复印属实。经核对与原件一致。仅用于某县文化广电新闻出版局执法办案用。

李某（手印）

2016年6月3日

中标(成交)通知书

NO.××2016-01-×××0

山东省某图书传媒有限公司：

某县政府采购管理办公室受某县实验中学委托，代理某县实验中学图书馆(室)建设工程项目(编号××2016-01-×××0)，经公开招标，公示和评审，确定你单位为中标人。中标总金额为：码洋的50%，实洋共计人民币四万元整(40000.00元)。

某县政府采购管理办公室(印章)
2016年1月18日

复印属实。经核对与原件一致。

钱某(手印)
2016年6月2日

复印属实。经核对与原件一致。

陆某(手印)
2016年6月3日

采购图书合同

合同编号××2016-01-×××0

甲方(采购单位):某县实验中学

乙方(中标单位):山东省某图书传媒有限公司

为进一步加强某县实验中学图书馆(室)馆藏建设……经协商一致,订立本合同,以便共同遵守:

一、甲方采购标的名称:某县实验中学图书馆(室)建设工程

二、图书中标总金额为:码洋的50%,实洋共计人民币四万元整(40000.00元)

三、中标单位:山东省某图书传媒有限公司(乙方)

四、质量技术标准:……

五、售后服务:……

六、交货时间:2016年6月30日前

七、交货方式和地点:乙方按甲方提供的征订目录运送图书到指定学校。

八、验收标准、方法及提出异议期限:……

九、结算方法及期限:经甲方验收合格后,首付合同总款的80%,余款满一年后一次性付清(余款不计利息)。

十、违约责任……

十一、……

十二、……

十三、……

十四、本合同一式三份,甲乙双方各一份,某县政府采购管理办公室一份,并具有同等法律效力。

甲方代表人(签章):钱某
电话:××××××××××
单位:某县实验中学
户名:×××××××××××××××
账号:×××××××××××××××
开户行:×××××××××××××××

乙方代表人(签章):李某
电话:05××-83××1745
单位:山东省某图书传媒有限公司
户名:×××××××××××××××
账号:×××××××××××××××
开户行:×××××××××××××××

签订日期:2016年1月20日

复印属实。经核对与原件一致。
钱某(手印)
2016年6月2日

复印属实。经核对与原件一致。
陆某(手印)
2016年6月3日

征订目录

编号	物品名称	单位	数量	备注(定价元)
1	爱科学、学科学—图解世界地理第2辑:《稀奇古怪的物种》	本	2	29.80
2	环境保护生活伴我行——《人类未来的问号》	本	2	29.80
3	科学第一视野——《能量》	本	2	29.80
4	马列主义常识公民读本——《马克思恩格斯书信精要》	本	2	29.80
5	榜样的力量——《列宁的故事/新》	本	2	29.80
6	时代印记——《寻找哥伦布》	本	2	22.80
7	《离开地球去火星》	本	2	29.80
8	《卡通形象图典》	本	2	29.80
9	《女孩故事屋》	本	2	36.00
10	《寻找哥伦布》	本	2	36.00
11	《漂亮字速成36技》	本	2	36.00
12	青少年走向辉煌丛书:《成功的资本》	本	2	36.00
13	青少年成功之路丛书:《永不失败的成功定律》	本	2	36.00
……	示范案卷省略			
1571	开拓青少年视野的课外读物丛书:《启迪人生的中外哲学》	本	2	25.80
1572	青少年必读丛书:《如何培养中小学生的为人处世能力》	本	2	25.80
1573	青少年必读丛书:《如何培养中小学生的思考创新精神》	本	2	25.80
1574	开拓青少年视野的课外读物丛书:《充满智慧的哲理小品》	本	2	25.80
1575	青少年必读丛书:《培养青少年受益一生的好心态》	本	2	25.80
合计	/	/	3150(册)	78750.80

复印属实。经核对与原件一致。
钱某(手印)
2016年6月2日

复印属实。经核对与原件一致。
陆某(手印)
2016年6月3日

出版物经营许可证复印件

（示范案卷略）

复印属实。经核对与原件一致。

陆某（手印）

2016 年 6 月 3 日

营业执照复印件

（示范案卷略）

复印属实。经核对与原件一致。

陆某（手印）

2016年6月3日

现场检查照片

2016 年 6 月 2 日 14 时 40 分至 16 时 10 分，某县文化广电新闻出版局执法人员刘某(鲁 08××-06)、王某(鲁 08××-07)出示执法证件后，依法对位于建设路 32 号的某县实验中学进行检查。执法人员现场取证，共拍摄照片 5 张。当事人、执法人员对每张照片逐一签字确认后，存入本案卷(示范案卷略)。

查封(扣押)处理告知书

(某)文封(扣)告字〔2016〕第101号

山东省某图书传媒有限公司：

本机关以查封(扣押)决定书[(某)文封(扣)字〔2016〕第101号]对你(单位)有关物品[详见查封(扣押)物品清单]予以查封(扣押)。因需要进行鉴定,依据《中华人民共和国行政强制法》第二十五条第三款的规定,现作出以下处理决定：

□延长查封(扣押)期限至__/__年__/__月__/__日。

☑于2016年6月3日至2016年6月6日送鉴定机构鉴定。

□随案件移送__________/__________处理。

□其他__________/__________。

对物品需要进行鉴定的,查封(扣押)的期间不包括鉴定的期间。

如不服延长查封(扣押)期限的,可以提出陈述、申辩意见,也可以在收到本告知书之日起60日内向某县人民政府申请行政复议,或在6个月内直接向某县人民法院提起行政诉讼。

执法人员签名及执法证号：刘某(鲁08××-06)　王某(鲁08××-07)

联系电话：05××-68××001

附：查封(扣押)物品清单复印件

行政处罚实施机关(印章)

2016年6月3日

本告知书已于2016年6月3日15时30分收到。

签收人签名或盖章：陆某(手印)　联系电话：181××××123

(本告知书一式三份,一份随案,一份备存,一份送达当事人。)

附件：

查封(扣押)物品清单(复印件)

当事人：山东省某图书传媒有限公司

法定代表人或负责人：李某

地址：山东省某市某区青年路26号

联系电话：131××××6789

编号	物品名称	单位	数量	备注(定价元)
1	爱科学、学科学——《图解世界地理第2辑：稀奇古怪的物种》	本	2	29.80
2	环境保护生活伴我行——《人类未来的问号》	本	2	29.80
3	科学第一视野——《能量》	本	2	29.80
4	马列主义常识公民读本——《马克思恩格斯书信精要》	本	2	29.80
5	榜样的力量——《列宁的故事/新》	本	2	29.80
6	时代印记——《寻找哥伦布》	本	2	29.80
7	《离开地球去火星》	本	2	29.80
8	《卡通形象图典》	本	2	29.80
9	《女孩故事屋》	本	2	36.00
10	《寻找哥伦布》	本	2	36.00
11	《漂亮字速成36技》	本	2	36.00
12	青少年走向辉煌丛书：《成功的资本》	本	2	36.00
13	青少年成功之路丛书：《永不失败的成功定律》	本	2	36.00
……	示范案卷省略			
1574	开拓青少年视野的课外读物丛书：《充满智慧的哲理小品》	本	2	25.80
1575	青少年必读丛书：《培养青少年受益一生的好心态》	本	2	25.80
合计	/	/	3150(册)	78750.80

以上物品，清单与实物一致。说明：根据当事人出示的征订目录填写，共100包。

执法人员签名及执法证号：*刘某*(*鲁08××-06*)　*王某*(*鲁08××-07*)

见证人：*钱某*(*手印*)

行政处罚实施机关(印章)

2016年6月2日

本清单已于*2016*年*6*月*2*日*15*时*56*分收到。

签收人签名或盖章：*陆某*(*手印*)　联系电话：181×××××123

(本清单一式三份，一份随案，一份备存，一份送达当事人。)

出版物鉴定申请书

某市文化广电新闻出版局：

2016年6月2日，某县文化广电新闻出版局执法人员在某县实验中学发现山东省某图书传媒有限公司配送给某县实验中学的部分图书，经检查疑似非法出版物。执法人员经行政机关负责人批准，对山东省某图书传媒有限公司配送给某县实验中学的100包图书采取扣押措施[详见查封(扣押)物品清单复印件]。现提请对上述出版物进行鉴定，鉴定上述出版物是否为合法出版物。

某县文化广电新闻出版局

2016年6月3日

出版物鉴定书

出版物基本情况：

2016年6月2日，某县文化广电新闻出版局执法人员在某县实验中学发现山东省某图书传媒有限公司配送给某县实验中学的部分图书，经检查疑似非法出版物。执法人员经行政机关负责人批准，对山东省某图书传媒有限公司配送给某县实验中学的100包图书采取扣押措施。某县文化广电新闻出版局于2016年6月3日提请对上述出版物进行鉴定，鉴定上述出版物是否为合法出版物。

鉴定情况：

见附件：鉴定情况清单。

鉴定结论：根据《出版管理条例》第二十八条第一款、第二十九条，《图书出版管理规定》第二十六条的规定，通过以上证据，认定《稀奇古怪的物种》《人类未来的问号》《能量》《离开地球去火星》《卡通形象图典》《女孩故事屋》《寻找哥伦布》《漂亮字速成36技》《成功的资本》《永不失败的成功定律》等10种出版物为非法出版物。

其他剩余出版物经鉴定为合法出版物。

鉴定人：李某　郭某

某市文化广电新闻出版局
出版物鉴定专用章（印章）
2016年6月5日

附件：

鉴定情况清单

1.《稀奇古怪的物种》载明：书号 ISBN978-7-××××-×××××-×，CIP 数据核字（201×）第××××××号，××××出版社出版，定价 29.80 元。经验证：该书版权页出版时间、定价与中国版本图书馆在版编目（CIP）备案数据不符，且该书印刷质量较差，有透印、偏色现象。

2.《人类未来的问号》载明：书号 ISBN978-7-××××-×××××-×，CIP 数据核字（201×）第××××××号，××××出版社出版，定价 29.80 元。经验证：该样书版权页 CIP 数据内容与中国版本图书馆图书在版编目不符，为盗用"×××/×××著，×××出版社，2016.1"。

3.《能量》载明：书号 ISBN978-7-××××-×××××-×，CIP 数据核字（201×）第××××××号，××××出版社出版，定价 29.80 元。经验证：该书为伪造出版社的出版单位名称出版的图书。

4.《离开地球去火星》载明：书号 ISBN978-7-××××-×××××-×，CIP 数据核字（201×）第××××××号，××××出版社出版，定价 29.80 元。经验证：该样书版权页中"CIP 数据核字（201×）第××××××号"为伪造，在中国版本图书馆图书在版编目 CIP 数据查询系统中不存在，页边不平整，有明显刀花。

5.《卡通形象图典》载明：书号 ISBN978-7-××××-×××××-×，CIP 数据核字（201×）第××××××号，××××出版社出版，定价 29.80 元。经验证：该样书内文纸张发黄发脆，质量粗糙，透印现象严重，版权页 CIP 数据部分内容与中国版本图书馆图书在版编目不符，中国版本图书馆图书在版编目显示的该书出版时间为 2008.7，定价为 19.80 元。而该样书显示的出版时间为 2011 年 1 月第 1 版，定价为 29.80 元。

6.《女孩故事屋》载明：书号 ISBN978-7-××××-×××××-×，CIP 数据核字（201×）第××××××号，××××出版社出版，定价 36.00 元。经验证：内文纸张质量粗糙，透印现象严重，部分书页文字有墨色不均现象，页边不平整，封面粘贴不严密，版权页部分内容与中国版本图书馆图书在版编目 CIP 数据不符。

7.《寻找哥伦布》载明：书号 ISBN978-7-××××-×××××-×，CIP 数据核字（201×）第××××××号，××××出版社出版，定价 36.00 元。经验证：该样书内文纸张发黄发脆，质量粗糙，透印现象严重，部分书页文字有墨色不均、偏色现象，版权页 CIP 数据部分内容与中国版本图书馆图书在版编目不符，为盗用"××××/×××著，×××出版社，2014.12"。

8.《漂亮字速成 36 技》载明：书号 ISBN978-7-××××-×××××-×，CIP 数据核字（201×）第××××××号，××××出版社出版，定价 36.00 元。经验证：为伪造×××出版社的出版单位名称出版的图书。

9.《成功的资本》载明：书号 ISBN978-7-××××-×××××-×，CIP 数据核字（201×）第××××××号，××××出版社出版，定价 36.00 元。经验证：为伪造×××出版社的出版单位名称出版的图书。

10.《永不失败的成功定律》载明：书号 ISBN978-7-××××-×××××-×，CIP 数据核字（201×）第××××××号，××××出版社出版，定价 36.00 元。经验证：该书为伪造×××出版社的出版单位名称出版的图书。

其他剩余出版物，经鉴定版权页 CIP 数据内容与中国版本图书馆图书在版编目相符，纸张、墨色，内容等符合合法出版物要求。

某市文化广电新闻出版局
出版物鉴定专用章（印章）
2016 年 6 月 5 日

鉴定人：李某　郭某

调查询问笔录

询问时间:2016 年 6 月 5 日 16 时 22 分至 17 时 42 分　第 2 次询问
询问地点:某县文化广电新闻出版局文化市场综合执法大队办公室
记录人:王某(鲁 08××-07)
询问人(执法证号):刘某(鲁 08××-06)　王某(鲁 08××-07)
被询问人:陆某　**性别**:男　**出生年月**:1980 年 08 月 04 日
证件名称及号码:身份证 370000000000000000　**联系电话**:181××××××123
工作单位:山东省某图书传媒有限公司
住址:山东省某县某镇陆庄村 217 号

问:我们是某县文化广电新闻出版局工作人员,我叫刘某(鲁 08××-06),他叫王某(鲁 08××-07),这是我们的执法证件(出示),你看清楚了吗?

答:看清楚了,我知道。

问:关于山东省某图书传媒有限公司涉嫌发行非法出版物,今天再次让你过来询问,进一步了解有关情况。你要如实陈述,作伪证要负法律责任。在座的如有需要回避的,你可以申请回避,知道吗?

答:我知道如实回答,没有回避的。

问:请你介绍一下你的姓名、身份证号、住址。

答:我叫陆某,身份证号码是 370000000000000000,现家庭住址山东省某县某镇陆庄村 217 号。

问:你公司发行的《稀奇古怪的物种》《人类未来的问号》《能量》《离开地球去火星》《卡通形象图典》《女孩故事屋》《寻找哥伦布》《漂亮字速成 36 技》《成功的资本》《永不失败的成功定律》等 10 种出版物,经某市文化广电新闻出版局鉴定为非法出版物,这是鉴定书(出示),你看清楚了吗? 有什么异议吗?

答:看清楚了,我承认这些出版物是非法出版物。我公司进货时,一般都让长期合作的出版社出具发行委托书,出版社保证正版合法。这次进货时间紧,进货部门进货把关不严。

问:《稀奇古怪的物种》《人类未来的问号》《能量》《离开地球去火星》《卡通形象图典》《女孩故事屋》《寻找哥伦布》《漂亮字速成 36 技》《成功的资本》《永不失败的成功定律》等 10 种出版物进了多少本? 定价多少?

答:我看看清单,我们公司进货的《稀奇古怪的物种》《人类未来的问号》《能量》《离开地球去火星》《卡通形象图典》定价 29.80 元,《女孩故事屋》《寻找哥伦布》《漂亮字速成 36 技》《成功的资本》《永不失败的成功定律》定价 36.00 元。上述图书进货都是每种 2 本。

问:合同上写着码洋的 50%,是怎么回事?

答:我们的统一采购价格便宜,出版社给的价格低,所以合同上实收款是码洋的 50%,这也是我们给某县实验中学的价格。例如:《能量》定价 29.80 元,我们销售给某县实验中学的中标折扣是 50%,即 14.90 元。

问:你们的进货价是多少?

被询问人签名或者盖章:陆某(手印)　询问人签名:刘某　王某

答:我知道进货的均价是码洋的40%,我们只有10%的毛利。

问:请你按照你单位的进货价,计算一下你们公司进了以上10种非法出版物的进价合计多少?

答:进货《稀奇古怪的物种》《人类未来的问号》《能量》《离开地球去火星》《卡通形象图典》共5种10本需要119.20元,出售给某县实验中学的价格是149.00元;进货《女孩故事屋》《寻找哥伦布》《漂亮字速成36技》《成功的资本》《永不失败的成功定律》共5种10本需要144.00元,出售给某县实验中学的价格是180.00元。

问:某县实验中学付给你们钱了吗?

答:按照合同约定,经某县实验中学等验收合格后,首付合同总款的80%,余款满一年后一次性付清(余款不计利息)。我们还没有送到货就被你们查了,他们当然不会付给我们钱。

问:以上记录请你仔细阅读,如果有误请你纠正,如需要补充的请补充说明。如记录无误或者不需要补充说明,请你签字。

答:(阅读后)以上记录已阅,是本人陈诉的真实意思,记录属实无误。

被询问人签名或者盖章:陆某(手印) 询问人签名:刘某 王某

共2页 第2页

调查终结审批表

案　　由	发行非法出版物
当事人的基本情况	当事人：山东省某图书传媒有限公司 法定代表人或负责人：李某 住所(住址)：山东省某市某区青年路26号 电话 05××-83××1745
调查经过	2016年6月2日，某县文化广电新闻出版局接到自称姓王的老师举报，称在某县实验中学有卖非法和盗版书的。2016年6月2日14时40分至16时10分，某县文化广电新闻出版局执法人员刘某(鲁08××-06)、王某(鲁08××-07)出示执法证件后，依法对位于建设路32号的某县实验中学进行检查，山东省某图书传媒有限公司配送给某县实验中学图书室的图书疑似非法出版物。6月2日，经某县文化广电新闻出版局负责人批准，由刘某、王某对本案进行立案调查。6月2日、6月3日、6月5日，执法人员分别对当事人和有关当事人进行调查询问。6月3日，本机关对扣押的出版物申请鉴定。6月5日，经某市文化广电新闻出版局鉴定，当事人发行的出版物《稀奇古怪的物种》等10种出版物，系伪造出版单位名称出版的出版物和其他非法出版物，其余出版物为合法出版物。
违法事实证据记录	2016年6月2日，某县文化广电新闻出版局接到自称姓王的老师举报，称在某县实验中学有卖非法和盗版书的。2016年6月2日14时40分至16时10分，某县文化广电新闻出版局执法人员刘某(鲁08××-06)、王某(鲁08××-07)出示执法证件后，依法对位于建设路32号的某县实验中学进行检查。执法人员发现在该校二号楼前停放的一辆运输车，有搬运工人正从车上向该校图书室搬运图书。经调查，车上原来载有100包图书，已经搬运到该校图书室5包图书，车上还剩95包。山东省某图书传媒有限公司现场负责人馆藏图书部经理陆某称这批书是某县实验中学从该公司采购的，是该校用于装配图书室的图书，当前正在给某县实验中学交接手续，并出示了征订目录。执法人员对其中标有"某县实验中学90♯"和"某县实验中学91♯"的2包图书进行现场抽查，发现该2包图书中的《稀奇古怪的物种》《人类的未来问号》《能量》等图书印刷质量粗糙，执法人员通过中国扫黄打非网查询，版权页CIP数据部分内容与中国版本图书馆在版编目不符，疑似非法出版物。当事人的行为涉嫌发行非法出版物，涉嫌违反了《出版管理条例》第四十条第(三)项、《出版物市场管理规定》第二十条第(二)项的规定。某县实验中学校长钱某表示：为防止非法出版物流入校园，要求执法人员将图书全部带走，进行鉴定。执法人员依法录像拍照取证，要求当事人立即停止违法行为，经行政机关负责人批准，执法人员对山东省某图书传媒有限公司配送给某县实验中学的100包图书采取扣押措施(详见扣押物品清单)，告知了当事人依法享有的权利、救济途径等，制作了实施行政强制措施现场笔录，下达了查封(扣押)决定书、调查询问通知书。

<table>
<tr><td>违法事实证据记录</td><td>6月2日，本机关执法人员在某县实验中学对某省某快运有限公司驾驶员丁某和某县实验中学校长钱某进行调查询问，被询问人对案件的有关情况进行了如实陈述，提供了采购图书合同、货物运输托运单等材料。
6月2日，经批准对本案进行立案调查。6月3日，本机关执法人员对当事人的委托人陆某进行调查询问，并提供了中标（成交）通知书、采购图书合同、出版物经营许可证、营业执照、委托书等。6月3日，某县文化广电新闻出版局向某市文化广电新闻出版局对扣押的出版物申请鉴定。6月5日，某市文化广电新闻出版局出具出版物鉴定书：当事人发行的出版物《稀奇古怪的物种》《人类未来的问号》《能量》《离开地球去火星》《卡通形象图典》《女孩故事屋》《寻找哥伦布》《漂亮字速成36技》《成功的资本》《永不失败的成功定律》等10种出版物，经鉴定系伪造出版单位名称出版的出版物和其他非法出版物，其余出版物为合法出版物。
6月5日，本机关对当事人委托人陆某再次调查询问，再次确认了相关案情，了解了违法经营数额和违法所得。当事人对该公司的违法行为予以承认，并对执法人员的执法情况予以确认，对某市文化广电新闻出版局的鉴定意见没有提出异议。
以上事实证据如下：
1. 编号为（某）文检字〔2016〕第101号的现场检查（勘验）笔录1份、现场检查照片5张、检查录像资料及扣押的出版物，证明执法人员现场检查及调查取证的情况；
2. 调查询问笔录4份，某市文化广电新闻出版局出具的出版物鉴定书、货物运输托运单（复印件）、中标（成交）通知书（复印件）、采购图书合同（复印件）、征订目录各1份，证明当事人发行非法出版物的相关事实。
3. 陆某、李某的身份证复印件及授权委托书各1份，证明陆某的资格及代理当事人行使相关权利义务的合法性；丁某和钱某的身份证复印件，证明行使相关权利义务的合法性。
4. 出版物经营许可证（副本）、营业执照（副本）各1份，证明当事人的主体资格真实合法有效。</td></tr>
<tr><td>处罚依据</td><td>当事人的上述行为违反了《出版管理条例》第四十条第（三）项、《出版物市场管理规定》第二十条第（二）项的规定，违法事实清楚，证据确凿。当事人发行伪造出版单位名称的出版物，依据《出版管理条例》第六十五条“有下列行为之一的，由出版行政主管部门没收出版物、违法所得，违法经营额1万元以上的，并处违法经营额5倍以上10倍以下的罚款；违法经营额不足1万元的，可以处5万元以下的罚款；情节严重的，责令限期停业整顿或者由原发证机关吊销许可证……（六）印刷或者复制单位、发行单位或者个体工商户印刷或者复制、发行伪造、假冒出版单位名称或者报纸、期刊名称的出版物的”，应当给予处罚。当事人发行其他非法出版物，依据《出版物市场管理规定》第三十二条第三款“发行其他非法出版物和出版行政主管部门明令禁止出版、印刷或者复制、发行的出版物的，依照《出版管理条例》第六十五条处罚”和《出版管理条例》第六十五条，应当给予行政处罚。
经调查，当事人批进的非法出版物《稀奇古怪的物种》《人类未来的问号》《能量》《离开地球去火星》《卡通形象图典》共5种10本，单本定价均为29.80元，进货款为119.20元；批进的非法出版物《女孩故事屋》《寻找哥伦布》《漂亮字速成36技》《成功的资本》《永不失败的成功定律》共5种10本，单本定价均为36.00元，进货款为144.00元。依据《新</td></tr>
</table>

处罚依据	闻出版署关于如何计算非法出版活动中非法经营数额和非法获利数额的批复》(新出政〔1992〕815号文)"三、非法发行(销售)阶段数额计算……(3)批进的出版物全部未售出的,进货款额即经营数额,无获利数额"。当事人发行非法出版物的情形,适用上述计算方法,核定当事人的违法经营额为263.20元,无违法所得。依据《某县文化广电新闻出版局行政处罚自由裁量权量化标准》第六章(《〈出版管理条例〉处罚自由裁量标准》)第十五条第(三)项规定,"单位发行非法出版物2000册(份、盘)以下的、违法经营额不足1万元的,处罚基准:没收出版物、违法所得,可以处以罚款5万元以下处罚"。经核定当事人的违法经营额为263.20元,不足1万元,当事人未经严格核查,为学校配送非法出版物,造成不良影响,其发行非法出版物20本的违规情节适用于上述自由裁量情形。
处理建议	建议调查终结,拟给予当事人:没收非法出版物《稀奇古怪的物种》《人类未来的问号》《能量》《离开地球去火星》《卡通形象图典》《女孩故事屋》《寻找哥伦布》《漂亮字速成36技》《成功的资本》《永不失败的成功定律》等出版物共计20本,并罚款人民币3万元整的行政处罚。 承办人:刘某 王某 2016年6月5日
办案部门意见	同意,请法制部门审核。 负责人:吴某国 2016年6月5日
法制部门意见	鉴于罚款数额较大,报请集体讨论决定。 负责人:李某 2016年6月5日
承办机构意见	同意法制部门意见。 负责人:冯某明 2016年6月5日
行政处罚实施机关意见	同意法制部门意见,请法制部门组织集体讨论。 负责人:陈某龙 2016年6月5日

案件集体讨论笔录

案由:发行非法出版物

案号:(某)文案字〔2016〕第101号

时间:2016年6月6日15时30分至16时30分

地点:某县文化广电新闻出版局局长办公室

集体讨论原因:因拟处较大数额罚款的行政处罚

主持人及其职务:李某(某县文化广电新闻出版局法制科科长)

记录人:王某(鲁08××-07)

参加人员及其职务:李某(某县文化广电新闻出版局法制科科长),王某(某县文化广电新闻出版局文化市场综合执法大队执法队员),吴某国(某县文化广电新闻出版局文化市场综合执法大队执法二中队队长),冯某明(某县文化广电新闻出版局文化市场综合执法大队队长),陈某龙(某县文化广电新闻出版局局长)

列席人员:刘某(执法人员)

案情介绍及初步意见:

王某:2016年6月2日,某县文化广电新闻出版局接到自称姓王的老师举报,称在某县实验中学有卖非法和盗版书的。2016年6月2日14时40分至16时10分,某县文化广电新闻出版局执法人员刘某(鲁08××-06)、王某(鲁08××-07)出示执法证件后,依法对位于建设路32号的某县实验中学进行检查。执法人员发现在该校二号楼前停放的一辆运输车,有搬运工人正从车上向该校图书室搬运图书。经调查,车上原来载有100包图书,已经搬运到该校图书室5包图书,车上还剩95包。山东省某图书传媒有限公司现场负责人馆藏图书部经理陆某称这批书是某县实验中学从该公司采购的,是该校用于装配图书室的图书,当前正在给某县实验中学交接手续,并出示了征订目录。执法人员对其中标有"某县实验中学90♯"和"某县实验中学91♯"的2包图书进行现场抽查,发现该2包图书中的《稀奇古怪的物种》《人类的未来问号》《能量》等图书印刷质量粗糙,执法人员通过中国扫黄打非网查询,版权页CIP数据部分内容与中国版本图书馆在版编目不符,疑似非法出版物。当事人的行为涉嫌发行非法出版物,涉嫌违反了《出版管理条例》第四十条第(三)项、《出版物市场管理规定》第二十条第(二)项的规定。某县实验中学校长钱某表示:为防止非法出版物流入校园,要求执法人员将图书全部带走,进行鉴定。执法人员依法录像拍照取证,要求当事人立即停止违法行为,并依法做出如下处理:(1)经行政机关负责人批准,执法人员对山东省某图书传媒有限公司配送给某县实验中学的100包图书采取扣押措施(详见扣押物品清单),告知了当事人依法享有的权利、救济途径等,制作了实施行政强制措施现场笔录,下达了查封(扣押)决定书;(2)下达调查询问通知书,通知当事人接受进一步调查处理。

6月2日,本机关执法人员在某县实验中学对某省某快运有限公司驾驶员丁某和某县实验中学校长钱某进行调查询问,被询问人对案件的有关情况进行了如实陈述,提供了采购图书合同、货物运输托运单等材料。

参加人员签名:王某　吴某国　李某　冯某明　陈某龙

6月2日，经批准对本案进行立案调查。2016年6月3日，本机关执法人员对当事人的委托人陆某进行调查询问，并提供了中标(成交)通知书、采购图书合同、出版物经营许可证、营业执照、委托书等。6月3日，某县文化广电新闻出版局向某市文化广电新闻出版局对扣押的出版物申请鉴定。6月5日，某市文化广电新闻出版局出具出版物鉴定书：当事人发行的出版物《稀奇古怪的物种》《人类未来的问号》《能量》《离开地球去火星》《卡通形象图典》《女孩故事屋》《寻找哥伦布》《漂亮字速成36技》《成功的资本》《永不失败的成功定律》等10种出版物，经鉴定系伪造出版单位名称出版的出版物和其他非法出版物，其余出版物为合法出版物。

6月5日，本机关对当事人委托人陆某再次调查询问，再次确认了相关案情，了解了违法经营数额和违法所得。当事人对该公司的违法行为予以承认，并对执法人员的执法情况予以确认，对某市文化广电新闻出版局的鉴定意见没有提出异议。

以上事实证据如下：

1.编号为(某)文检字〔2016〕第101号的现场检查(勘验)笔录1份、现场检查照片5张、检查录像资料及扣押的出版物，证明执法人员现场检查及调查取证的情况；

2.调查询问笔录4份，某市文化广电新闻出版局出具的出版物鉴定书、货物运输托运单(复印件)、中标(成交)通知书(复印件)、采购图书合同(复印件)、征订目录各1份，证明当事人发行非法出版物的相关事实；

3.陆某、李某的身份证复印件及授权委托书各1份，证明陆某的资格及代理当事人行使相关权利义务的合法性；丁某和钱某的身份证复印件，证明行使相关权利义务的合法性；

4.出版物经营许可证(副本)、营业执照(副本)各1份，证明当事人的主体资格真实合法有效。

当事人的上述行为违反了《出版管理条例》第四十条第(三)项、《出版物市场管理规定》第二十条第(二)项的规定，违法事实清楚，证据确凿。当事人发行伪造出版单位名称的出版物，依据《出版管理条例》第六十五条“有下列行为之一的，由出版行政主管部门没收出版物、违法所得，违法经营额1万元以上的，并处违法经营额5倍以上10倍以下的罚款；违法经营额不足1万元的，可以处5万元以下的罚款；情节严重的，责令限期停业整顿或者由原发证机关吊销许可证……(六)印刷或者复制单位、发行单位或者个体工商户印刷或者复制、发行伪造、假冒出版单位名称或者报纸、期刊名称的出版物”，应当给予处罚。当事人发行其他非法出版物，依据《出版物市场管理规定》第三十二条第三款“发行其他非法出版物和出版行政主管部门明令禁止出版、印刷或者复制、发行的出版物的，依照《出版管理条例》第六十五条处罚”和《出版管理条例》第六十五条，应当给予行政处罚。

经调查，当事人批进的非法出版物《稀奇古怪的物种》《人类未来的问号》《能量》《离开地球去火星》《卡通形象图典》共5种10本，单本定价均为29.80元，进货款为119.20元；批进的非法出版物《女孩故事屋》《寻找哥伦布》《漂亮字速成36技》《成功的资本》《永不失败的成功定律》共5种10本，单本定价均为36.00元，进货款为144.00元。依据《新闻出版署关于如何计算非法出版活动中非法经营数额和非法获利数额的批复》(新出政〔1992〕815号文)“三、非法发行(销售)阶段数额计算……(3)批进的出版物全部未售出的，进货款额即经营数额，无获利数额”。当事人发行非法出版物的情形，适用上述计算方法，核定当事人的违法经营额为263.20元，无违法所得。依据《某县文化广电新闻出版局行政处罚自由裁量权量化标准》第六章(《〈出版管理条例〉处罚自由裁量标准》)第十五条第(三)项规定：“单位发行非法出版物2000册(份、盘)以下的、违法经营额不足1万元的，处罚基准：没收出版物、违法所得，可以处以罚款5万元以下处罚。”经核定当事人的违法经营额为263.20元，不足1万元，当事人未经严格核查，为学校配送非法出版物，造成不良影响，其发行非法出版物20本的违规情节适用于上述自由裁量情形。

建议拟给予当事人没收非法出版物《稀奇古怪的物种》《人类未来的问号》《能量》《离开地球去火星》

参加人员签名：王某　吴某国　李某　冯某明　陈某龙

《卡通形象图典》《女孩故事屋》《寻找哥伦布》《漂亮字速成36技》《成功的资本》《永不失败的成功定律》等出版物共计20本，并处罚款人民币3万元整的行政处罚。

参加讨论人员意见和理由：

李某：当事人未经严格核查，为学校配送非法出版物，造成不良影响，但没有达到刑事标准，同意办案人员给予行政处罚的意见。

吴某国：为学校配送非法出版物，影响很坏，同意办案人员意见。

冯某明：执法人员要针对校配送出版物这种情形，开展一次类似的专项行动，防止非法出版物流入校园，已经流入的要追查。此案中，执法人员要在把证据做扎实，做到有理有据，要对当事人这种学校配送非法出版物行为按自由裁量情节中的高限处罚，同意办案人员意见。

陈某龙：同意办案人员意见。

李某：大家还有意见吗？没有其他意见，请同志们对案件处理决定进行表决，同意办案人员意见的请举手。（全体一致同意。）

结论性意见：拟给予当事人没收非法出版物《稀奇古怪的物种》《人类未来的问号》《能量》《离开地球去火星》《卡通形象图典》《女孩故事屋》《寻找哥伦布》《漂亮字速成36技》《成功的资本》《永不失败的成功定律》等出版物共计20本，并处罚款人民币3万元整的行政处罚。

参加人员签名：王某　吴某国　李某　冯某明　陈某龙

共3页　第3页

行政处罚事先告知书

(某)文罚告字〔2016〕第101号

当事人:山东省某图书传媒有限公司
法定代表人或负责人:李某
住所(住址):山东省某市某区青年路26号

你单位因发行非法出版物,违反了《出版管理条例》第四十条第(三)项、《出版物市场管理规定》第二十条第(二)项的规定,依据《出版管理条例》第六十五条、《出版物市场管理规定》第三十二条第三款,本机关拟给予没收非法出版物《稀奇古怪的物种》《人类未来的问号》《能量》《离开地球去火星》《卡通形象图典》《女孩故事屋》《寻找哥伦布》《漂亮字速成36技》《成功的资本》《永不失败的成功定律》等出版物共计20本,并处罚款人民币叁万元整的行政处罚的行政处罚。根据《中华人民共和国行政处罚法》第三十一条的规定,现告知本机关拟作出上述行政处罚的事实、理由和依据如下:

2016年6月2日,某县文化广电新闻出版局接到自称姓王的老师举报,称在某县实验中学有卖非法和盗版书的。2016年6月2日14时40分至16时10分,某县文化广电新闻出版局执法人员刘某(鲁08××-06)、王某(鲁08××-07)出示执法证件后,依法对位于建设路32号的某县实验中学进行检查。执法人员发现在该校二号楼前停放的一辆运输车,有搬运工人正从车上向该校图书室搬运图书。经调查,车上原来载有100包图书,已经搬运到该校图书室5包图书,车上还剩95包。山东省某图书传媒有限公司现场负责人馆藏图书部经理陆某称这批书是某县实验中学从该公司采购的,是该校用于装配图书室的图书,当前正在给某县实验中学交接手续,并出示了征订目录。执法人员对其中标有"某县实验中学90♯"和"某县实验中学91♯"的2包图书进行现场抽查,发现该2包图书中的《稀奇古怪的物种》《人类的未来问号》《能量》等图书印刷质量粗糙,执法人员通过中国扫黄打非网查询,版权页CIP数据部分内容与中国版本图书馆在版编目不符,疑似非法出版物。当事人的行为涉嫌发行非法出版物,涉嫌违反了《出版管理条例》第四十条第(三)项、《出版物市场管理规定》第二十条第(二)项的规定。某县实验中学校长钱某表示:为防止非法出版物流入校园,要求执法人员将图书全部带走,进行鉴定。执法人员依法录像拍照取证,要求当事人立即停止违法行为,经行政机关负责人批准,执法人员对山东省某图书传媒有限公司配送给某县实验中学的100包图书采取扣押措施(详见扣押物品清单),告知了当事人依法享有的权利、救济途径等,制作了实施行政强制措施现场笔录,下达了查封(扣押)决定书和调查询问通知书。

6月2日,本机关执法人员在某县实验中学对某省某快运有限公司驾驶员丁某和某县实验中学校长钱某进行调查询问,被询问人对案件的有关情况进行了如实陈述,提供了采购图书合同、货物运输托运单等材料。

6月2日,经批准对本案进行立案调查。2016年6月3日,本机关执法人员对当事人的委托人陆某进行调查询问,并提供了中标(成交)通知书、采购图书合同、出版物经营许可证、营业执照、委托书等。6月3日,某县文化广电新闻出版局向某市文化广电新闻出版局对扣押的出版物申请鉴定。6月5日,某市文化广电新闻出版局出具出版物鉴定书:当事人发行的出版物《稀奇古怪的物种》《人类未来的问号》《能量》《离开地球去火星》《卡通形象图典》《女孩故事屋》《寻找哥伦布》《漂亮字速成36技》《成功的资本》《永不失败的成功定律》等10种出版物,经鉴定系伪造出版单位名称出版的出版物和其他非法出版物,其余出版物为合法出版物。

6月5日，本机关对当事人委托人陆某再次调查询问，再次确认了相关案情，了解了违法经营数额和违法所得。当事人对该公司的违法行为予以承认，并对执法人员的执法情况予以确认，对某市文化广电新闻出版局的鉴定意见没有提出异议。

以上事实证据如下：

1. 编号为(某)文检字〔2016〕第101号的现场检查(勘验)笔录1份、现场检查照片5张、检查录像资料及扣押的出版物，证明执法人员现场检查及调查取证的情况；

2. 调查询问笔录4份，某市文化广电新闻出版局出具的出版物鉴定书、货物运输托运单(复印件)、中标(成交)通知书(复印件)、采购图书合同(复印件)、征订目录各1份，证明当事人发行非法出版物的相关事实；

3. 陆某、李某的身份证复印件及授权委托书各1份，证明陆某的资格及代理当事人行使相关权利义务的合法性；丁某和钱某的身份证复印件，证明行使相关权利义务的合法性；

4. 出版物经营许可证(副本)、营业执照(副本)各1份，证明当事人的主体资格真实合法有效。

当事人的上述行为违反了《出版管理条例》第四十条第(三)项、《出版物市场管理规定》第二十二条第(二)项的规定，违法事实清楚，证据确凿。当事人发行伪造出版单位名称的出版物，依据《出版管理条例》第六十五条“有下列行为之一的，由出版行政主管部门没收出版物、违法所得，违法经营额1万元以上的，并处违法经营额5倍以上10倍以下的罚款；违法经营额不足1万元的，可以处5万元以下的罚款；情节严重的，责令限期停业整顿或者由原发证机关吊销许可证……(六)印刷或者复制单位、发行单位或者个体工商户印刷或者复制、发行伪造、假冒出版单位名称或者报纸、期刊名称的出版物的”，应当给予处罚。当事人发行其他非法出版物，依据《出版物市场管理规定》第三十二条第三款“发行其他非法出版物和出版行政主管部门明令禁止出版、印刷或者复制、发行的出版物的，依照《出版管理条例》第六十五条处罚”和《出版管理条例》第六十五条，应当给予行政处罚。

经调查，当事人批进的非法出版物《稀奇古怪的物种》《人类未来的问号》《能量》《离开地球去火星》《卡通形象图典》共5种10本，单本定价均为29.80元，进货款为119.20元；批进的非法出版物《女孩故事屋》《寻找哥伦布》《漂亮字速成36技》《成功的资本》《永不失败的成功定律》共5种10本，单本定价均为36.00元，进货款为144.00元。依据《新闻出版署关于如何计算非法出版活动中非法经营数额和非法获利数额的批复》(新出政〔1992〕815号文)“三、非法发行(销售)阶段数额计算……(3)批进的出版物全部未售出的，进货款额即经营数额，无获利数额”。当事人发行非法出版物的情形，适用上述计算方法，核定当事人的违法经营额为263.20元，无违法所得。依据《某县文化广电新闻出版局行政处罚自由裁量权量化标准》第六章(《〈出版管理条例〉处罚自由裁量标准》)第十五条第(三)项规定：“单位发行非法出版物2000册(份、盘)以下的、违法经营额不足1万元的，处罚基准：没收出版物、违法所得，可以处以罚款5万元以下处罚。”经核定当事人的违法经营额为263.20元，不足1万元，当事人未经严格核查，为学校配送非法出版物，造成不良影响，其发行非法出版物20本的违规情节适用于上述自由裁量情形。

同时，根据《中华人民共和国行政处罚法》第三十一条、第三十二条的规定，你(单位)有就本案进行陈述和申辩的权利，现予告知。请在接到本告知书之日起7日内向本机关提出陈述和申辩。

其中对你(单位)拟作出罚款3万元整的行政处罚，符合听证条件，依据《中华人民共和国行政处罚法》第四十二条的规定，你(单位)有要求听证的权利。如你(单位)要求听证，应当在收到本告知书之日起3日内向本机关提出，逾期视为放弃听证权利。

联系人：刘某(鲁08××-06)　王某(鲁08××-07)

联系电话：05××-××××××××

联系地址：环山路19号某县文化广电新闻出版局

行政处罚实施机关(印章)

2016年6月6日

(本告知书一式三份，一份随案，一份备存，一份送达当事人。)

送达回证

(某)文送字〔2016〕第101-1号

案　　由	发行非法出版物
送达文件名称及文号	行政处罚事先告知书 (某)文罚告字〔2016〕第101号
受送达人	山东省某图书传媒有限公司
送达方式	直接送达
送达地点	某县文化广电新闻出版局
受送达人或代收人签名或盖章	陆某(手印) 2016年6月6日
见证人签名	/ 年　月　日
送达人签名	刘某(鲁08××-06) 王某(鲁08××-07) 行政处罚实施机关(印章) 2016年6月6日
备　　注	/

陈述(申辩)申请书

申请人:山东省某图书传媒有限公司　法定代表人或负责人:李某

住所(住址):山东省某市某区青年路26号

受委托人:陆某,男,汉族,身份证号码是370000000000000000,现家庭住址山东省××县××镇陆庄村217号,联系电话:181×××××123。系山东省某图书传媒有限公司法定代表人李某委托处理此案人员。

申请事项:

申请对山东省某图书传媒有限公司发行非法出版物一案进行陈述申辩。

事实和理由:

贵局于2016年6月6日送达了的行政处罚事先告知书,(某)文罚告字〔2016〕第101号,申请人已收悉。根据《中华人民共和国行政处罚法》关于行政处罚的有关规定,申请人认为行政处罚事先告知书的拟处罚决定处罚过重。根据《中华人民共和国行政处罚法》第三十二条的规定,申请人特申请向贵局陈述申辩,以便申辩理由,澄清事实,维护申请人的合法权益。我单位积极配合执法人员调查,在执法人员指出违法行为后能自觉停止违法行为,主动配合调查,并认真听取执法人员的教育,认错态度诚恳,主动消除或减轻违法行为危害后果。我单位在此次案件中存在内部管理问题,并非主观上的故意,并保证以后认真学习《出版管理条例》等相关法律法规,杜绝类似事件的发生。根据《出版管理条例》第六十九条,"印刷或者复制、批发、零售、出租、散发含有本条例第二十五条、第二十六条禁止内容的出版物或者其他非法出版物的,当事人对非法出版物的来源作出说明、指认,经查证属实的,没收出版物、违法所得,可以减轻或者免除其他行政处罚。"现在提供某省某公司出货清单,能证明我们的进货渠道。根据《中华人民共和国行政处罚法》第二十七条第一款第(一)项的规定,我单位申请从轻或减轻处罚。

本单位放弃听证的权利。据此,申请人提出陈述(申辩)申请,请求予以准许。

此致。

附件:某省某图书公司出货清单和某省某图书公司收款收据

申请人:山东省某图书传媒有限公司受委托人陆某

2016年6月7日

附件 1：

某省某图书公司出货清单复印件

联系人：王某某，电话 131××××××88

客户：山东省某图书传媒有限公司　电话：05××-83××1745

地址：山东省某市某区青年路 26 号　联系人：李某

日期：2016 年 5 月 30 日

编号	物品名称	单位	数量	备注(定价元)
1	爱科学、学科学——《图解世界地理第 2 辑：稀奇古怪的物种》	本	2	29.80
2	环境保护生活伴我行——《人类未来的问号》	本	2	29.80
3	科学第一视野——《能量》	本	2	29.80
4	马列主义常识公民读本——《马克思恩格斯书信精要》	本	2	29.80
5	榜样的力量——《列宁的故事/新》	本	2	29.80
6	时代印记——《寻找哥伦布》	本	2	29.80
7	《离开地球去火星》	本	2	29.80
8	《卡通形象图典》	本	2	29.80
9	《女孩故事屋》	本	2	36.00
10	《寻找哥伦布》	本	2	36.00
11	《漂亮字速成 36 技》	本	2	36.00
12	青少年走向辉煌丛书：《成功的资本》	本	2	36.00
13	青少年成功之路丛书：《永不失败的成功定律》	本	2	36.00
……	示范案卷省略			
1574	开拓青少年视野的课外读物丛书：《充满智慧的哲理小品》	本	2	25.80
1575	青少年必读丛书：《培养青少年受益一生的好心态》	本	2	25.80
合计	/	/	3150(册)	78750.80

公司地址：某省某市区某街××号，电话(传真)：××××-55××××××

经核对与原件无误。复印属实。

陆某(手印)

2016 年 6 月 7 日

附件 2：

某省某图书公司收款收据复印件

（示范案卷略）

经核对与原件无误。复印属实。

陆某（手印）

2016 年 6 月 7 日

调查询问笔录

询问时间：2016 年 06 月 07 日 16 时 22 分至 17 时 12 分　第 3 次询问
询问地点：某县文化广电新闻出版局文化市场综合执法大队执法二中队办公室
记录人：王某（鲁 08××-07）
询问人（执法证号）：刘某（鲁 08××-06）、王某（鲁 08××-07）
被询问人：陆某　**性别：**男　**出生年月：**1980 年 08 月 04 日
证件名称及号码：身份证 370000000000000000　**联系电话：**181××××123
工作单位：山东省某图书传媒有限公司
住址：山东省××县××镇陆庄村 217 号

问：我们是某县文化广电新闻出版局工作人员，我叫刘某（鲁 08××-06），他叫王某（鲁 08××-07），这是我们的执法证件（出示），你看清楚了吗？

答：看清楚了，我知道。

问：关于山东省某图书传媒有限公司发行非法出版物一案，今天再次让你过来询问，进一步了解有关情况。你要如实陈述，作伪证要负法律责任。在座的如有需要回避的，你可以申请回避，知道吗？

答：我知道如实回答，没有回避的。

问：请你介绍一下你的姓名、身份证号、住址。

答：我叫陆某，这是我的身份证（出示），身份证号码是 370000000000000000，现家庭住址山东省某县某镇陆庄村 217 号。

问：2016 年 6 月 7 日，你代表山东省某图书传媒有限公司向本机关提交来了陈述（申辩）申请书，并附带含有某省某公司出货清单和某省某图书公司收款收据，希望减轻或从轻处罚，请详细介绍一下情况。

答：我公司在你们检查到有疑似非法出版物后，就组织有关人员分析其中利害关系，并开展内部调查。我们认为这次我们公司发行的出版物中竟然含有非法出版物，是采购部门的严重失职。经调查，是采购部门负责人刘某和某省某图书公司联系勾结，采用不正当手段欺骗了公司，使公司名誉受损，现在刘某已被我公司开除。某省某图书公司出货清单和某省某图书公司收款收据上已有刘某联系的进货地址。公司地址：某省某市某区某街××号，电话（传真）：0×××-55××××××，请贵局调查。

问：以上记录请你仔细阅读，如果有误请你纠正，如需要补充的请补充说明。如记录无误或者不需要补充说明，请你签字。

答：（阅读后）以上记录已阅，是本人陈诉的真实意思，记录属实无误。

被询问人签名或者盖章：陆某（手印）　询问人签名：刘某　王某

委托调查函

某省某区文化广电新闻出版局：

本机关正在查处山东省某图书传媒有限公司发行非法出版物案件，由于山东省某图书传媒有限公司采购部门是在贵区某省某图书公司［公司地址：某省某市某区某街××号，电话（传真）：0×××-55××××××］批进的出版物，特委托你单位协助调查以下事项：

1.某省某市××区××街××号某省某图书公司是否属实；

2.某省某图书公司是否发行出版物，是否具有发行出版物资质，是否发行下列非法出版物（清单见附件的出版物鉴定书）；

3.某省某图书公司出货清单和某省某图书公司收款收据是否属实，某省某图书公司是否存有底根。

请将调查结果及时函告本机关。

附：本案有关材料出版物鉴定书、调查询问笔录、某省某图书公司出货清单和某省某图书公司收款收据。

行政处罚实施机关（印章）

2016年6月7日

附件：

出版物鉴定书、陆某6月7日的调查询问笔录、某省某图书公司出货清单和某省某图书公司收款收据（示范案卷略）

委托调查复函

某县文化广电新闻出版局：

本机关在收到贵局的委托调查函后，按照贵局提供的材料，已经对某省某图书公司进行查实。经查，某省某图书公司是经某省某区文化广电新闻出版局批准的出版物发行企业，公司成立于2015年8月，公司地址：某省某市某区某街××号，电话(传真)：0×××-55××××××均属实。经查，某省某图书公司存储并发行贵局提供出版物鉴定书所列的非法出版物，并经我局上级部门认定为非法出版物。贵局提供的某省某图书公司出货清单和某省某图书公司收款收据经查证属实，某省某图书公司存有底根。某省某图书公司存储并发行非法出版物，我局已经立案调查。

附：本案有关材料现场检查(勘验)笔录、出版物鉴定书、证据先行登记保存通知书

某区文化广电新闻出版局(印章)

2016年6月12日

附件：

现场检查(勘验)笔录、证据先行登记保存通知书、出版物鉴定书(示范案卷略)

陈述(申辩)情况审核表

案　由	发行非法出版物
当事人	当事人:山东省某图书传媒有限公司 法定代表人或负责人:李某 住所(住址):山东省某市某区青年路 26 号 电话 05××-83××1745
拟处罚内容	没收非法出版物《稀奇古怪的物种》《人类未来的问号》《能量》《离开地球去火星》《卡通形象图典》《女孩故事屋》《寻找哥伦布》《漂亮字速成 36 技》《成功的资本》《永不失败的成功定律》等出版物共计 20 本,并处罚款人民币叁万元整的行政处罚。
陈述(申辩)理由及证据	积极配合执法人员调查,在执法人员指出违法行为后能自觉停止违法行为;主动配合调查,并认真听取执法人员的教育,认错态度诚恳;对非法出版物的来源作出说明、指认,主动消除或减轻违法行为危害后果。证据:陈述(申辩)申请书、调查询问笔录、某省某图书公司出货清单、某省某图书公司收款收据等。
调查复核经过及证据	6 月 7 日本机关发出委托调查函,委托某省某区文化广电新闻出版局调查当事人对非法出版物的来源作出说明、指认的情况。6 月 12 日,某省某区文化广电新闻出版局回复委托调查复函,当事人对非法出版物的来源作出说明、指认的情况经查证属实。证据:委托调查函、委托调查复函等。
承办人 意　见	当事人对非法出版物的来源作出说明、指认的情况,经当地出版部门查证属实,根据《出版管理条例》第六十九条"印刷或者复制、批发、零售、出租、散发含有本条例第二十五条、第二十六条禁止内容的出版物或者其他非法出版物的,当事人对非法出版物的来源作出说明、指认,经查证属实的,没收出版物、违法所得,可以减轻或者免除其他行政处罚"之规定,建议给予当事人没收非法出版物《稀奇古怪的物种》《人类未来的问号》《能量》《离开地球去火星》《卡通形象图典》《女孩故事屋》《寻找哥伦布》《漂亮字速成 36 技》《成功的资本》《永不失败的成功定律》等出版物共计 20 本,并处罚款人民币 2 万元整的行政处罚。 承办人:刘某　王某　　　2016 年 6 月 12 日

<table>
<tr><td>承办部门
意　　见</td><td>同意，请法制部门审核。
负责人：吴某国　　　　2016 年 6 月 12 日</td></tr>
<tr><td>法制部门
意　　见</td><td>因当事人提交陈诉申辩，且查证属实，情节复杂，报请集体讨论决定。
负责人：李某　　　　2016 年 6 月 12 日</td></tr>
<tr><td>承办机构
意　　见</td><td>同意法制部门意见。
负责人：冯某明　　　　2016 年 6 月 12 日</td></tr>
<tr><td>行政处罚实施
机关意见</td><td>同意，请法制部门组织集体讨论。
负责人：陈某龙　　　　2016 年 6 月 12 日</td></tr>
</table>

案件集体讨论笔录

案由：发行非法出版物

案号：(某)文案字〔2016〕第 101 号

时间：2016 年 6 月 12 日 16 时 30 分至 17 时 30 分

地点：某县文化广电新闻出版局局长办公室

集体讨论原因：因当事人提交陈诉申辩，且查证属实，情节复杂。

主持人及其职务：李某　某县文化广电新闻出版局法制科科长

记录人：王某(鲁 08××-07)

参加人员及其职务：李某(某县文化广电新闻出版局法制科科长)，王某(某县文化广电新闻出版局文化市场综合执法大队执法队员)，吴某国(某县文化广电新闻出版局文化市场综合执法大队执法二中队队长)，冯某明(某县文化广电新闻出版局文化市场综合执法大队队长)，陈某龙(某县文化广电新闻出版局局长)

列席人员：刘某(某县文化广电新闻出版局执法人员)

案情介绍及初步意见：

王某：2016 年 6 月 2 日，某县文化广电新闻出版局接到自称姓王的老师举报，称在某县实验中学有卖非法和盗版书的。2016 年 6 月 2 日 14 时 40 分至 16 时 10 分，某县文化广电新闻出版局执法人员刘某(鲁 08××-06)、王某(鲁 08××-07)出示执法证件后，依法对位于建设路 32 号的某县实验中学进行检查。执法人员发现在该校二号楼前停放的一辆运输车，有搬运工人正从车上向该校图书室搬运图书。经调查，车上原来载有 100 包图书，已经搬运到该校图书室 5 包图书，车上还剩 95 包。山东省某图书传媒有限公司现场负责人馆藏图书部经理陆某称这批书是某县实验中学从该公司采购的，是该校用于装配图书室的图书，当前正在给某县实验中学交接手续，并出示了征订目录。执法人员对其中标有“某县实验中学 90＃”和“某县实验中学 91＃”的 2 包图书进行现场抽查，发现该 2 包图书中的《稀奇古怪的物种》《人类的未来问号》《能量》等图书印刷质量粗糙，执法人员通过中国扫黄打非网查询，版权页 CIP 数据部分内容与中国版本图书馆在版编目不符，疑似非法出版物。当事人的行为涉嫌发行非法出版物，涉嫌违反了《出版管理条例》第四十条第(三)项、《出版物市场管理规定》第二十条第(二)项的规定。某县实验中学校长钱某表示：为防止非法出版物流入校园，要求执法人员将图书全部带走，进行鉴定。执法人员依法录像拍照取证，要求当事人立即停止违法行为，并依法做出如下处理：(1)经行政机关负责人批准，执法人员对山东省某图书传媒有限公司配送给某县实验中学的 100 包图书采取扣押措施(详见扣押物品清单)，告知了当事人依法享有的权利、救济途径等，制作了实施行政强制措施现场笔录，下达了查封(扣押)决定书；(2)下达调查询问通知书，通知当事人接受进一步调查处理。

6 月 2 日，本机关执法人员在某县实验中学对某省某快运有限公司驾驶员丁某和某县实验中学校长钱某进行调查询问，被询问人对案件的有关情况进行了如实陈述，提供了采购图书合同、货物运输托运单等材料。

6 月 2 日，经批准对本案进行立案调查。2016 年 6 月 3 日，本机关执法人员对当事人的委托人陆某

参加人员签名：王某　吴某国　李某　冯某明　陈某龙

进行调查询问，并提供了中标（成交）通知书、采购图书合同、出版物经营许可证、营业执照、委托书等。6月3日，某县文化广电新闻出版局向某市文化广电新闻出版局对扣押的出版物申请鉴定。6月5日，某市文化广电新闻出版局出具出版物鉴定书：当事人发行的出版物《稀奇古怪的物种》《人类未来的问号》《能量》《离开地球去火星》《卡通形象图典》《女孩故事屋》《寻找哥伦布》《漂亮字速成36技》《成功的资本》《永不失败的成功定律》等10种出版物，经鉴定系伪造出版单位名称出版的出版物和其他非法出版物，其余出版物为合法出版物。

6月5日，本机关对当事人委托人陆某再次调查询问，再次确认了相关案情，了解了违法经营数额和违法所得。当事人对该公司的违法行为予以承认，并对执法人员的执法情况予以确认，对某市文化广电新闻出版局的鉴定意见没有提出异议。

以上事实证据如下：

1.编号为（某）文检字〔2016〕第101号的现场检查（勘验）笔录1份、现场检查照片5张、检查录像资料及扣押的出版物，证明执法人员现场检查及调查取证的情况；

2.调查询问笔录4份，某市文化广电新闻出版局出具的出版物鉴定书、货物运输托运单（复印件）、中标（成交）通知书（复印件）、采购图书合同（复印件）、征订目录各1份，证明当事人发行非法出版物的相关事实；

3.陆某、李某的身份证复印件及授权委托书各1份，证明陆某的资格及代理当事人行使相关权利义务的合法性；丁某和钱某的身份证复印件，证明行使相关权利义务的合法性；

4.出版物经营许可证（副本）、营业执照（副本）各1份，证明当事人的主体资格真实合法有效。

当事人的上述行为违反了《出版管理条例》第四十条第（三）项、《出版物市场管理规定》第二十条第（二）项的规定，违法事实清楚，证据确凿。当事人发行伪造出版单位名称的出版物的，依据《出版管理条例》第六十五条“有下列行为之一的，由出版行政主管部门没收出版物、违法所得，违法经营额1万元以上的，并处违法经营额5倍以上10倍以下的罚款；违法经营额不足1万元的，可以处5万元以下的罚款；情节严重的，责令限期停业整顿或者由原发证机关吊销许可证……（六）印刷或者复制单位、发行单位或者个体工商户印刷或者复制、发行伪造、假冒出版单位名称或者报纸、期刊名称的出版物的”，应当给予处罚。当事人发行其他非法出版物，依据《出版物市场管理规定》第三十二条第三款：“发行其他非法出版物和出版行政主管部门明令禁止出版、印刷或者复制、发行的出版物的，依照《出版管理条例》第六十五条处罚”和《出版管理条例》第六十五条，应当给予行政处罚。

经调查，当事人批进的非法出版物《稀奇古怪的物种》《人类未来的问号》《能量》《离开地球去火星》《卡通形象图典》共5种10本，单本定价均为29.80元，进货款为119.20元；批进的非法出版物《女孩故事屋》《寻找哥伦布》《漂亮字速成36技》《成功的资本》《永不失败的成功定律》共5种10本，单本定价均为36.00元，进货款为144.00元。依据《新闻出版署关于如何计算非法出版活动中非法经营数额和非法获利数额的批复》（新出政〔1992〕815号文）“三、非法发行（销售）阶段数额计算……（3）批进的出版物全部未售出的，进货款额即经营数额，无获利数额”。当事人发行非法出版物的情形，适用上述计算方法，核定当事人的违法经营额为263.20元，无违法所得。依据《某县文化广电新闻出版局行政处罚自由裁量权量化标准》第六章（《〈出版管理条例〉处罚自由裁量标准》）第十五条第（三）项规定：“单位发行非法出版物2000册（份、盘）以下的、违法经营额不足1万元的，处罚基准：没收出版物、违法所得，可以处以罚款5万元以下处罚。”经核定当事人的违法经营额为263.20元，不足1万元，当事人未经严格核查，为学校配送非法出版物，造成不良影响，其发行非法出版物20本的违规情节适用于上述自由裁量情形。

6月6日，向当事人下达行政处罚事先告知书，拟给予当事人没收非法出版物《稀奇古怪的物种》《人类未来的问号》《能量》《离开地球去火星》《卡通形象图典》《女孩故事屋》《寻找哥伦布》《漂亮字速成36技》

参加人员签名：王某 吴某国 李某 冯某明 陈某龙

《成功的资本》《永不失败的成功定律》出版物共计20本，并处罚款人民币3万元整的行政处罚。

6月7日，山东省某图书传媒有限公司受委托人陆某向本机关提交了陈述（申辩）申请书，申请从轻或减轻处罚，并放弃听证要求，本机关对陆某进行了调查询问。当事人表示：该单位积极配合执法人员调查，在执法人员指出违法行为后能自觉停止违法行为，主动配合调查，提供了某省某图书公司出货清单和某省某图书公司收款收据和出版物供货商名称、地址等信息，主动消除或减轻违法行为危害后果。6月7日，本机关委托某省某区文化广电新闻出版局对当事人说明的非法出版物的来源、指认的情况进行调查。6月12日，某省某区文化广电新闻出版局回复委托调查复函，对当事人说明的非法出版物的来源、指认的情况进行调查，经查证属实，并提供了现场检查（勘验）笔录、出版物鉴定书、证据先行登记保存通知书等证据。

当事人对非法出版物的来源作出说明、指认的情况，经当地出版部门查证属实，根据出版管理条例第六十九条“印刷或者复制、批发、零售、出租、散发含有本条例第二十五条、第二十六条禁止内容的出版物或者其他非法出版物的，当事人对非法出版物的来源作出说明、指认，经查证属实的，没收出版物、违法所得，可以减轻或者免除其他行政处罚”之规定，并根据我局自由裁量权量化标准，建议给予当事人：没收非法出版物《稀奇古怪的物种》《人类未来的问号》《能量》《离开地球去火星》《卡通形象图典》《女孩故事屋》《寻找哥伦布》《漂亮字速成36技》《成功的资本》《永不失败的成功定律》等出版物共计20本，并处罚款人民币2万元整的行政处罚。

参加讨论人员意见和理由：

李某：当事人未经严格核查，为学校配送非法出版物，造成不良影响。但当事人对非法出版物的来源作出说明、指认的情况，经当地出版部门查证属实，同意办案人员给予减轻行政处罚的意见。

吴某国：同意办案人员意见。

冯某明：当事人对非法出版物的来源作出说明、指认的情况，经地出版部门查证属实，同意办案人员给予减轻行政处罚的意见。同时，要对当事人的合法出版物依法处理，需要解除就解除，需要返还就返还，对非法出版物也要依法处理。

陈某龙：当事人对非法出版物的来源作出说明、指认的情况，经当地出版部门查证属实，同意办案人员给予减轻行政处罚的意见。

李某：大家还有意见吗？没有其他意见，请同志们对案件处理决定进行表决，同意办案人员意见的请举手。（全体一致同意）

结论性意见：

给予当事人没收非法出版物《稀奇古怪的物种》《人类未来的问号》《能量》《离开地球去火星》《卡通形象图典》《女孩故事屋》《寻找哥伦布》《漂亮字速成36技》《成功的资本》《永不失败的成功定律》等出版物共计20本，并处罚款人民币2万元整的行政处罚。

参加人员签名：王某 吴某国 李某 冯某明 陈某龙

共3页 第3页

山东省非税收通用票据

（示范案卷略）

解除查封(扣押)强制措施审批表

<table>
<tr><td colspan="2">案　　由</td><td colspan="5">群众举报</td></tr>
<tr><td colspan="2">案件来源</td><td colspan="5">发行非法出版物</td></tr>
<tr><td rowspan="4">当事人</td><td rowspan="2">单位</td><td>名称</td><td>山东省某图书传媒有限公司</td><td>法定代表人或负责人</td><td colspan="2">李某</td></tr>
<tr><td>地址</td><td colspan="2">山东省某市某区青年路 26 号</td><td>电话</td><td>05××-83××1745</td></tr>
<tr><td rowspan="2">个人</td><td>姓名</td><td></td><td>性别</td><td>电话</td><td></td></tr>
<tr><td>地址</td><td></td><td>证件名称及号码</td><td colspan="2"></td></tr>
<tr><td colspan="2">案情概要</td><td colspan="5">2016 年 6 月 2 日，某县文化广电新闻出版局接到自称姓王的老师举报，称在某县实验中学有卖非法和盗版书的。2016 年 6 月 2 日，某县文化广电新闻出版局执法人员刘某、王某出示执法证件后，依法对位于建设路 32 号的某县实验中学进行检查。执法人员发现山东省某图书传媒有限公司配送给某县实验中学的图书中的《稀奇古怪的物种》等图书印刷质量粗糙，疑似非法出版物。执法人员依法录像拍照取证，为防止非法出版物流入校园，对山东省某图书传媒有限公司配送给某县实验中学的 100 包共计 3150(册)图书采取扣押措施。
6 月 2 日，对本案进行立案调查，对某省某快运有限公司驾驶员丁某、某县实验中学校长钱某、当事人的委托人陆某进行了调查询问。6 月 5 日，经某市文化广电新闻出版局鉴定：当事人发行的出版物《稀奇古怪的物种》《人类未来的问号》《能量》《离开地球去火星》《卡通形象图典》《女孩故事屋》《寻找哥伦布》《漂亮字速成 36 技》《成功的资本》《永不失败的成功定律》等 10 种出版物为非法出版物，其余出版物为合法出版物。6 月 5 日，对当事人委托人陆某再次调查询问，再次确认了相关案情，了解了违法经营数额和违法所得。
2016 年 6 月 6 日，本机关经过集体讨论后，依法向当事人送达编号为(某)文罚告字〔2016〕第 101 号的行政处罚事先告知书。当事人于 6 月 7 日到本机关依法提交了陈述(申辩)申请书，提出陈述申辩意见，并放弃听证要求，本机关于 6 月 12 日经集体讨论后决定减轻原拟处罚决定。6 月 12 日，本机关下达了行政处罚决定书。6 月 13 日，当事人缴纳了罚款。</td></tr>
<tr><td colspan="2">审批事项</td><td colspan="5">根据《中华人民共和国行政强制法》第二十八条“有下列情形之一的，行政机关应当及时作出解除查封、扣押决定……(二)查封、扣押的场所、设施或者财物与违法行为无关;(三)行政机关对违法行为已经作出处理决定，不再需要查封、扣押……”对当事人的行政处罚，当事人罚款已履行完毕，出版物不再需要扣押，需要对当事人剩余的合法出版物 3130(册)返还。对当事人的非法出版物《稀奇古怪的物种》《人类未来的问号》《能</td></tr>
</table>

审批事项	量》《离开地球去火星》《卡通形象图典》《女孩故事屋》《寻找哥伦布》《漂亮字速成36技》《成功的资本》《永不失败的成功定律》等共计20册予以没收。 承办人：刘某　王某　2016年6月13日
承办部门意　见	同意，请法制部门审核。 负责人：吴某国　2016年6月13日
法制部门意　见	同意。 负责人：李某　2016年6月13日
承办机构意　见	同意。 负责人：冯某明　2016年6月13日
行政处罚实施机关意　见	同意。 负责人：陈某龙　2016年6月13日

解除查封(扣押)决定书

(某)文解封(扣)字〔2016〕第 101 号

山东省某图书传媒有限公司:

本机关根据查封(扣押)决定书[(某)文封(扣)字〔2016〕第 101 号]对你(单位)有关物品[详见查封(扣押)物品清单]予以查封(扣押)。

因部分出版物经鉴定为合法出版物,依据《中华人民共和国行政强制法》第二十八条第一款第(二)项、第(三)项的规定,决定自 2016 年 6 月 13 日起,解除查封(扣押)措施,合法出版物立即退还;根据行政处罚决定书(某)文罚字〔2016〕第 101 号要求,非法出版物予以没收。

执法人员签名及执法证号:*刘某(鲁 08××-06) 王某(鲁 08××-07)*

联系电话:05××-×××××××

附:1. 解除查封(扣押)物品清单

2. 没收物品清单

行政处罚实施机关(印章)

2016 年 6 月 13 日

本决定书已于*2016*年*6*月*13*日*16*时*55*分收到。

签收人签名或盖章:*陆某(手印)* 联系电话:181××××123

(本决定书一式三份,一份随案,一份备存,一份送达当事人。)

附件 1：

（解除）查封（扣押）物品清单

当事人：山东省某图书传媒有限公司
法定代表人或负责人：李某
地址：山东省某市某区青年路 26 号
联系电话：131××××6789

编号	物品名称	单位	数量	备注（定价元）
1	马列主义常识公民读本——《马克思恩格斯书信精要》	本	2	29.80
2	榜样的力量——《列宁的故事/新》	本	2	29.80
3	时代印记——《寻找哥伦布》	本	2	22.80
4	马列主义常识公民读本——《什么是列宁主义》	本	2	29.80
5	马列主义常识公民读本——《什么是邓小平理论》	本	2	29.80
6	时代印记——《寻找马克思》	本	2	29.80
7	《回看毛泽东》	本	2	29.80
8	《毛泽东成功之道》	本	2	58.00
9	《毛泽东生态观》	本	2	59.00
10	《马克思哲学视域中的物权问题》	本	2	35.00
11	《向邓小平学习》	本	2	40.00
……	示范案卷省略			
1562	青少年必读丛书：《如何培养中小学生为人处世能力》	本	2	25.80
1563	青少年必读丛书：《如何培养中小学生思考创新精神》	本	2	25.80
1564	开拓青少年视野的课外读物：《充满智慧的哲理小品》	本	2	25.80
1565	青少年必读丛书：《培养青少年受益一生的好心态》	本	2	25.80
合计	/	/	3130（册）	/

以上物品，清单与实物一致。
执法人员签名及执法证号：*刘某（鲁 08××-06）* *王某（鲁 08××-07）*
见证人：/
行政处罚实施机关（印章）

上述出版物已退还。
陆某（手印）
2016 年 6 月 13 日

本清单已于 *2016* 年 *6* 月 *13* 日 *16* 时 *56* 分收到。
签收人签名或盖章：*陆某（手印）* 联系电话：181×××××123
（本清单一式三份，一份随案，一份备存，一份送达当事人。）

附件 2：

没收物品清单

当事人：山东省某图书传媒有限公司
法定代表人或负责人：李某
地址：山东省某市某区青年路 26 号
联系电话：131××××6789

编号	物品名称	单位	数量	备注(定价元)
1	《稀奇古怪的物种》	本	2	29.80
2	《人类未来的问号》	本	2	29.80
3	《能量》	本	2	29.80
4	《离开地球去火星》	本	2	29.80
5	《卡通形象图典》	本	2	29.80
6	《女孩故事屋》	本	2	36.00
7	《寻找哥伦布》	本	2	36.00
8	《漂亮字速成 36 技》	本	2	36.00
9	《成功的资本》	本	2	36.00
10	《永不失败的成功定律》	本	2	36.00
合计	/	/	20	/

根据行政处罚决定书(某)文罚字〔2016〕第 101 号，上述 20 本出版物已被没收。
以上物品，清单与实物一致。
执法人员签名及执法证号：刘某(鲁 08××-06)　王某(鲁 08××-07)
见证人：/

行政处罚实施机关(印章)
2016 年 6 月 13 日

本清单已于 2016 年 6 月 13 日 16 时 58 分收到。
签收人签名或盖章：陆某(手印)　联系电话：181×××××123
(本清单一式三份，一份随案，一份备存，一份送达当事人。)

行政处罚案件结案报告

案　由	发行非法出版物	行政处罚决定书文号	(某)文罚字 〔2016〕第101号
当事人	当事人:山东省某图书传媒有限公司 法定代表人或负责人:李某 住所(住址):山东省某市某区青年路26号 电话05××-83××1745		
立案时间	2016年6月2日	办案人员	刘某、王某
简要案情及查处经过	2016年6月2日,某县文化广电新闻出版局接到自称姓王的老师举报,称在某县实验中学有卖非法和盗版书的。2016年6月2日,某县文化广电新闻出版局执法人员刘某、王某出示执法证件后,依法对位于建设路32号的某县实验中学进行检查。执法人员发现山东省某图书传媒有限公司配送给某县实验中学的图书中的《稀奇古怪的物种》等图书印刷质量粗糙,疑似非法出版物。执法人员依法录像拍照取证,为防止非法出版物流入校园,对山东省某图书传媒有限公司配送给某县实验中学的100包共计3150(册)图书采取扣押措施。 6月2日,对本案进行立案调查,对某省某快运有限公司驾驶员丁某、某县实验中学校长钱某、当事人的委托人陆某进行了调查询问。6月5日,经某市文化广电新闻出版局鉴定:当事人发行的出版物《稀奇古怪的物种》《人类未来的问号》《能量》《离开地球去火星》《卡通形象图典》《女孩故事屋》《寻找哥伦布》《漂亮字速成36技》《成功的资本》《永不失败的成功定律》等10种出版物为非法出版物,其余出版物为合法出版物。6月5日,对当事人委托人陆某再次调查询问,再次确认了相关案情,了解了违法经营数额和违法所得。 6月6日,本机关经过集体讨论后,依法向当事人送达编号为(某)文罚告字〔2016〕第101号的行政处罚事先告知书。当事人于6月7日到本机关依法提交了陈述(申辩)申请书,提出陈述申辩意见,并放弃听证要求,本机关于6月12日经集体讨论后决定减轻原拟处罚决定。 6月12日,本机关下达了行政处罚决定书。6月13日,当事人缴纳了罚款;本机关下达解除查封(扣押)决定书,对当事人的合法出版物予以退还,对非法出版物予以没收。		
行政处罚 内　　容	根据行政处罚决定书[(某)文罚字〔2016〕第101号],予以没收非法出版物《稀奇古怪的物种》《人类未来的问号》《能量》《离开地球去火星》《卡通形象图典》《女孩故事屋》《寻找哥伦布》《漂亮字速成36技》《成功的资本》《永不失败的成功定律》等出版物共计20本,并处罚款人民币2万元整的行政处罚。		

处罚执行情况	没收的非法出版物已入库，择期销毁。罚款已缴纳。
罚没财物处置情况	没收的非法出版物已入库，择期销毁。
承办人意见	建议结案。 承办人：刘某、王某 2016年6月23日
承办部门意见	同意，请法制部门审核。 负责人：吴某国 2016年6月23日
法制部门意见	同意。 负责人：李某 2016年6月23日
承办机构意见	同意。 负责人：冯某明 2016年6月23日
行政处罚实施机关意见	同意。 负责人：陈某龙 2016年6月23日

卷内备考表

本卷情况说明：

2016 年 6 月 2 日执法检查录像资料（视频文件 6 个）刻录成光盘 1 张，总共 1.36G。2016 年 6 月 24 日存于某县文化广电新闻出版局档案室。责任人：刘某。

立 卷 人：刘某　王某

检 查 人：刘某

立卷时间：2016 年 6 月 24 日

某县文化市场管理执法局

文化市场行政处罚案卷

案件编号：(某)文罚字〔2016〕第××号

案　由：未取得出版行政部门的许可，擅自兼营从事出版物印刷经营活动

当 事 人：山东某印刷有限公司

处罚内容：责令停业整顿30日；没收印刷品《山东某社国际业务制度汇编》700册；罚款人民币1万元整

自2016年7月至2016年8月	本卷共××件××页	
此案共1卷，本卷是第1卷	保管期限	30年

全宗号	目录号	案卷号
××	××	×××

卷内文件目录

序号	文号	题 名	日 期	页号
1	(某)文罚字〔2016〕第××号	行政处罚决定书	2016年7月18日	略
2	(某)文送字〔2016〕第××-2号	送达回证	2016年7月18日	略
3	(某)文检(勘)字〔2016〕第××-1号	现场检查(勘验)笔录	2016年7月11日	略
4	/	现场检查照片(一)~(五)	2016年7月11日	略
5	(某)文保审字〔2016〕第××号	证据先行登记保存审批表	2016年7月11日	略
6	(某)文保字〔2016〕第××号	证据先行登记保存通知书	2016年7月11日	略
7	/	调查询问通知书	2016年7月11日	略
8	(某)文案立字〔2016〕第××号	立案审批表	2016年7月11日	略
9	/	山东某印刷有限公司法定代表人杨某调查询问笔录	2016年7月12日	略
10	/	调查询问通知书	2016年7月12日	略
11	/	山东省某社某办事处工作人员窦某调查询问笔录	2016年7月13日	略
12	/	山东省某社某办事处委托书复印件	2016年7月12日	略
13	/	山东某印刷有限公司印刷经营许可证(副本)复印件	2016年7月12日	略

14	/	山东某印刷有限公司企业法人营业执照（副本）复印件	2016年7月12日	略
15	/	山东某印刷有限公司法定代表人杨某身份证复印件	2016年7月12日	略
16	/	山东省某社联合社某办事处工作人员窦某身份证复印件	2016年7月13日	略
17	（某）文终字〔2016〕第××号	案件调查终结审批表	2016年7月13日	略
18	/	案件集体讨论笔录	2016年7月14日	略
19	（某）文罚告字〔2016〕第××号	行政处罚事先告知书	2016年7月14日	略
20	（某）文送字〔2016〕第××-1号	送达回证	2016年7月14日	略
21	/	某县文化市场管理执法局罚没款收据	2016年8月1日	略
22	（某）文检（勘）字〔2016〕第××-2号	现场检查（勘验）笔录	2016年8月18日	略
23	（某）文结字〔2016〕第××号	行政处罚案件结案报告	2016年8月31日	略

行政处罚决定书

(某)文罚字〔2016〕第××号

当事人姓名或名称：山东某印刷有限公司
法定代表人或负责人：杨某　电话：1866098××××
地址：某县城文青路188号

2016年7月11日9时30分至10时30分，某县文化市场管理执法局执法人员范某(鲁13××-04)、王某(鲁13××-05)依法出示执法证件后，对位于县城文青路188号的山东某印刷有限公司进行检查。在该企业印刷车间东南角发现封面印有"山东某社国际业务制度汇编(内部学习资料)"字样的印刷品一宗，已装订成册，经执法人员清点为700册，在印刷机旁有已被损毁的该印刷品PS版一宗。而该企业印刷经营许可证的经营范围是包装装潢印刷品印刷。初步认定该企业未取得出版行政部门的许可，擅自兼营从事出版物印刷经营活动，违反了《印刷业管理条例》第十二条第一款"印刷业经营者申请兼营或者变更从事出版物、包装装潢印刷品或者其他印刷品印刷经营活动，或者兼并其他印刷业经营者，或者因合并、分立而设立新的印刷业经营者，应当依照本条例第九条的规定办理手续"之规定。执法人员依法对涉案物品进行了证据先行登记保存，对执法过程进行了全程录像和拍照，制作了现场检查(勘验)笔录，向当事人下达了证据先行登记保存通知书、询问调查通知书，并由现场负责人张某签字确认。

7月11日，此案经一般程序立案。7月12日，山东某印刷有限公司法定代表人杨某到某县文化市场管理执法局(308室)接受调查询问，承认其明知无出版物印刷资质，未取得出版行政部门的许可，擅自印刷《山东某社国际业务制度汇编》700册，印刷费每册人民币12元，总金额共计8400元的事实。杨某对执法人员7月11日在其经营场所的现场检查情况及现场摄像、拍摄情况予以签字确认，并提供了该企业印刷经营许可证、企业法人营业执法照，以及法定代表人杨某身份证复印件。

7月13日，印刷委托方山东省某社某办事处具体负责该项业务的工作人员窦某到某县文化市场管理执法局(308室)接受调查询问，承认其在未查看山东某印刷有限公司印刷资质的情况下，委托其印刷《山东某社国际业务制度汇编》700册，印刷费每册人民币12元，总金额共计8400元的事实，并提供了本人的身份证复印件、山东省某社某办事处委托书。7月13日，本案调查终结。

经依法调查，现查明违法事实如下：当事人系经出版行政部门和工商行政管理部门审批登记经营的包装装潢印刷品印刷企业，不具备印刷出版物的资质。当事人为获取利益，擅自接受山东省某社某办事处委托，印刷《山东某社国际业务制度汇编》内部资料性出版物700册，印刷费每册人民币12元，总金额共计8400元。此出版物未交付使用即被查获，没有产生盈利，无违法所得。

以上违法事实，有以下证据：

1. 编号为(某)文检(勘)字〔2016〕第××-1号的现场检查(勘验)笔录1份和现场检查照片5张，证明当事人系包装装潢印刷品印刷企业。2016年7月11日，未经出版行政部门许可，擅自印刷《山东某社国际业务制度汇编》700册，并被某县文化市场管理执法局查处的事实和执法人员取得证据的合法性。

2. 当事人山东某印刷有限公司法定代表人杨某调查询问笔录1份，证明当事人未经出版行政主管部门许可，擅自印刷《山东某社国际业务制度汇编》700册，印刷费每册人民币12元，总金额共计8400元的事实。

3. 山东省某社某办事处具体负责该项业务的工作人员窦某调查询问笔录1份，证明其在未查看山东某印刷有限公司印刷资质的情况下，委托其印刷《山东某社国际业务制度汇编》700 册，印刷费每册人民币 12 元，总金额共计 8400 元的事实。

4. 山东省某社某办事处委托书 1 份，证明 700 册《山东某社国际业务制度汇编》系山东某印刷有限公司印刷，印刷费每册人民币 12 元，总金额共计 8400 元的事实。

5. 山东某印刷有限公司印刷经营许可证和企业法人营业执法照复印件各 1 份，证明该公司的经营范围是包装装潢印刷品印刷和当事人属于有限责任公司单位主体身份。

6. 山东某印刷有限公司法定代表人杨某、山东省某社某办事处具体负责该项业务的工作人员窦某身份证复印件各 1 份，证明上述人员的身份以及行使该案相关权利的合法性。

以上证据相互印证，足以证明山东某印刷有限公司未取得出版行政部门的许可，擅自兼营从事出版物印刷经营活动的事实。

根据以上事实和证据，本机关认为，当事人未取得出版行政部门的许可，擅自兼营从事出版物印刷经营活动的违法行为，事实清楚，证据确实。当事人违反了《印刷业管理条例》第十二条第一款“印刷业经营者申请兼营或者变更从事出版物、包装装潢印刷品或者其他印刷品印刷经营活动，或者兼并其他印刷业经营者，或者因合并、分立而设立新的印刷业经营者，应当依照本条例第九条的规定办理手续”的规定，应依据《印刷业管理条例》第三十六条第(一)项“印刷业经营者违反本条例规定，有下列行为之一的，由县级以上地方人民政府出版行政部门责令停止违法行为，责令停业整顿，没收印刷品和违法所得，违法经营额 1 万元以上的，并处违法经营额 5 倍以上 10 倍以下的罚款；违法经营额不足 1 万元的，并处 1 万元以上 5 万元以下的罚款；情节严重的，由原发证机关吊销许可证；构成犯罪的，依法追究刑事责任：(一)未取得出版行政部门的许可，擅自兼营或者变更从事出版物、包装装潢印刷品或者其他印刷品印刷经营活动，或者擅自兼并其他印刷业经营者的”的规定予以处罚。当事人违法经营额不足 1 万元，且未向委托方交付使用，没有产生违法所得，属于情节一般。通过案件检索，未发现当事人一年内因违规行为被处罚。依据《某市文化市场行政处罚裁量权基准》之规定“对违法经营额不足 1 万元的，责令停业整顿 30 日，没收印刷品和违法所得，并处 1 万元以上 5 万元以下的罚款”，其违规情节适用于上述自由裁量情形。

2016 年 7 月 14 日，经本机关集体讨论后，向当事人山东某印刷有限公司送达(某)文罚告字〔2016〕第××号行政处罚事先告知书。在规定期限内，当事人山东某印刷有限公司未向我局提出陈述、申辩和申请听证。

综上所述，决定给予当事人山东某印刷有限公司以下处罚：

1. 责令停业整顿 30 日(自当事人签收处罚决定书之日起 30 日内)；

2. 没收印刷品《山东某社国际业务制度汇编》700 册；

3. 罚款人民币 1 万元整的行政处罚。

当事人应当收到本决定书之日起 15 日内，到某县临商银行(某县人民路 38 号政务大厅 1 楼)缴纳罚款。逾期不缴纳罚款的，依据《中华人民共和国行政处罚法》第五十一条第(一)项的规定，本机关将每日按罚款数额的 3%加处罚款。

当事人如不服本决定，可在收到本决定书之日起 60 日内向某县人民政府申请行政复议，也可在收到本决定书之日起 6 个月内直接向某县人民法院提起行政诉讼。行政复议或行政诉讼期间本处罚决定不停止执行。

逾期不申请行政复议或者提起行政诉讼，又不履行本处罚决定，经催告后仍未履行义务的，依据《中华人民共和国行政处罚法》第五十一条第(一)项的规定，本机关可每日按罚款数额的 3%加处罚款，并依据《中华人民共和国行政强制法》第五十四条的规定，本机关可申请人民法院强制执行。

行政处罚实施机关(印章)
2016 年 7 月 18 日

(本决定书一式三份，一份随案，一份备存，一份送达当事人。)

送达回证

(某)文送字〔2016〕第××-2号

案　由	未取得出版行政部门的许可,擅自兼营从事出版物印刷经营活动
送达文件名称及文号	行政处罚决定书 (某)文罚字〔2016〕第××号
受送达人	山东某印刷有限公司
送达方式	直接送达
送达地点	某县城文青路188号
受送达人或代收人签名或盖章	杨某(手印) 2016年7月18日
见证人签名	/ 年　月　日
送达人签名	范某(鲁13××-04)　王某(鲁13××-05) 2016年7月18日
备　注	

现场检查(勘验)笔录

(某)文检(勘)字〔2016〕第 101 号

<table>
<tr><td rowspan="4">当事人</td><td rowspan="2">单位</td><td>名称</td><td colspan="2">山东某印刷有限公司</td><td colspan="2">法定代表人或负责人</td><td colspan="2">杨某</td></tr>
<tr><td>地址</td><td colspan="4">某县城文青路 188 号</td><td>电话</td><td>1866098××××</td></tr>
<tr><td rowspan="2">个人</td><td>姓名</td><td>/</td><td>性别</td><td>/</td><td>电话</td><td>/</td></tr>
<tr><td>地址</td><td>/</td><td colspan="3">证件名称及号码</td><td>/</td></tr>
<tr><td colspan="2" rowspan="2">现场负责人</td><td>姓名</td><td>张某</td><td colspan="2">证件名称及号码</td><td colspan="2">37183219700401××××</td></tr>
<tr><td>职务</td><td>车间主任</td><td colspan="2">电话</td><td colspan="2">1366869××××</td></tr>
<tr><td colspan="2">检查(勘验)部门</td><td colspan="2">某县文化市场管理执法局</td><td colspan="2">记录人</td><td colspan="2">王某</td></tr>
<tr><td colspan="2">执法人员及执法证号</td><td colspan="6">范某(鲁 13××-04) 王某(鲁 13××-05)</td></tr>
<tr><td colspan="2">检查(勘验)地点</td><td colspan="2">某县城文青路 188 号</td><td>检查(勘验)时间</td><td colspan="3">2016 年 7 月 11 日 9 时 30 分至 10 时 30 分</td></tr>
<tr><td colspan="8">现场检查(勘验)情况:根据日常巡查计划,2016 年 7 月 11 日 9 时 30 分至 10 时 30 分,某县文化市场管理执法局执法人员范某(鲁 13××-04)、王某(鲁 13××-05)依法出示执法证件后,对位于某县城文青路 188 号的山东某印刷有限公司进行检查。经检查:该企业已经取得印刷经营许可证,许可证号为 37Q01B×××,其核定经营范围是包装装潢印刷品印刷。执法人员在印刷车间东南角发现封面印有“山东某社国际业务制度汇编(内部学习资料)”字样的印刷品一宗,已装订成册,经现场清点为 700 册,在印刷机旁有已被损毁的该印刷品 PS 版一宗。执法人员依法对涉案物品进行了证据先行登记保存,对执法过程进行了取证拍照和全程录像,制作了现场检查(勘验)笔录,向当事人下达了证据先行登记保存通知书、调查询问通知书,并由现场负责人张某签字确认。

以上记录属实。
张某(手印) 2016 年 7 月 11 日</td></tr>
</table>

执法人员签名:范某(鲁 13××-04) 王某(鲁 13××-05) 2016 年 7 月 11 日

当事人签名或盖章:张某(手印) 2016 年 7 月 11 日

行政处罚实施机关(印章)

2016 年 7 月 11 日

现场检查照片

2016 年 7 月 11 日 9 时 30 分至 10 时 30 分，某县文化市场管理执法局执法人员范某（鲁 13××-04）、王某（鲁 13××-05）依法出示执法证件后，对位于县城文青路 188 号的山东某印刷有限公司进行检查。执法人员现场取证，共拍摄照片 5 张。当事人、执法人员对每张照片逐一签字确认后，存入本案卷（示范案卷略）。

证据先行登记保存审批表

（某）文保审字〔2016〕第××号

<table>
<tr><td colspan="2">案件来源</td><td colspan="6">日常检查</td></tr>
<tr><td colspan="2">案　由</td><td colspan="6">涉嫌未取得出版行政部门的许可，擅自兼营从事出版物印刷经营活动</td></tr>
<tr><td rowspan="4">当事人</td><td rowspan="2">单位</td><td>名称</td><td colspan="2">山东某印刷
有限公司</td><td colspan="2">法定代表人
或负责人</td><td>杨某</td></tr>
<tr><td>地址</td><td colspan="3">某县城文青路 188 号</td><td>电话</td><td>1866098××××</td></tr>
<tr><td rowspan="2">个人</td><td>姓名</td><td></td><td>性别</td><td></td><td>电话</td><td></td></tr>
<tr><td>地址</td><td colspan="2"></td><td colspan="2">证件名称及号码</td><td></td></tr>
<tr><td colspan="2">案情概要</td><td colspan="6">2016 年 7 月 11 日 9 时 30 分至 10 时 30 分，某县文化市场管理执法局执法人员范某（鲁 13××-04）、王某（鲁 13××-05）依法出示执法证件后，对位于县城文青路 188 号的山东某印刷有限公司进行检查。经检查：在该企业印刷车间东南角发现封面印有“山东某社国际业务制度汇编（内部学习资料）”字样的印刷品一宗，已装订成册，经执法人员清点为 700 册，在印刷机旁有已被损毁的该印刷品 PS 版一宗，而该企业印刷经营许可证的经营范围是包装装潢印刷品印刷。该企业行为涉嫌违反了《印刷业管理条例》第十二条第一款之规定。初步证据：现场检查笔录 1 份、现场检查照片 5 张。</td></tr>
<tr><td colspan="2">审批事项</td><td colspan="6">根据《中华人民共和国行政处罚法》第三十七条第二款规定，建议对涉案的 700 册《山东某社国际业务制度汇编》进行证据先行登记保存。保存方式：异地保存；保存时间：2016 年 7 月 11 日至 2016 年 7 月 18 日；保存地点：某县文化市场管理执法局证据保存室。
承办人：范某　王某　　2016 年 7 月 11 日</td></tr>
<tr><td colspan="2">承办部门
意　见</td><td colspan="6">同意。
负责人：高某　　2016 年 7 月 11 日</td></tr>
<tr><td colspan="2">法制部门
意　见</td><td colspan="6">同意。
负责人：薛某　　2016 年 7 月 11 日</td></tr>
<tr><td colspan="2">承办机构
意　见</td><td colspan="6">同意。
负责人：于某　　2016 年 7 月 11 日</td></tr>
<tr><td colspan="2">行政处罚
实施机关
意　见</td><td colspan="6">同意。
负责人：邹某　　2016 年 7 月 11 日</td></tr>
</table>

证据先行登记保存通知书

（某）文保字〔2016〕第××号

山东某印刷有限公司：

你（单位）因涉嫌未取得出版行政部门的许可，擅自兼营从事出版物印刷经营活动的行为，涉嫌违反了《印刷业管理条例》第十一条第一款之规定，根据《中华人民共和国行政处罚法》第三十七条第二款的规定，本机关决定对有关证据（详见证据先行登记保存物品清单）采取先行登记保存措施。先行登记保存期间，任何单位或者个人不得销毁或者转移保存的物品。

保存方式：异地保存

保存地点：某县文化市场管理执法局证据保存室（某县政务大厅三楼311房间）

保存期限：2016年7月11日至2016年7月18日

执法人员签名及执法证号：*范某（鲁13××-04）*　*王某（鲁13××-05）*

联系电话：05××-32×××××

附：证据先行登记保存物品清单

行政处罚实施机关（印章）
2016年7月11日

本通知书已于*2016*年*7*月*11*日*10*时*20*分收到。

签收人签名或盖章：*张某（手印）*　联系电话：1366869××××

（本通知书一式三份，一份随案，一份备存，一份送达当事人。）

附件：

证据先行登记保存物品清单

当事人：山东某印刷有限公司

法定代表人或负责人：杨某　联系电话：1866098××××

地址：某县城文青路188号

编号	物品名称	单位	数量	备　注
1	《山东某社国际业务制度汇编》	册	700	

以上物品，清单与实物一致。

执法人员签名及执法证号：*范某（鲁13××-04）*　*王某（鲁13××-05）*

见证人：*李某（手印）*

行政处罚实施机关（印章）
2016年7月11日

本通知书已于*2016*年*7*月*11*日*10*时*20*分收到。

签收人签名或盖章：*张某（手印）*　联系电话：1366869××××

［本清单一式三份，一份随案，一份备存，一份送达当事人。本清单在采取证据先行登记保存、抽样取证、(解除)查封(扣押)等措施时使用。］

调查询问通知书

山东某印刷有限公司：

因你（单位）涉嫌未取得出版行政部门的许可，擅自兼营从事出版物印刷经营活动，依据《中华人民共和国行政处罚法》第三十七条的规定，请你（单位）于 2016 年 7 月 12 日 9 时到某县文化市场管理执法局（308 室）接受调查询问，并携带下列材料：

☑被询问人的有效身份证件；

☑经营许可证；

☑营业执照；

☑法定代表人或负责人身份证明；

☑如委托他人前来，须出具有效的授权委托书及被委托人的有效身份证明；

□其他：＿＿＿＿/＿＿＿＿。

如无法按时前来，请及时联系。

联系人：范某　电话：05××-32×××××

地址：某县人民路 38 号（某县政务大厅三楼某县文化市场管理执法局 308 房间）

行政处罚实施机关（印章）
2016 年 7 月 11 日

本通知书已于 *2016* 年 *7* 月 *11* 日 *10* 时 *22* 分收到。

签收人签名或盖章：张某（手印）　联系电话：1366869××××

（此通知书一式三份，一份随案，一份备存，一份送达当事人。）

立案审批表

(某)文案立字〔2016〕第××号

<table>
<tr><td colspan="2">案　由</td><td colspan="6">涉嫌未取得出版行政部门的许可,擅自兼营从事出版物印刷经营活动</td></tr>
<tr><td colspan="2">案件来源</td><td colspan="3">日常检查</td><td>办理部门</td><td colspan="2">某县文化市场管理执法局稽查二中队</td></tr>
<tr><td rowspan="4">当事人</td><td rowspan="2">单位</td><td>名称</td><td colspan="2">山东某印刷
有限公司</td><td colspan="2">法定代表人
或负责人</td><td>杨某</td></tr>
<tr><td>地址</td><td colspan="3">某县城文青路188号</td><td>电话</td><td>1866098××××</td></tr>
<tr><td rowspan="2">个人</td><td>姓名</td><td></td><td>性别</td><td></td><td>电话</td><td></td></tr>
<tr><td>地址</td><td colspan="2"></td><td colspan="2">证件名称及号码</td><td></td></tr>
<tr><td colspan="2">案情概要</td><td colspan="6">2016年7月11日9时30分至10时30分,某县文化市场管理执法局执法人员范某(鲁13××-04)、王某(鲁13××-05)依法出示执法证件后,对位于县城文青路188号的山东某印刷有限公司进行检查。经检查:在该企业印刷车间东南角发现封面印有“山东某社国际业务制度汇编(内部学习资料)”字样的印刷品一宗,已装订成册,经执法人员清点为700册,在印刷机旁有已被损毁的该印刷品PS版一宗,而该企业印刷经营许可证的经营范围是包装装潢印刷品印刷。该企业行为涉嫌违反了《印刷业管理条例》第十二条第一款之规定。初步证据:现场检查笔录1份、现场检查照片5张。</td></tr>
<tr><td colspan="2">承办人
意　见</td><td colspan="6">建议立案调查。
承办人:范某　王某　　2016年7月11日</td></tr>
<tr><td colspan="2">承办部门
意　见</td><td colspan="6">同意,建议由范某、王某调查处理。
负责人:高某　　2016年7月11日</td></tr>
<tr><td colspan="2">法制部门
意　见</td><td colspan="6">同意。
负责人:薛某　　2016年7月11日</td></tr>
<tr><td colspan="2">承办机构
意　见</td><td colspan="6">同意。
负责人:于某　　2016年7月11日</td></tr>
<tr><td colspan="2">行政处罚实
施机关意见</td><td colspan="6">同意。
负责人:邹某　　2016年7月11日</td></tr>
</table>

调查询问笔录

调查询问事项:山东某印刷有限公司涉嫌未取得出版行政部门的许可,擅自兼营从事出版物印刷经营活动

第几次询问:第一次

调查询问时间:2016 年 7 月 12 日 9 时 20 分至 9 时 50 分

调查询问地点:某县文化市场管理执法局 308 室

调查询问人:范某(鲁 13××-04) 王某(鲁 13××-05)

被调查询问人:杨某 **性别**:男 **出生年月**:1967 年 9 月 5 日

住址: 某县文青路 188 号 工作单位:山东某印刷有限公司

证件名称及号码:身份证:37283219670905×××× **电话**:1866098××××

见证人:高某 **证件名称及号码**:执法证(鲁 13××-03)

记录人:王某(身份证号:37283219760818××××)

调查询问内容:

问:你好,我们是某县文化市场管理执法局的执法人员,我叫范某(鲁 13××-04),他叫王某(鲁 13××-05),这是我们的文化市场行政执法证(出示证件),你看清楚了吗?

答:看清楚了。

问:关于你公司涉嫌未取得出版行政部门的许可,擅自兼营从事出版物印刷经营活动一案,我们依法对你进行调查询问,请你如实回答,在场进行调查询问的执法人员,你认为如有需要回避的,请申请回避。

答:我清楚,我一定如实回答,在场的执法人员没有需要回避的。

问:请你介绍一下你的基本情况?

答:我叫杨某,性别:男,出生年月:1967 年 9 月 5 日,是山东某印刷有限公司法定代表人。

问:请出示你的有效身份证件。

答:(出示身份证件)这是我的身份证件。

问:山东某印刷有限公司证照是否齐全?

答:齐全(出示相关资质证明),这是我公司的印刷经营许可证、企业法人营业执照。

问:2016 年 7 月 11 日,执法人员日常检查你公司印刷生产车间时,你是否在现场?

答:我不在现场,当时在现场的是我们的车间主任张某。

问:2016 年 7 月 11 日,执法人员日常检查你公司印刷生产车间时,发现你车间内有印有“山东某社国际业务制度汇编(内部学习资料)”字样的印刷品,是你们印刷的吗?

答:是的。

问:这是哪里委托你们印制的?

答:是山东省某社某办事处委托我们公司印的。

问:请你说一下具体情况。

答:2016 年 7 月 6 日,山东省某社某办事处窦某找到我,说他们单位想印点资料,内部学习交流用。

被询问人签章:杨某(手印) 询问人签名:范某 王某

共 2 页 第 1 页

我们协商印刷700册，每本印刷费12元，货款共8400元，7月15日前交货，提货时付款。

问：有委托合同吗？

答：当时是口头协议，窦某来提货时带委托合同。

问：资料内容是谁提供的？

答：内容是山东省某社某办事处提供的。

问：你们是从什么时间开始印刷的？

答：2016年7月10日。

问：你们公司的经营范围是什么？

答：包装装潢印刷品印刷。

问：你们公司有出版物印刷资质吗？

答：没有。

问：那你为什么还要印刷？

答：感觉给的利润还可以，心存侥幸，认为就印这一次，不会被你们发现的。

问：对于你公司的行为，你作何解释？

答：我知道违反了《印刷业管理条例》的规定，以后会注重印刷业有关法律法规的学习。

问：这是我们在检查过程中拍着的照片（向当事人出示检查照片），请你确认是否属实，并签字。

答：情况属实。（签字确认）

问：请你核对调查询问笔录内容，如果你需要补充案由，请你补充说明；如有误，我们将予以更正；如无误，情况属实，请你签署。

答：（阅读后）笔录经本人阅过，记录无误。

被询问人签章：杨某（手印） 询问人签名：范某 王某

共2页 第2页

调查询问通知书

窦某：

因山东某印刷有限公司涉嫌未取得出版行政部门的许可，擅自兼营从事出版物印刷经营活动，依据《中华人民共和国行政处罚法》第三十七条的规定，请你(单位)于2016年7月13日9时到某县文化市场管理执法局(308室)接受调查询问，并携带下列材料：

☑被询问人的有效身份证件；

□经营许可证；

□营业执照；

□法定代表人或负责人身份证明；

☑如委托他人前来，须出具有效的授权委托书及被委托人的有效身份证明；

☑其他：山东省某社某办事处委托合同。

如无法按时前来，请及时联系。

联系人：范某　电话：05××-32×××××

地址：某县人民路38号(某县政务大厅三楼某县文化市场管理执法局308房间)

行政处罚实施机关(印章)

2016年7月12日

本通知书已于*2016*年*7*月*12*日*10*时*02*分收到。

签收人签名或盖章：*窦某(手印)*　联系电话：1332507××××

(此通知书一式三份，一份随案，一份备存，一份送达当事人。)

调查询问笔录

调查询问事项：山东某印刷有限公司涉嫌未取得出版行政部门的许可，擅自兼营从事出版物印刷经营活动

第几次询问：第一次

调查询问时间：2016 年 07 月 13 日 9 时 10 分至 9 时 40 分

调查询问地点：某县文化市场管理执法局 308 室

调查询问人：范某(鲁 13××-04)　王某(鲁 13××-05)

被调查询问人：窦某　**性别：**男　**出生年月：**1983 年 6 月 24 日

住址：某市某区某路某社区东区 12 号楼

工作单位：山东省某社某办事处

证件名称及号码：身份证 37132519830624××××　**电话：**1332507××××

见证人：高某　**证件名称及号码：**执法证(鲁 13××-03)

记录人：王某(身份证号 37283219760818××××)

调查询问内容：

问：你好，我们是某县文化市场管理执法局的执法人员，我叫范某(鲁 13××-04)，他叫王某(鲁 13××-05)，这是我们的文化市场行政执法证(出示证件)，你看清楚了吗？

答：看清楚了。

问：关于山东某印刷有限公司涉嫌未取得出版行政部门的许可，擅自兼营从事出版物印刷经营活动一案，我们依法向你调查了解相关情况，对我们所问的问题，请你如实回答。

答：我清楚，我一定如实回答。

问：在场进行调查询问的执法人员，你认为如有需要回避的，请申请回避。

答：不申请回避。

问：请介绍一下你的基本情况？

答：我叫窦某，1983 年 6 月 24 日出生，住在某区某路某社区东区 12 号楼，居民身份证号 37132519830624××××(出示身份证件)，工作单位是山东省某社某办事处。

问：2016 年 7 月，山东省某社某办事处委托山东某印刷有限公司印刷《山东某社国际业务制度汇编》，该情况是否属实？

答：属实，当时我们领导想印点资料，供内部学习交流用，我通过朋友介绍去了那里。

问：请介绍一下详细情况？

答：7 月 6 日，我找到了山东某印刷有限公司的老板，跟他说明来意。当时我们口头协商印十六开的 700 本，每本印刷费 12 元，一共 8400 元，7 月 15 日前交货，我过来时提货付款，并把印刷委托合同带来。

问：印刷合同现在有吗？

答：在我这儿(出具山东省某社某办事处委托书)。

问：山东某印刷有限公司印刷的《山东某社国际业务制度汇编》资料内容是你们办事处提供的，是否属实？

被询问人签章：窦某(手印)　询问人签名：范某　王某

答：属实。

问：你在委托山东某印刷有限公司印刷“山东某社国际业务制度汇编”时，是否查验了该厂的印刷资质？

答：当时在他们的办公室挂着相关的证件，没仔细看。

问：以上记录请你仔细阅读，如记录有误请你纠正，如需补充说明的请你补充说明；如记录无误或无需补充说明的，请你签字。

答：（阅读后）笔录经本人阅过，记录无误。

被询问人签章：窦某（手印）　询问人签名：范某　王某

山东省某社某办事处委托书复印件

（示范案卷略）

此复印件与原件一致。 窦某（手印） 2016 年 7 月 13 日

山东某印刷有限公司印刷经营许可证（副本）复印件

（示范案卷略）

此复印件与原件一致。 杨某（手印） 2016 年 7 月 12 日

山东某印刷有限公司企业法人营业执照（副本）复印件

（示范案卷略）

此复印件与原件一致。 杨某（手印） 2016年7月12日

山东某印刷有限公司法定代表人杨某身份证复印件

正面
（示范案卷略）

反面
（示范案卷略）

此复印件与原件一致。　杨某（手印）　2016 年 7 月 12 日

山东省某社某办事处工作人员
窦某身份证复印件

正面
（示范案卷略）

反面
（示范案卷略）

此复印件与原件一致。 窦某（手印） 2016 年 7 月 13 日

案件调查终结审批表

(某)文终字〔2016〕第××号

案　由	未取得出版行政部门的许可，擅自兼营从事出版物印刷经营活动
当事人的基本情况	山东某印刷有限公司　地址：某县城文青路188号；法定代表人：杨某； 联系电话：1866098××××
调查经过	根据日常巡查计划，2016年7月11日9时30分至10时30分，某县文化市场管理执法局执法人员范某(鲁13××-04)、王某(鲁13××-05)依法出示执法证件后，对位于县城文青路188号的山东某印刷有限公司进行检查。在该企业印刷车间东南角发现封面印有“山东某社国际业务制度汇编(内部学习资料)”字样的印刷品一宗，已装订成册，经执法人员清点为700册，在印刷机旁有已被损毁的该印刷品PS版一宗，而该企业印刷经营许可证的经营范围是包装装潢印刷品印刷。初步认定该企业未取得出版行政部门的许可，擅自兼营从事出版物印刷经营活动，违反了《印刷业管理条例》第十二条第一款之规定。执法人员依法对涉案物品进行了证据先行登记保存，对执法过程进行了全程录像和拍照，制作了现场检查(勘验)笔录，向当事人下达了证据先行登记保存通知书、询问调查通知书，并由现场负责人张某签字确认。 7月11日，此案经一般程序立案。7月12日，山东某印刷有限公司法定代表人杨某到某县文化市场管理执法局(308室)接受调查询问，承认其明知无出版物印刷资质，在未取得出版行政部门的许可情况下，擅自印刷《山东某社国际业务制度汇编》700册、印刷费8400元的事实，对执法人员7月11日在其经营场所的现场检查情况及现场摄像、拍摄情况予以签字确认，并提供了该企业印刷经营许可证、企业法人营业执法照，以及法定代表人杨某身份证复印件。 7月13日，印刷委托方山东省某社某办事处具体负责该项业务的工作人员窦某到某县文化市场管理执法局(308室)接受调查询问，承认其在未查看山东某印刷有限公司印刷资质的情况下，委托其印刷《山东某社国际业务制度汇编》700册，印刷费8400元的事实，并提供了本人的身份证复印件、山东省某社某办事处委托书。7月13日，本案调查终结。

违法事实证据记录	经依法调查，现查明违法事实如下：当事人系经出版行政部门和工商行政管理部门审批登记经营的包装装潢印刷品印刷企业，不具备出版物印刷资质。当事人为获取利益，擅自接受山东省某社某办事处委托，印刷《山东某社国际业务制度汇编》内部资料性出版物700册，印刷费每册12元，总金额共计8400元。此出版物未交付使用即被查获，没有产生盈利，无违法所得。 以上违法事实，有以下证据证实： 1. 现场检查(勘验)笔录1份和现场检查照片5张； 2. 当事人山东某印刷有限公司法定代表人杨某调查询问笔录1份； 3. 山东省某社某办事处具体负责该项业务的工作人员窦某调查询问笔录1份； 4. 山东省某社某办事处委托书1份； 5. 山东某印刷有限公司印刷经营许可证和企业法人营业执法照复印件各1份； 6. 山东某印刷有限公司法定代表人杨某和山东省某社某办事处具体负责该项业务的工作人员窦某身份证复印件各1份。
处罚依据	《印刷业管理条例》第三十六条第(一)项
处理建议	根据以上事实和证据，当事人未取得出版行政部门的许可，擅自兼营从事出版物印刷经营活动的违法行为，事实清楚，证据确实，当事人违反了《印刷业管理条例》第十二条第一款之规定，应依据《印刷业管理条例》第三十六条第(一)项的规定予以处罚。当事人违法经营额不足1万元，且未向委托方交付使用，没有产生违法所得，属于情节一般。通过案件检索，未发现当事人一年内因违规行为被处罚。依据《某市文化市场行政处罚裁量权基准》之规定"对违法经营额不足1万元的，责令停业整顿30日，没收印刷品和违法所得，并处1万元以上5万元以下的罚款"，建议给予当事人以下处罚： (1)责令停业整顿30日；(2)没收印刷品《山东某社国际业务制度汇编》700册；(3)罚款人民币1万元整。 承办人：范某　王某　　2016年7月13日
办案部门意见	同意。 负责人：高某　　2016年7月13日
法制部门意见	鉴于给予停业整顿的处罚，建议提请进行集体讨论。 负责人：薛某　　2016年7月13日
承办机构意见	同意。 负责人：于某　　2016年7月13日
行政处罚实施机关意见	同意。 负责人：郇某　　2016年7月13日

案件集体讨论笔录

案由：未取得出版行政部门的许可，擅自兼营从事出版物印刷经营活动

案号：（某）文案立字〔2016〕第××号

时间：2016 年 7 月 14 日 9 时 10 分至 9 时 50 分

地点：某县文化市场管理执法局会议室

集体讨论原因：拟处以停业整顿的行政处罚

主持人及其职务：邹某（局长）　记录人：王某

参加人员及其职务：邹某（局长）、于某（副局长）、高某（中队长）、薛某（政策法规科科长）、王某（政策法规科副科长）、范某（执法人员）、王某（执法人员）

案情介绍及初步意见：

范某：根据日常巡查计划，2016 年 7 月 11 日 9 时 30 分至 10 时 30 分，某县文化市场管理执法局执法人员范某（鲁 13××-04）、王某（鲁 13××-05）依法出示执法证件后，对位于县城文青路 188 号的山东某印刷有限公司进行检查。在该企业印刷车间东南角发现封面印有“山东某社国际业务制度汇编（内部学习资料）”字样的印刷品一宗，已装订成册，经执法人员清点为 700 册，在印刷机旁有已被损毁的该印刷品 PS 版一宗，而该企业印刷经营许可证的经营范围是包装装潢印刷品印刷。初步认定该企业未取得出版行政部门的许可，擅自兼营从事出版物印刷经营活动，违反了《印刷业管理条例》第十二条第一款之规定。执法人员依法对涉案物品进行了证据先行登记保存，对执法过程进行了全程录像和拍照，制作了现场检查（勘验）笔录，向当事人下达了证据先行登记保存通知书、询问调查通知书，并由现场负责人张某签字确认。

7 月 11 日，此案经一般程序立案。7 月 12 日，山东某印刷有限公司法定代表人杨某到某县文化市场管理执法局（308 室）接受调查询问，承认其明知无出版物印刷资质，未取得出版行政部门的许可，擅自印刷《山东某社国际业务制度汇编》700 册，印刷费每册人民币 12 元，总金额 8400 元的事实。杨某对执法人员 7 月 11 日在其经营场所的现场检查情况及现场摄像、拍摄情况予以签字确认，并提供了该企业印刷经营许可证、企业法人营业执法照，以及法定代表人杨某身份证复印件。

7 月 13 日，印刷委托方山东省某社某办事处具体负责该项业务的工作人员窦某到某县文化市场管理执法局（308 室）接受调查询问，承认其在未查看山东某印刷有限公司印刷资质的情况下，委托其印刷《山东某社国际业务制度汇编》700 册，印刷费每册人民币 12 元，总金额 8400 元的事实，并提供了本人的身份证复印件、山东省某社某办事处委托书。7 月 13 日，本案调查终结。

经依法调查，现查明违法事实如下：当事人系经出版行政部门和工商行政管理部门审批登记经营的包装装潢印刷品印刷企业，不具备出版物印刷资质。当事人为获取利益，擅自接受山东省某社某办事处委托，印刷《山东某社国际业务制度汇编》内部资料性出版物 700 册，印刷费每册人民币 12 元，总金额共计 8400 元。此出版物未交付使用即被查获，没有产生盈利，无违法所得。

以上违法事实，有以下证据：

1. 现场检查（勘验）笔录 1 份和现场检查照片 5 张；

参加讨论人员签名：邹某　于某　高某　薛某　王某　范某　王某

2. 当事人山东某印刷有限公司法定代表人杨某调查询问笔录1份；

3. 山东省某社某办事处具体负责该项业务的工作人员窦某调查询问笔录1份；

4. 山东省某社某办事处委托书1份；

5. 山东某印刷有限公司印刷经营许可证和企业法人营业执法照复印件各1份；

6. 山东某印刷有限公司法定代表人杨某和山东省某社某办事处具体负责该项业务的工作人员窦某身份证复印件各1份。

根据以上事实和证据，当事人未取得出版行政部门的许可，擅自兼营从事出版物印刷经营活动的违法行为，事实清楚，证据确实，当事人违反了《印刷业管理条例》第十二条第一款之规定，应依据《印刷业管理条例》第三十六条第(一)项的规定予以处罚。当事人违法经营额不足1万元，且未向委托方交付使用，没有产生违法所得，属于情节一般。通过案件检索，未发现当事人一年内因违规行为被处罚。依据《某市文化市场行政处罚裁量权基准》之规定：对违法经营额不足1万元的，责令停业整顿30日，没收印刷品和违法所得，并处1万元以上5万元以下的罚款。建议给予当事人以下处罚：

1. 责令停业整顿30日；

2. 没收印刷品《山东某社国际业务制度汇编》700册；

3. 罚款人民币壹万元整。

参加讨论人员意见和理由：

邹某：请各位对该案的处理发表意见。

高某：同意办案人员的处理意见。

薛某：本案事实清楚，证据确凿，适用法规正确，同意办案人员的处理意见。

王某：同意办案人员的处理意见。

于某：同意执法人员意见，我提两点要求：(1)请执法人员仔细辨别证据是否完善和真实；(2)认真核实处罚条款依据是否正确。

邹某：我同意办案人员的处理意见。大家还有意见吗？

……

好，没有其他意见。

下面请同志们对案件处理决定进行表决，同意办案人员意见的请举手。

……

好，全体一致同意。

结论性意见：

经集体讨论，一致同意办案人员的处理意见，拟给予山东某印刷有限公司以下处罚：

1. 责令停业整顿30日；

2. 没收印刷品《山东某社国际业务制度汇编》700册；

3. 罚款人民币1万元整。

参加讨论人员签名：邹某　于某　高某　薛某　王某　范某　王某

行政处罚事先告知书

（某）文罚告字〔2016〕第××号

当事人姓名或名称：山东某印刷有限公司
法定代表人或负责人：杨某　**电话：**1866098××××
地址：某县城文青路188号

2016年7月11日9时30分至10时30分，某县文化市场管理执法局执法人员范某（鲁13××-04）、王某（鲁13××-05）依法出示执法证件后，对位于县城文青路188号的山东某印刷有限公司进行检查。在该企业印刷车间东南角发现封面印有"山东某社国际业务制度汇编（内部学习资料）"字样的印刷品一宗，已装订成册，经执法人员清点为700册，在印刷机旁有已被损毁的该印刷品PS版一宗，而该企业印刷经营许可证的经营范围是包装装潢印刷品印刷。初步认定该企业未取得出版行政部门的许可，擅自兼营从事出版物印刷经营活动，违反了《印刷业管理条例》第十二条第一款之规定。执法人员依法对涉案物品进行了证据先行登记保存，对执法过程进行了全程录像和拍照，制作了现场检查（勘验）笔录，向当事人下达了证据先行登记保存通知书、询问调查通知书，并由现场负责人张某签字确认。

7月11日，此案经一般程序立案。7月12日，山东某印刷有限公司法定代表人杨某到某县文化市场管理执法局（308室）接受调查询问，承认其明知无出版物印刷资质，未取得出版行政部门的许可，擅自印刷《山东某社国际业务制度汇编》700册，印刷费每册人民币12元，总金额共计8400元的事实。杨某对执法人员7月11日在其经营场所的现场检查情况及现场摄像、拍摄情况予以签字确认，并提供了该企业印刷经营许可证、企业法人营业执法照，以及法定代表人杨某身份证复印件。

7月13日，印刷委托方山东省某社某办事处具体负责该项业务的工作人员窦某到某县文化市场管理执法局（308室）接受调查询问，承认其在未查看山东某印刷有限公司印刷资质的情况下，委托其印刷《山东某社国际业务制度汇编》700册，印刷费每册人民币12元，总金额共计8400元的事实，并提供了本人的身份证复印件、山东省某社某办事处委托书。7月13日，本案调查终结。

经依法调查，现查明违法事实如下：当事人系经出版行政部门和工商行政管理部门审批登记经营的包装装潢印刷品印刷企业，不具备出版物印刷资质。当事人为获取利益，擅自接受山东省某社某办事处委托，印刷《山东某社国际业务制度汇编》内部资料性出版物700册，印刷费每册人民币12元，总金额共计8400元。此出版物未交付使用即被查获，没有产生盈利，无违法所得。

以上违法事实，有以下证据：

1. 编号为（某）文检（勘）字〔2016〕第××-1号的现场检查（勘验）笔录1份和现场检查照片5张，证明当事人系包装装潢印刷品印刷企业，2012年7月11日未经出版行政主管部门许可，擅自印刷《山东某社国际业务制度汇编》700册，并被某县文化市场管理执法局查处的事实和执法人员取得证据的合法性。

2. 当事人山东某印刷有限公司法定代表人杨某调查询问笔录1份，证明当事人未经出版行政主管部门许可，擅自印刷《山东某社国际业务制度汇编》700册，印刷费每册人民币12元，总金额共计8400元的事实。

3. 山东省某社某办事处具体负责该项业务的工作人员窦某调查询问笔录1份，证明其在未查看山东某印刷有限公司印刷资质的情况下，委托其印刷《山东某社国际业务制度汇编》700 册，印刷费每册人民币 12 元，总金额共计 8400 元的事实。

4. 山东省某社某办事处委托书 1 份，证明 700 册《山东某社国际业务制度汇编》系山东某印刷有限公司印刷，印刷费每册人民币 12 元，总金额 8400 元的事实。

5. 山东某印刷有限公司印刷经营许可证和企业法人营业执法照复印件各 1 份，证明该公司的经营范围是包装装潢印刷品印刷和当事人属于有限责任公司单位主体身份。

6. 山东某印刷有限公司法定代表人杨某、山东省某社某办事处具体负责该项业务的工作人员窦某身份证复印件各 1 份，证明上述人员的身份以及行使该案相关权利的合法性。

以上证据相互印证，足以证明山东某印刷有限公司未取得出版行政部门的许可，擅自兼营从事出版物印刷经营活动的事实。

根据以上事实和证据，本机关认为，当事人未取得出版行政部门的许可，擅自兼营从事出版物印刷经营活动的违法行为，事实清楚，证据确实。当事人违反了《印刷业管理条例》第十二条第一款“印刷业经营者申请兼营或者变更从事出版物、包装装潢印刷品或者其他印刷品印刷经营活动，或者兼并其他印刷业经营者，或者因合并、分立而设立新的印刷业经营者，应当依照本条例第九条的规定办理手续”之规定，应依据《印刷业管理条例》第三十六条第(一)项“印刷业经营者违反本条例规定，有下列行为之一的，由县级以上地方人民政府出版行政部门责令停止违法行为，责令停业整顿，没收印刷品和违法所得，违法经营额 1 万元以上的，并处违法经营额 5 倍以上 10 倍以下的罚款；违法经营额不足 1 万元的，并处 1 万元以上 5 万元以下的罚款；情节严重的，由原发证机关吊销许可证；构成犯罪的，依法追究刑事责任：(一)未取得出版行政部门的许可，擅自兼营或者变更从事出版物、包装装潢印刷品或者其他印刷品印刷经营活动，或者擅自兼并其他印刷业经营者的”的规定予以处罚。当事人违法经营额不足 1 万元，且未向委托方交付使用，没有产生违法所得，属于情节一般。通过案件检索，未发现当事人一年内因违规行为被处罚。依据《某市文化市场行政处罚裁量权基准》之规定“对违法经营额不足 1 万元的，责令停业整顿 30 日，没收印刷品和违法所得，并处 1 万元以上 5 万元以下的罚款”，其违规情节适用于上述自由裁量情形。

2016 年 7 月 14 日，经过本机关集体讨论，拟决定对当事人山东某印刷有限公司未取得出版行政部门的许可，擅自兼营从事出版物印刷经营活动的违规行为给予以下行政处罚：

1. 责令停业整顿 30 日；
2. 没收印刷品《山东某社国际业务制度汇编》700 册；
3. 罚款人民币 1 万元整。

同时，根据《中华人民共和国行政处罚法》第三十一条、第三十二条的规定，你(单位)有就本案进行陈述和申辩的权利，现予告知。请在接到本告知书之日起 3 日内向本机关提出陈述和申辩。

其中对你(单位)拟作出责令停业整顿 30 日的行政处罚，符合听证条件，

依据《中华人民共和国行政处罚法》第四十二条的规定，你(单位)有要求听证的权利。如你(单位)要求听证，应当在收到本告知书之日起 3 日内向本机关提出，逾期视为放弃听证权利。

联系人：范某　联系电话：32×××××　联系地址：某县人民路 38 号

行政处罚实施机关(印章)

2016 年 7 月 14 日

(本告知书一式三份，一份随案，一份备存，一份送达当事人。)

共 2 页　第 2 页

送达回证

(某)文送字〔2016〕第××-1号

案　由	未取得出版行政部门的许可,擅自兼营从事出版物印刷经营活动
送达文件名称及文号	行政处罚事先告知书 (某)文罚告字〔2016〕第××号
受送达人	山东某印刷有限公司
送达方式	直接送达
送达地点	某县城文青路188号
受送达人或代收人签名或盖章	杨某(手印) 2016年7月14日
见证人签名	/
送达人签名	范某(鲁13××-04)　王某(鲁13××-05) 2016年7月14日
备　注	不陈述申辩,不申请听证。 杨某(手印)　2016年7月14日

某县文化市场管理执法局罚没款收据

（示范案卷略）

现场检查(勘验)笔录

(某)文检(勘)字〔2016〕第××-2号

<table>
<tr><td rowspan="4">当事人</td><td rowspan="2">单位</td><td>名称</td><td colspan="2">山东某印刷有限公司</td><td colspan="3">法定代表人
或负责人</td><td colspan="2">杨某</td></tr>
<tr><td>地址</td><td colspan="5">某县城文青路188号</td><td>电话</td><td>1866098××××</td></tr>
<tr><td rowspan="2">个人</td><td>姓名</td><td></td><td colspan="2">性别</td><td colspan="2"></td><td>电话</td><td></td></tr>
<tr><td>地址</td><td></td><td colspan="5">证件名称及号码</td><td></td></tr>
<tr><td colspan="2" rowspan="2">现场
负责人</td><td>姓名</td><td>杨某</td><td colspan="4">证件名称
及号码</td><td colspan="2">37283219670905××××</td></tr>
<tr><td>职务</td><td>法定代表人、
总经理</td><td colspan="4">电话</td><td colspan="2">1866098××××</td></tr>
<tr><td colspan="2">检查(勘验)
部门</td><td colspan="2">某县文化市场管理执法局</td><td colspan="4">记录人</td><td colspan="2">王某</td></tr>
<tr><td colspan="2">执法人员及
执法证号</td><td colspan="8">范某(鲁13××-04) 王某(鲁13××-05)</td></tr>
<tr><td colspan="2">检查(勘验)
地点</td><td colspan="2">某县城文青路188号</td><td colspan="3">检查(勘验)
时间</td><td colspan="3">2016年8月18日10时30分至10时50分</td></tr>
<tr><td colspan="10">2016年8月18日10时30分,某县文化市场管理执法局执法人员范某(鲁13××-04)、王某(鲁13××-05)依法出示执法证后,依法对山东某印刷有限公司执行停业整顿情况进行复查,现场未发现该企业有经营行为,已按要求执行处罚。</td></tr>
</table>

执法人员签名:*范某(鲁13××-04) 王某(鲁13××-05)* 2016年8月18日

当事人签名或盖章:*杨某(手印)* 2016年8月18日

行政处罚实施机关(印章)

2016年8月18日

行政处罚案件结案报告

（某）文结字〔2016〕第××号

案　由	未取得出版行政部门的许可，擅自兼营从事出版物印刷经营活动	行政处罚决定书文号	（某）文罚字〔2016〕第××号
当事人	山东某印刷有限公司　法定代表人：杨某 地址：某县城文青路188号　联系电话：1866098××××		
立案时间	2016年7月11日	承办人员	范某（鲁13××-04） 王某（鲁13××-05）
简要案情及查处经过	7月11日，某县文化市场管理执法局执法人员依法对山东某印刷有限公司依法进行日常检查时，发现该企业未取得出版行政部门的许可，擅自印刷《山东某社国际业务制度汇编》700册。同日，经批准依法对本案予以立案。 7月12日，当事人法定代表人到某县文化市场管理执法局接受调查询问，承认违法事实。 7月13日，印刷委托方具体负责该项业务的工作人员窦某到某县文化市场管理执法局接受调查询问，并提供印刷委托书，印证当事人违法行为，违法事实成立，本案调查终结。 7月14日，对本案进行了集体讨论。同日，向当事人直接送达了行政处罚事先告知书，并告知当事人享有陈述、申辩以及申请听证的权利。截至7月18日，当事人未向本机关提出陈述、申辩及听证申请。 7月18日，向当事人直接送达了行政处罚决定书。		
行政处罚内容	1. 责令停业整顿30日（自当事人签收处罚决定书之日起30日内）；2. 没收印刷品《山东某社国际业务制度汇编》700册；3. 罚款人民币壹万元整。		
处罚执行情况	8月1日，当事人自行缴纳了罚款人民币1万元整；8月18日，执法人员对该场所进行复查，未发现该场所有经营行为，即允许当事人次日起恢复营业。		
罚没财物处置情况	700册《山东某社国际业务制度汇编》已入库，择期进行销毁。		
承办人意见	建议结案。 承办人：范某　王某　　2016年8月31日		
承办部门意见	同意。 负责人：高某　　2016年8月31日		
法制部门意见	同意。 负责人：薛某　　2016年8月31日		
承办机构意见	同意。 负责人：于某　　2016年8月31日		
行政处罚实施机关意见	同意。 负责人：郐某　　2016年8月31日		

卷内备考表

本卷情况说明：

对山东某印刷有限公司执法检查视频光盘（记录执法人员 7 月 11 日对当事人现场检查情况、记录 7 月 11 日对当事人的证据先行登记保存情况的视频文件 2 个）一张，总共 0.94G，8 月 31 日存于某县文化市场管理执法局三楼档案室，责任人：董某。

立卷人：范某　王某

检查人：董某

立卷时间：2016 年 9 月 6 日

某县文化市场综合执法局

文化市场行政处罚案卷

案件编号:(某)文罚字〔2016〕第×××号

案　由:擅自设立广播电台

当 事 人:吴某

处罚内容:取缔擅自设立的广播电台,并给予当事人罚款人民币5000元整的行政处罚。

自2016年2月至2016年2月	本卷共××件××页	
此案共1卷,本卷是第1卷	保管期限	30年

全宗号	目录号	案卷号
××	××	×××

文化市场案件卷宗材料目录

序号	文号	题名	日期	页号
1	(某)文罚字〔2016〕第×××号	行政处罚决定书	2016年2月10日	略
2	(某)文送字〔2016〕第×××-2号	送达回证	2016年2月10日	略
3	(某)文举字〔2016〕第×××号	举报处理单	2016年2月1日	略
4	(某)文检(勘)字〔2016〕第×××-1号	现场检查(勘验)笔录	2016年2月1日	略
5	(某)文保审字〔2016〕第×××-1号	证据先行登记保存审批表	2016年2月1日	略
6	(某)文保字〔2016〕第×××-1号	证据先行登记保存通知书	2016年2月1日	略
7	/	李某调查询问通知书	2016年2月1日	略
8	(某)文案立字〔2016〕第×××号	立案审批表	2016年2月1日	略
9	/	李某的调查询问笔录	2016年2月1日	略
10	(某)文检(勘)字〔2016〕第×××-2号	现场检查(勘验)笔录	2016年2月2日	略
11	(某)文保审字〔2016〕第×××-2号	证据先行登记保存审批表	2016年2月2日	略
12	(某)文保字〔2016〕第×××-2号	证据先行登记保存通知书	2016年2月2日	略
13	/	张某调查询问通知书	2016年2月2日	略
14	/	张某的调查询问笔录	2016年2月2日	略
15	(某)文移审字〔2016〕第×××号	移送案件审批表	2016年2月2日	略
16	(某)文移字〔2016〕第×××号	案件移送函	2016年2月2日	略

17	(某)文保告字〔2016〕第×××号	证据先行登记保存处理告知书	2016年2月2日	略
18	/	吴某调查询问通知书	2016年2月4日	略
19	/	吴某调查询问笔录	2016年2月4日	略
20	/	现场检查(勘验)取证	2016年2月1日	略
21	/	现场检查发现的账簿复印件	2016年2月1日	略
22	/	当事人吴某擅自设立广播电台设备总投资的发票复印件	2016年2月4日	略
23	/	租房协议复印件	2016年2月1日	略
24	/	李某身份证复印件	2016年2月1日	略
25	/	张某身份证复印件	2016年2月2日	略
26	/	吴某身份证复印件	2016年2月4日	略
27	(某)文终字〔2016〕第×××号	案件调查终结审批表	2016年2月5日	略
28	/	集体讨论笔录	2016年2月5日	略
29	(某)文罚告字〔2016〕第×××号	行政处罚事先告知书	2016年2月5日	略
30	(某)文送字〔2016〕第×××-1号	送达回证	2016年2月5日	略
31	(某)文罚审字〔2016〕第×××号	处罚决定审批表	2016年2月10日	略
32	/	罚款票据粘贴页	2016年2月12日	略
33	(某)文移结字〔2016〕第×××号	行政处罚案件结案报告	2016年2月12日	略

行政处罚决定书

（某）文罚字〔2016〕第×××号

当事人姓名或名称：吴某
证件名称及号码：身份证：371422000000000000
地址：某市某县某路××号　电话：1586666××××

2016年2月1日，某市文化市场综合执法局接群众举报，称某县及周边有一个陌生的广播频道FM96.6MHz，全天候播放违禁药物广告，内容低俗，市局立即将该举报转发至我局，要求我局对此案严肃查处。2月1日10时00分至12时30分，某县文化市场综合执法局执法人员联合市无线电管理委员会技术人员，依法查听电台。发现某县某路附近有一非法电台。某县文化执法局执法人员赶赴某县某路进行进一步检查，初步确定该涉嫌擅自设立的广播电台安放地点为某县某路某小区2单元2802室。执法人员在对该房屋业主李某及某小区物业人员依法出示执法证件后，在公安机关协助下，对某县某路某小区2单元2802室进行依法检查。执法人员进入室内，发现正在运行的1000W调频广播发射机（ZHC618F-1000W）壹套、三星（S19F350HN）电脑显示器壹台、先科DVD（PDVD-788A）壹台，以及在该楼楼顶的调频发射天线（TK-06）壹套，且该套广播设备正在循环播放销售"肾宝胶囊"药品的广告，其广播频道为FM96.6MHz。经技术人员进一步核实，发现该广播频率未经审批。经执法人员与该房屋业主李某核实，该房屋为李某出租给吴某使用，房间内所有广播电台设施都非业主李某所有。经小区物业人员和业主李某证明，初步确定吴某涉嫌擅自设立广播电台，其行为涉嫌违反了《广播电视管理条例》第十条第一款的规定。

2月1日，经批准依法对本案予以立案。当日，执法人员依法对此广播电台设备安放地房屋某县某路某小区2单元2802室的房东李某进行调查询问。2月2日，执法人员依法查找到当事人吴某雇佣人员张某。张某主动交予执法人员其记录的当事人吴某利用此非法电台销售"肾宝胶囊"保健品的数量及销售货款的壹本账簿。通过对张某进行调查询问，发现当事人吴某擅自设立广播电台，并发现吴某在没有取得药品经营许可证的情况下，利用该非法电台销售"肾宝胶囊"保健品。结合所查获的账簿，并根据张某提供的吴某存放"肾宝胶囊"保健品仓库地址，执法人员进一步进行调查核实，发现吴某利用该非法电台销售"肾宝胶囊"保健品涉案金额达11万余元，涉嫌构成非法经营犯罪。2月2日，执法人员将吴某涉嫌非法经营罪案相关案件材料移送某县公安局。当日，公安机关以非法经营罪对吴某立案。某县文化市场综合执法局对吴某擅自设立广播电台继续调查。2月4日，当事人吴某被公安机关依法抓获。当日，某县文化执法局对被某县公安局刑警依法逮捕后处于取保候审阶段的当事人吴某进行调查询问。2月5日，本案调查终结。

经依法调查，现查明违法事实如下：当事人在某县某路某小区2单元2802室擅自设立广播电台。该违法电台的设备有广播发射器壹套、电脑显示器壹台、先科DVD壹台、发射天线壹套，设立该违法电台的投资额为5000元人民币。

以上违法事实，有以下证据证实：

1. 当事人吴某雇佣人员张某的调查询问笔录1份，检查发现的广播电台设备安放地房屋即某县某路某小区2单元2802室的房东李某的调查询问笔录1份，当事人吴某的调查询问笔录1份，执法人员依法检查时发现的广播电台的设备的照片5份，记录当事人吴某利用此非法电台销售"肾宝胶囊"保健品的数量及销售货款的账簿复印件1份，当事人吴某擅自设立广播电台设备总投资的发票1份，证明当事人吴某擅自设立广播电台，并利用该非法广播涉嫌从事非法经营犯罪行为，且投资总额为5000元人民币。

2. 编号为(某)文检(勘)字〔2016〕第×××-1号的现场检查(勘验)笔录1份，编号为(某)文保字〔2016〕第×××-1号的证据先行登记保存通知书1份，编号为(某)文检(勘)字〔2016〕第×××-2号的现场检查(勘验)笔录1份，编号为(某)文保字〔2016〕第×××-2号的证据先行登记保存通知书1份，现场检查照片3份，证明当事人吴某擅自设立广播电台违法行为和执法人员2016年2月1日和2月2日执法内容和取得证据的合法性。

3. 当事人吴某与某县某路某小区2单元2802室的房东李某签订的租赁某县某路某小区2单元2802室的租房协议1份，证明执法人员所发现的非法电台的设备在某县某路某小区2单元2802室，当事人吴某租赁此民居是用于设立非法广播电台的。

4. 当事人吴某身份证复印件1份，当事人吴某雇佣人员张某身份证复印件1份，某县某路某小区2单元2802室的房东李某身份证复印件1份，证明上述人员身份。

5. 编号为(某)文移字〔2016〕第×××号的案件移送函1份，案件移送单1份，编号为(某)文保告字〔2016〕第×××号的证据先行登记保存处理告知书1份，证明执法人员依法查获的非法广播电台设备及账簿目前已移送公安机关，便于公安机关侦查取证。

根据以上事实和证据，本机关认为：

当事人擅自设立广播电台的违法行为，事实清楚，证据确凿。当事人违反了国务院《广播电视管理条例》第十条第一款“广播电台、电视台由县、不设区的市以上人民政府广播电视行政部门设立，其中教育电视台可以由设区的市、自治州以上人民政府教育行政部门设立，其他任何单位和个人不得设立广播电台、电视台”的规定，应依据国务院《广播电视管理条例》第四十七条第一款“违反本条例规定，擅自设立广播电台、电视台、教育电视台、有线广播电视传输覆盖网、广播电视站的，由县级以上人民政府广播电视行政部门予以取缔，没收其从事违法活动的设备，并处投资总额1倍以上2倍以下的罚款”的规定予以处罚。执法人员通过调查取证，了解当事人擅自设立广播电台的投资额为5000元人民币，且为初次擅自设立广播电台。又因当事人利用该非法电台销售“肾宝胶囊”保健品，涉案金额达11万余元，涉嫌构成非法经营犯罪。2月2日，执法人员将吴某涉嫌非法经营罪案相关案件材料移送某县公安局。执法人员依法查获的非法广播电台设备包括：1000W调频广播发射机(ZHC618F-1000W)壹套、三星(S19F350HN)电脑显示器壹台、先科DVD(PDVD-788A)壹台、调频发射天线(TK-06)壹套。另有黑色封面笔记本账簿(申士纸品系列0068-1)壹本，也作为涉案犯罪工具和证据一并移送。2月5日，本案调查终结。2月5日，经过本机关集体讨论，拟决定取缔擅自设立的广播电台，并给予当事人罚款人民币5000元整的行政处罚。2月5日，本机关依法向当事人直接送达了行政处罚事先告知书[(某)文罚告字〔2016〕第×××号]，告知上述违法事实、案件证据、情节认定、处罚依据及拟处罚内容，并告知当事人享有陈述、申辩以及申请听证的权利。截至2月10日，当事人未提出陈述、申辩，也未申请听证。

综上所述，本机关决定依法取缔擅自设立的广播电台，并给予当事人罚款人民币5000元整的行政处罚。

当事人应在收到本处罚决定书之日起15日内持本决定书到中国工商银行某县支行缴纳罚款。

当事人如对本处罚决定不服，可以在接到本决定书之日起60日内向某县人民政府申请行政复议，也可在接到本决定书之日起6个月内直接向某县人民法院提起行政诉讼。行政复议或行政诉讼期间本处罚决定不停止执行。

逾期不申请行政复议或者提起行政诉讼，又不履行本处罚决定，经催告后仍未履行义务的，依据《中华人民共和国行政处罚法》第五十一条第(一)项的规定，本机关将每日按罚款数额的3%加处罚款，并依据《中华人民共和国行政强制法》第五十四条的规定，本机关将依法申请人民法院强制执行。

某县文化市场综合执法局(印章)
2016年2月10日

(本决定书一式三份，一份随案，一份备存，一份送达当事人。)

送达回证

（某）文送字〔2016〕第×××-2号

案　由	擅自设立广播电台
送达文件名称及字号	行政处罚决定书 （某）文罚字〔2016〕第×××号
受送达人	吴某
送达方式	直接送达
送达地点	某市某县某小区5号楼4单元402室（某市某县某路××号）
受送达人或代收人签名盖章	吴某（手印） 2016年2月10日
见证人签名	/ 年　月　日
送达人签名	周某（3714××001）　李某（3714000××） 某县文化市场综合执法局（印章） 2016年2月10日
备　注	/

注：1. 受送达人不在时，可由其单位或同住的成年家属签收。

2. 受送达人拒收时，送达人应记明拒收理由及日期，由送达人或两名以上见证人签名或者盖章，将送达文书留在受送达人的住所，即视为送达。

文化市场举报处理单

（某）文举字〔2016〕第×××号

<table>
<tr><td>举报案由</td><td colspan="2">涉嫌擅自设立广播电台</td><td>举报类别</td><td>上级交办</td></tr>
<tr><td>举报时间</td><td colspan="2">2016 年 2 月 1 日 09 时 00 分</td><td>举报方式</td><td>电话</td></tr>
<tr><td rowspan="4">举报人
信　息</td><td>姓名（名称）</td><td>一二三</td><td>性别</td><td>男</td></tr>
<tr><td>联系电话</td><td>12×××××</td><td>电子邮件</td><td>ssss@sina.com</td></tr>
<tr><td>通讯地址</td><td colspan="3">某市某县解放路 163 号</td></tr>
<tr><td>是否要求回复</td><td colspan="3">■是　□否</td></tr>
<tr><td rowspan="2">被举报人
信　息</td><td>姓名（名称）</td><td>/</td><td>联系方式</td><td>/</td></tr>
<tr><td>地址</td><td colspan="3">/</td></tr>
<tr><td>接报人</td><td colspan="4">李某（3714××002）</td></tr>
<tr><td>举报内容及
初步证据</td><td colspan="4">2016 年 2 月 1 日，某市文化市场综合执法局接群众举报，称某县及周边有一个陌生的广播频道 FM96.6MHz，全天候播放违禁药物广告，内容低俗，市局立即将该举报转发至我局，要求我局对此案严肃查处。</td></tr>
<tr><td>接报人
意　见</td><td colspan="4">建议调查核实。
签名：周某　2016 年 2 月 1 日</td></tr>
<tr><td>执法部门
意　见</td><td colspan="4">同意。
签名：宋某　2016 年 2 月 1 日</td></tr>
<tr><td>回复情况</td><td colspan="4">2016 年 2 月 12 日，向举报人回复查处情况，举报人对查处结果满意。
签名：周某　2016 年 2 月 12 日</td></tr>
<tr><td>附　件</td><td colspan="4">无</td></tr>
<tr><td>备　注</td><td colspan="4">/</td></tr>
</table>

现场检查(勘验)笔录

(某)文检(勘)字〔2016〕第×××-1 号

<table>
<tr><td rowspan="4">当事人</td><td rowspan="2">单位</td><td>名称</td><td colspan="2"></td><td colspan="2">法定代表人
或负责人</td><td colspan="2"></td></tr>
<tr><td>地址</td><td colspan="4"></td><td>电话</td><td colspan="2"></td></tr>
<tr><td rowspan="2">公民</td><td>姓名</td><td>吴某</td><td>性别</td><td>男</td><td>电话</td><td colspan="2">1586666××××</td></tr>
<tr><td>地址</td><td>某市某县某路××号</td><td colspan="3">证件名称及号码</td><td colspan="3">身份证 37142200000000</td></tr>
<tr><td colspan="2" rowspan="2">现场负责人</td><td>姓名</td><td>李某</td><td colspan="3">证件名称及号码</td><td colspan="3">身份证 371422111111111111</td></tr>
<tr><td>职务</td><td></td><td colspan="3">电话</td><td colspan="3">1386666××××</td></tr>
<tr><td colspan="2">检查(勘验)部门</td><td colspan="2">某县文化市场综合执法局</td><td colspan="3">记录人</td><td colspan="3">李某</td></tr>
<tr><td colspan="2">执法人员及执法证号</td><td colspan="8">周某(3714××001)　李某(3714××002)</td></tr>
<tr><td colspan="2">检查(勘验)地点</td><td colspan="2">某市某县某路 11 号</td><td colspan="2">检查(勘验)时间</td><td colspan="4">2016 年 2 月 1 日 10 时 00 分至 12 时 30 分</td></tr>
<tr><td colspan="10">现场检查(勘验)情况:2016 年 2 月 1 日,某市文化市场综合执法局接群众举报,称某县及周边有一个陌生的广播频道 FM96.6MHz,全天候播放违禁药物广告,内容低俗,市局立即将该举报转发至我局,要求我局对此案严肃查处。2 月 1 日 10 时 00 分至 12 时 30 分,某县文化市场综合执法局执法人员联合市无线电管理委员会技术人员,依法查听电台,发现某县某路附近有一非法电台。某县文化执法局执法人员赶赴某县某路进行进一步检查,初步确定该涉嫌擅自设立的广播电台安放地点为某县某路某小区 2 单元 2802 室。执法人员在对该房屋业主李某及某小区物业人员依法出示执法证件后,在公安机关协助下,对某县某路某小区 2 单元 2802 室进行依法检查。执法人员进入室内,发现正在运行的 1000W 调频广播发射机(ZHC618F-1000W)壹套、三星(S19F350HN)电脑显示器壹台、先科 DVD(PD-VD-788A)壹台,以及在该楼楼顶的调频发射天线(TK-06)壹套,且该套广播设备正在循环播放销售“肾宝胶囊”药品的广告,其广播频道为 FM96.6MHz。经技术人员进一步核实,发现该广播频率未经审批。经执法人员与该房屋业主李某核实,该房屋为李某出租给吴某使用,房间内所有广播电台设施都非业主李某所有。经小区物业人员和业主李某证明,初步确定吴某涉嫌擅自设立广播电台,其行为涉嫌违反了《广播电视管理条例》第十条第一款的规定。执法人员当即责令其停止违法经营行为,并依</td></tr>
</table>

法做出如下处理:(1)制作现场检查笔录;(2)对现场进行拍照、录像取证;(3)通过电话经某县文化市场综合执法局领导同意,对涉嫌擅自设立的广播电台的设备(1000W 调频广播发射机 ZHC618F-1000W)壹套、三星(S19F350HN)电脑显示器壹台、先科 DVD(PDVD-788A)壹台、调频发射天线(TK-06)壹套,进行证据先行登记保存,并制作证据先行登记保存通知书;(4)对某县某路某小区 2 单元 2802 室房东李某下达调查询问通知书。

上述共 2 页检查(勘验)笔录内容我已看过,记录属实。 李某 2016 年 2 月 1 日

执法人员签名:*周某(3714××001) 李某(3714××002)* 2016 年 2 月 1 日

当事人签名或者盖章:*李某(手印)* 2016 年 2 月 1 日

执法人员依法检查,笔录内容与现实调查取证执法情况相符,该现场检查笔录由现场负责人即某县某路某小区 2 单元 2802 室业主、与当事人吴某为房屋租赁关系的李某签字确认。

某县文化市场综合执法局(印章)

2016 年 2 月 1 日

证据先行登记保存审批表

（某）文保审字〔2016〕第×××-1 号

<table>
<tr><td colspan="2">案件来源</td><td colspan="6">上级交办</td></tr>
<tr><td colspan="2">案　由</td><td colspan="6">涉嫌擅自设立广播电台</td></tr>
<tr><td rowspan="4">当事人</td><td rowspan="2">单位</td><td>名称</td><td colspan="3"></td><td>法定代表人
或负责人</td><td></td></tr>
<tr><td>地址</td><td colspan="3"></td><td>电话</td><td></td></tr>
<tr><td rowspan="2">个人</td><td>姓名</td><td>吴某</td><td>性别</td><td>男</td><td>电话</td><td>1586666××××</td></tr>
<tr><td>地址</td><td colspan="2">某市某县某路××号</td><td colspan="2">证件名称及号码</td><td>身份证 371422000000000000</td></tr>
<tr><td colspan="2">案情概要</td><td colspan="6">2016 年 2 月 1 日，某市文化市场综合执法局接群众举报，称某县及周边有一个陌生的广播频道 FM96.6MHz，全天候播放违禁药物广告，内容低俗，市局立即将该举报转发至我局，要求我局对此案严肃查处。2 月 1 日 10 时 00 分至 12 时 30 分，某县文化市场综合执法局执法人员联合市无线电管理委员会技术人员，依法查听电台，发现某县某路附近有一非法电台。某县文化执法局执法人员赶赴某县某路进行进一步检查，初步确定该涉嫌擅自设立的广播电台安放地点为某县某路某小区 2 单元 2802 室。执法人员在对该房屋业主李某及某小区物业人员依法出示执法证件后，在公安机关协助下，对某县某路某小区 2 单元 2802 室进行依法检查。执法人员进入室内，发现正在运行的 1000W 调频广播发射机（ZHC618F-1000W）壹套、三星（S19F350HN）电脑显示器壹台、先科 DVD（PDVD-788A）壹台，以及在该楼楼顶的调频发射天线（TK-06）壹套，且该套广播设备正在循环播放销售“肾宝胶囊”药品的广告，其广播频道为 FM96.6MHz。经技术人员进一步核实，发现该广播频率未经审批。经执法人员与该房屋业主李某核实，该房屋为李某出租给吴某使用，房间内所有广播电台设施都非业主李某所有。经小区物业人员和业主李某证明，初步确定吴某涉嫌擅自设立广播电台，其行为涉嫌违反了《广播电视管理条例》第十条第一款的规定。</td></tr>
<tr><td colspan="2">审批事项</td><td colspan="6">依据《中华人民共和国行政处罚法》第三十七条第二款的规定，建议对当事人涉嫌擅自设立广播电台的设备进行证据先行登记保存。上述设备包括：1000W 调频广播发射机（ZHC618F-1000W）壹套、三星（S19F350HN）电脑显示器壹台、先科 DVD（PDVD-788A）壹台、调频发射天线（TK-06）壹套，保存期限为七日。
承办人：周某　李某　　　　2016 年 2 月 1 日</td></tr>
</table>

承办部门意　见	同意。 负责人：宋某　　　　2016年2月1日
法制部门意　见	同意。 负责人：刘某　　　　2016年2月1日
承办机构意　见	/ 负责人：　　　　年　月　日
行政处罚实施机关意　见	同意。 负责人：李某某　　　　2016年2月1日

证据先行登记保存通知书

（某）文保字〔2016〕第×××-1号

吴某：

你（单位）因涉嫌擅自设立广播电台，涉嫌违反了《广播电视管理条例》第十条第一款的规定。根据《中华人民共和国行政处罚法》第三十七条第二款的规定，本机关决定对有关证据（详见证据先行登记保存物品清单）采取先行登记保存措施。先行登记保存期间，任何单位或者个人不得销毁或者转移保存的物品。

保存方式：异地保存

保存地点：某县文化市场综合执法局6楼涉案物品储藏室（某市某县正阳路63号）

保存期限：2016年2月1日至2016年2月7日（保存七日）

执法人员签名及执法证号：*周某（3714××001）* *李某（3714××002）*

联系电话：05××-52×××××

附：证据先行登记保存物品清单

某县文化市场综合执法局（印章）

2016年2月1日

本通知书已于*2016*年*2*月*1*日*12*时*00*分收到。

签收人签名或者盖章：*李某（手印）* 联系电话：1386666××××

该通知书已依法送达，并由现场负责人即某县某路某小区2单元2802室业主、与当事人吴某为房屋租赁关系的李某签字确认。

（本通知书一式三份，一份随案，一份备存，一份送达当事人。）

附件：

证据先行登记保存物品清单

当事人：吴某

法定代表人或负责人： / 联系电话：1586666××××

地址：某市某县某路××号

编号	类别	名 称	单位	数量	备注
001	广播电台设备	1000W 调频广播发射机(ZHC618F-1000W)	套	1	/
002	广播电台设备	三星电脑显示器(S19F350HN)	台	1	/
003	广播电台设备	先科 DVD(PDVD-788A)	台	1	/
004	广播电台设备	调频发射天线(TK-06)	套	1	/

以上物品，清单与实物一致。

执法人员签名及执法证号：周某(3714××001) 李某(3714××002)

见证人： /

某县文化市场综合执法局(印章)

2016 年 2 月 1 日

本清单已于2016年2月1日12时00分收到。

签收人签名或者盖章：李某(手印) 联系电话：1386666××××

该清单已依法送达，并由现场负责人即某县某路某小区 2 单元 2802 室业主、与当事人吴某为房屋租赁关系的李某签字确认。

(本清单一式三份，一份随案，一份备存，一份送达当事人。)

调查询问通知书

李某：

因涉嫌擅自设立广播电台，依据《中华人民共和国行政处罚法》第三十七条的规定，请你（单位）于2016年2月1日14时00分到某县文化市场综合执法局接受调查询问，并携带下列证件材料：

☑被询问人的有效身份证件；

□经营许可证；

□营业执照；

□法定代表人或负责人身份证明；

☑如委托他人前来，须出具有效的授权委托书及被委托人的有效身份证明；

□其他：　/

如无法按时前来，请及时联系。

联系人：周某　李某

联系电话：05××-52×××××

某县文化市场综合执法局（印章）

2016年2月1日

本通知书已于2016年2月1日12时20分收到。

签收人签名或者盖章：李某（手印）　联系电话：1386666××××

（本通知书一式三份，一份随案，一份备存，一份送达当事人。）

立案审批表

(某)文案立字〔2016〕第×××号

<table>
<tr><td colspan="2">案　由</td><td colspan="6">涉嫌擅自设立广播电台</td></tr>
<tr><td colspan="2">案件来源</td><td colspan="2">上级交办</td><td colspan="3">办理部门</td><td>某县文化市场综合执法局</td></tr>
<tr><td rowspan="4">当事人</td><td rowspan="2">单位</td><td>名称</td><td></td><td colspan="3">法定代表人
或负责人</td><td></td></tr>
<tr><td>地址</td><td colspan="3"></td><td>电话</td><td></td></tr>
<tr><td rowspan="2">个人</td><td>姓名</td><td>吴某</td><td>性别</td><td>男</td><td>电话</td><td>1586666××××</td></tr>
<tr><td>地址</td><td colspan="2">某市某县某路××号</td><td colspan="2">证件名称及号码</td><td>身份证:371422000000000000</td></tr>
<tr><td colspan="2">案情概要</td><td colspan="6">2016年2月1日，某市文化市场综合执法局接群众举报，称某县及周边有一个陌生的广播频道FM96.6MHz，全天候播放违禁药物广告，内容低俗，市局立即将该举报转发至我局，要求我局对此案严肃查处。2月1日10时00分至12时30分，某县文化市场综合执法局执法人员联合市无线电管理委员会技术人员，依法查听电台，发现某县某路附近有一非法电台。某县文化执法局执法人员赶赴某县某路进行进一步检查，初步确定该涉嫌擅自设立的广播电台安放地点为某县某路某小区2单元2802室。执法人员在对该房屋业主李某及某小区物业人员依法出示执法证件后，在公安机关协助下，对某县某路某小区2单元2802室进行依法检查。执法人员进入室内，发现正在运行的1000W调频广播发射机(ZHC618F-1000W)壹套、三星(S19F350HN)电脑显示器壹台、先科DVD(PDVD-788A)壹台，以及在该楼楼顶的调频发射天线(TK-06)壹套，且该套广播设备正在循环播放销售“肾宝胶囊”药品的广告，其广播频道为FM96.6MHz。经技术人员进一步核实，发现该广播频率未经审批。经执法人员与该房屋业主李某核实，该房屋为李某出租给吴某使用，房间内所有广播电台设施都非业主李某所有。经小区物业人员和业主李某证明，初步确定吴某涉嫌擅自设立广播电台，其行为涉嫌违反了《广播电视管理条例》第十条第一款的规定。</td></tr>
<tr><td colspan="2">承办人
意　见</td><td colspan="6">建议立案调查。
承办人:周某　李某　　　　2016年2月1日</td></tr>
</table>

<table>
<tr><td>承办部门
意　见</td><td>同意，建议由周某、李某调查处理。
负责人：宋某　　　　2016年2月1日</td></tr>
<tr><td>法制部门
意　见</td><td>同意。
负责人：刘某　　　　2016年2月1日</td></tr>
<tr><td>承办机构
意　见</td><td>/
负责人：　　　　年　月　日</td></tr>
<tr><td>行政处罚
实施机关
意　见</td><td>同意。
负责人：李某某　　　　2016年2月1日</td></tr>
<tr><td>备　注</td><td>/</td></tr>
</table>

调查询问笔录

调查询问事项:吴某涉嫌擅自设立广播电台

第几次询问:第一次询问

调查询问时间:2016 年 2 月 1 日 14 时 30 分至 15 时 00 分

调查询问地点:某县文化市场综合执法局 6 楼调查询问室

调查询问人:周某(3714××001)　李某(3714××002)

被调查询问人:李某　**性别**:男　**出生年月**:19××年××月××日

住址:某市某县阳光小区 1 号楼 1 单元 102 室

工作单位:某市某县万宏木业(某市某县工业路 53 号)

证件名称及号码:身份证 371422111111111111　**电话**:1386666××××

见证人:/　**证件名称及号码**:/

记录人:李某

询问内容:

问:你好,我们是某县文化市场综合执法局的行政执法人员,周某(3714××001)、李某(3714××002),正在执行公务,这是我们的文化市场行政执法证(出示证件),你看清楚了吗?

答:好的,你们的执法证件我看清楚了。

问:关于吴某涉嫌擅自设立广播电台一案,我们依法对你进行调查询问,请你如实回答。在场进行调查询问的执法人员,你认为如有需要回避的,请申请回避。

答:不需要回避。

问:在今天的调查过程中,你应如实提供有关资料,应如实回答我们的提问,不得隐瞒事实、说谎话、作伪证,否则是要承担法律责任的。但对与案件无关的问题你有权拒绝回答,同时对有关问题你有权进行陈述或申辩。你听清楚了吗?

答:听清楚了。我会如实讲的。

问:请你介绍一下你的基本情况?

答:我叫李某,性别男,出生年月是 19××年××月××日,住址在某市某县阳光小区 1 号楼 1 单元 102 室,我的工作单位是某市某县万宏木业(某市某县工业路 53 号),我的身份证号是 371422111111111111,我的联系电话是 1386666××××。

问:你今天为何事而来?

答:是为了 2016 年 2 月 1 日依法对某县某路某小区 2 单元 2802 室进行现场检查发现涉嫌擅自设立广播电台的事情,我是按照收到的你们的通知要求来接受调查询问的。

问:我局执法人员于 2016 年 2 月 1 日依法对某县某路某小区 2 单元 2802 室进行现场检查时,你在现场吗?

答:执法人员依法检查时我就在现场。

问:你与某县某路某小区 2 单元 2802 室是什么关系?

被调查询问人:*李某(手印)*　调查询问人:*周某(3714××001)*　*李某(3714××002)*

答:我是某县某路某小区 2 单元 2802 室的业主。

问:请你详述 2016 年 2 月 1 日某县文化市场综合执法局执法局人员依法对某县某路某小区 2 单元 2802 室进行现场检查的情况。

答:2016 年 2 月 1 日某县文化市场综合执法局执法局人员依法对某县某路某小区 2 单元 2802 室进行现场检查,发现房屋内有广播发射机、电脑、先科 DVD、天线等,这些设备正在播放违禁药物广告,在收音机上显示广播频道为 FM96.6MHz,执法人员依法对以上物品进行了证据先行登记保存,并制作了现场检查(勘验)笔录和证据先行登记保存通知书。

问:执法人员在某县某路某小区 2 单元 2802 室依法检查发现的房屋内有广播发射机、电脑、先科 DVD、天线等,以上这些设备是你的吗? 如果不是你的,是谁的?

答:执法人员在某县某路某小区 2 单元 2802 室依法检查发现的所有无线广播相关设备都不是我的。应该是吴某的,他租赁我的房子,即某县某路某小区 2 单元 2802 室。

问:你与吴某是什么关系?

答:吴某租赁我的房子,即某县某路某小区 2 单元 2802 室。我与吴某是房屋租赁关系,签订的有房屋租赁协议。

问:你清楚吴某租赁某县某路某小区 2 单元 2802 室的用途吗?

答:吴某和我说的是用来作为其设立的九州微信平台的场所,可以让企业打电话便宜。

问:吴某安装的涉嫌擅自设立的广播电台的设备广播发射机、电脑、先科 DVD,天线等,你知道吗?你发现过吴某安装的以上设备吗?

答:不知道,自从签订房屋租赁协议,把某县某路某小区 2 单元 2802 室的房屋钥匙给他,我就没见过他,所以不知道他安装的以上那些设备,也没发现过以上设备。因为吴某要求把房屋钥匙全部给他,所以自从 2015 年 9 月 1 日交给吴某钥匙后,我一直没能进入某县某路某小区 2 单元 2802 室。

问:你是何时把某县某路某小区 2 单元 2802 室租赁给吴某的?

答:2015 年 8 月 30 日,与吴某签订租赁协议。那时房子还在装修,房屋钥匙还没给吴某。2015 年 9 月 1 日,吴某要求把某县某路某小区 2 单元 2802 室的钥匙全部给他。吴某又在租赁协议上补充部分内容,即“钥匙在我手里出现一切问题由我负责”,吴某签名。我把某县某路某小区 2 单元 2802 室的全部房屋钥匙给吴某后,自己就再没进入过某县某路某小区 2 单元 2802 室。

问:你与吴某签订的关于某县某路某小区 2 单元 2802 室租赁协议在哪里?

答:我带来了,这是我与吴某 2015 年 8 月 30 日签订的关于某县某路某小区 2 单元 2802 室租赁协议。(交予执法人员,执法人员取证。)

问:截至 2016 年 2 月 1 日,执法人员在关于某县某路某小区 2 单元 2802 室租赁协议依法检查发现电台设备,你租给吴某该屋多长时间?

答:吴某和我说的是长期租赁,但房租先一次性交付半年,也就是租赁协议上写明的租住期是 2015 年 8 月 30 日至 2016 年 2 月 29 日,共计 6 个月时间。

问:你还有什么补充的吗?

答:没有。

问:请认真阅读这份调查询问笔录,如果情况属实,请签字。

答:(阅读后)情况属实,与我表述和意思表达一致,我签字。

被调查询问人:李某(手印) 调查询问人:周某(3714××001) 李某(3714××002)

共 2 页 第 2 页

现场检查(勘验)笔录

(某)文检(勘)字〔2016〕第×××-2号

<table>
<tr><td rowspan="4">当事人</td><td rowspan="2">单位</td><td>名称</td><td colspan="2"></td><td colspan="3">法定代表人或负责人</td><td colspan="2"></td></tr>
<tr><td>地址</td><td colspan="5"></td><td>电话</td><td></td></tr>
<tr><td rowspan="2">公民</td><td>姓名</td><td>吴某</td><td colspan="2">性别</td><td colspan="2">男</td><td>电话</td><td>15866666666</td></tr>
<tr><td>地址</td><td>某市某县某路××号</td><td colspan="4">证件名称及号码</td><td colspan="2">身份证:371422000000000000</td></tr>
<tr><td colspan="2" rowspan="2">现场负责人</td><td>姓名</td><td>张某</td><td colspan="4">证件名称及号码</td><td colspan="2">身份证:371422222222222222</td></tr>
<tr><td>职务</td><td></td><td colspan="4">电话</td><td colspan="2">1340000××××</td></tr>
<tr><td colspan="2">检查(勘验)部门</td><td colspan="2">某县文化市场综合执法局</td><td colspan="4">记录人</td><td colspan="2">李某</td></tr>
<tr><td colspan="2">执法人员及执法证号</td><td colspan="8">周某(3714××001) 李某(3714××002)</td></tr>
<tr><td colspan="2">检查(勘验)地点</td><td colspan="2">某市某县某路11号</td><td colspan="3">检查(勘验)时间</td><td colspan="3">2016年2月2日08时00分至08时50分</td></tr>
<tr><td colspan="10">现场检查(勘验)情况:2016年2月2日08时00分至08时50分,某县文化市场综合执法局执法人员在某县某路某小区物业办公室内查找到当事人吴某雇佣人员张某,依法对其出示执法证件。经过执法人员耐心说服教育,张某主动交予执法人员其销售账簿壹本。该账簿记录的是,因收听吴某涉嫌擅自设立的FM96.6广播电台所播放的“肾宝胶囊”广告,而向吴某订购“肾宝胶囊”消费者的地址、电话、订购数量及收到的货款等。进一步确定吴某涉嫌擅自设立广播电台,其行为涉嫌违反了《广播电视管理条例》第十条第一款的规定。执法人员当即责令其停止违法经营行为,并依法做出如下处理:(1)制作现场检查笔录;(2)对现场进行拍照、录像取证;(3)通过电话经某县文化市场综合执法局领导同意,对记录因收听吴某涉嫌擅自设立的FM96.6广播电台所播放的“肾宝胶囊”广告而向吴某订购“肾宝胶囊”的消费者地址、电话、订购数量及收到的货款的账簿壹本,进行证据先行登记保存,并制作证据先行登记保存通知书;(4)对张某下达调查询问通知书。</td></tr>
</table>

执法人员签名:*周某(3714××001)* *李某(3714××002)* 2016年2月2日

当事人签名或者盖章:*张某* 2016年2月2日

执法人员依法检查,笔录内容与现实调查取证执法情况相符,该现场检查笔录由现场负责人即当事人吴某雇佣人员张某签字确认。

某县文化市场综合执法局(印章)

2016年2月2日

证据先行登记保存审批表

（某）文保审字〔2016〕第×××-2号

<table>
<tr><td>案件来源</td><td colspan="4">上级交办</td></tr>
<tr><td>案　由</td><td colspan="4">涉嫌擅自设立广播电台</td></tr>
<tr><td rowspan="3">当事人</td><td>名称（姓名）</td><td colspan="3">吴某</td></tr>
<tr><td>法定代表人</td><td>/</td><td>联系电话</td><td>1586666××××</td></tr>
<tr><td>住址（住所）</td><td colspan="3">某市某县某路××号</td></tr>
<tr><td>案情概要</td><td colspan="4">2016年2月1日，某市文化市场综合执法局接群众举报，称某县及周边有一个陌生的广播频道FM96.6MHz，全天候播放违禁药物广告，内容低俗，市局立即将该举报转发至我局，要求我局对此案严肃查处。2月1日10时00分至12时30分，某县文化市场综合执法局执法人员联合市无线电管理委员会技术人员，依法查听电台，发现某县某路附近有一非法电台。某县文化执法局执法人员赶赴某县某路进行进一步检查，初步确定该涉嫌擅自设立的广播电台安放地点为某县某路某小区2单元2802室。执法人员在对该房屋业主李某及某小区物业人员依法出示执法证件后，在公安机关协助下，对某县某路某小区2单元2802室进行依法检查。执法人员进入室内，发现正在运行的1000W调频广播发射机（ZHC618F-1000W）壹套、三星（S19F350HN）电脑显示器壹台、先科DVD（PDVD-788A）壹台，以及在该楼楼顶的调频发射天线（TK-06）壹套，且该套广播设备正在循环播放销售“肾宝胶囊”药品的广告，其广播频道为FM96.6MHz。经技术人员进一步核实，发现该广播频率未经审批。经执法人员与该房屋业主李某核实，该房屋为李某出租给吴某使用，房间内所有广播电台设施都非业主李某所有。经小区物业人员和业主李某证明，初步确定吴某涉嫌擅自设立广播电台。
2月2日08时00分至08时50分，某县文化市场综合执法局执法人员在某县某路某小区物业办公室内查找到当事人吴某雇佣人员张某，依法对其出示执法证件。经过执法人员耐心说服教育，张某主动交予执法人员其销售账簿壹本。该账簿记录的是，因收听吴某涉嫌擅自设立的FM96.6广播电台所播放的“肾宝胶囊”广告，而向吴某订购“肾宝胶囊”消费者的地址、电话、订购数量及收到的货款等。进一步确定吴某涉嫌擅自设立广播电台，当事人吴某行为涉嫌违反了《广播电视管理条例》第十条第一款的规定。</td></tr>
</table>

审批事项	依据《中华人民共和国行政处罚法》第三十七条第二款的规定，建议对当事人吴某雇佣人员张某用来记录因收听吴某涉嫌擅自设立的FM96.6广播电台所播放的“肾宝胶囊”广告而向吴某订购“肾宝胶囊”的消费者地址、电话、订购数量及收到的货款的账簿进行证据先行登记保存，包括黑色封面笔记本账簿(申士纸品系列0068-1)壹本，保存期限为七日。 签名：周某　李某　2016年2月2日
承办部门负责人意见	同意。 签名：宋某　2016年2月2日
法制部门负责人意见	同意。 签名：刘某　2016年2月2日
承办机构负责人意见	/ 签名：　年　月　日
行政处罚实施机关负责人意见	同意。 签名：李某某　2016年2月2日

证据先行登记保存通知书

(某)文保字〔2016〕第×××-2 号

吴某：

你(单位)因涉嫌擅自设立广播电台，涉嫌违反了《广播电视管理条例》第十条第一款的规定，依据《中华人民共和国行政处罚法》第三十七条第二款的规定，现对你(单位)有关物品(详见证据先行登记保存物品清单)采取先行登记保存措施。先行登记保存期间，任何单位或者个人不得销毁或者转移保存的物品。

保存方式：异地保存

保存地点：某县文化市场综合执法局 6 楼涉案物品储藏室(某市某县正阳路 63 号)

保存期限：2016 年 2 月 2 日至 2016 年 2 月 8 日(保存七日)

执法人员签名(执法证号)：*周某(3714××001)*　*李某(3714××002)*

联系电话：05××-522×××××

附：证据先行登记保存物品清单

某县文化市场综合执法局(印章)

2016 年 2 月 2 日

本通知书已于 *2016* 年 *2* 月 *2* 日 *08* 时 *40* 分收到。

签收人签名或者盖章：*张某(手印)*　联系电话：1340000××××

该通知书已依法送达，并由现场负责人即当事人吴某雇佣人员张某签字确认。

执法人员：*周某(3714××001)*　*李某(3714××002)*

(本通知书一式三份，一份随案，一份备存，一份送达当事人。)

附件：

证据先行登记保存物品清单

当事人：吴某

法定代表人或负责人： / 联系电话：1586666××××

地址：某市某县某路××号

编号	类别	名　称	单位	数量	备注
001	账簿	黑色封面笔记本账簿（申士纸品系列 0068-1）	本	1	/
		（以下空白）			

以上物品，清单与实物一致。

执法人员签名及执法证号：*周某（3714××001）* *李某（3714××002）*

某县文化市场综合执法局（印章）

2016 年 2 月 2 日

本清单已于*2016*年*2*月*2*日*08*时*40*分收到。

签收人签名或者盖章：*张某（手印）* 联系电话：1340000××××

该清单已依法送达，并由现场负责人即当事人吴某雇佣人员张某签字确认。执法人员：*周某（3714××001）* *李某（3714××002）*

（本清单一式三份，一份随案，一份备存，一份送达当事人。）

调查询问通知书

张某：

因涉嫌擅自设立广播电台，请你（单位）于 2016 年 2 月 2 日 09 时 00 分到某县文化市场综合执法局接受调查询问，并携带下列证件材料：

☑被询问人的有效身份证件；

☑经营许可证；

☑营业执照；

☑法定代表人或负责人身份证明；

☑如委托他人前来，须出具有效的授权委托书及被委托人的有效身份证明；

□其他： /

如无法按时前来，请及时联系。

联系人：周某 李某

联系电话：05××-52×××××

某县文化市场综合执法局（印章）

2016 年 2 月 2 日

本通知书已于 *2016* 年 2 月 2 日 *08* 时 *45* 分收到。

签收人签名或者盖章：张某（手印） 联系电话：1340000××××

（本通知书一式三份，一份随案，一份备存，一份送达当事人。）

调查询问笔录

调查询问事项：吴某涉嫌擅自设立广播电台

第几次询问：第一次询问

调查询问时间：2016 年 2 月 2 日 09 时 30 分至 10 时 00 分

调查询问地点：某县文化市场综合执法局 6 楼调查询问室

调查询问人：周某(3714××001)　李某(3714××002)

被调查询问人：张某　**性别：**男　**出生年月：**19××年××月××日

住址：某市某县某小区 4 号楼 3 单元 402 室

工作单位：某市某县宁旺药铺(某市某县某小区院内)

证件名称及号码：身份证 371422222222222222　**电话：**1340000××××

见证人：/　**证件名称及号码：**/

记录人：李某

询问内容：

问：你好，我们是某县文化市场综合执法局的行政执法人员，周某(3714××001)、李某(3714××002)，正在执行公务，这是我们的文化市场行政执法证(出示证件)，你看清楚了吗？

答：好的，你们的执法证件我看清楚了。

问：关于吴某涉嫌擅自设立广播电台一案，我们依法对你进行调查询问，请你如实回答。在场进行调查询问的执法人员，你认为如有需要回避的，请申请回避。

答：不需要回避。

问：在今天的调查过程中，你应如实提供有关资料，应如实回答我们的提问，不得隐瞒事实、说谎话、作伪证，否则是要承担法律责任的。但对与案件无关的问题你有权拒绝回答，同时对有关问题你有权进行陈述或申辩。你听清楚了吗？

答：听清楚了。我会如实讲的。

问：请你介绍一下你的基本情况？

答：我叫张某，性别男，19××年××月××日出生，身份证号码是 371422222222222222，电话是 1340000××××，住址是某市某县某小区 4 号楼 3 单元 402 室，工作单位是某市某县宁旺药铺(某市某县安民路 44 号)。

问：我局执法人员于 2016 年 2 月 1 日依法对某县某路某小区 2 单元 2802 室进行现场检查时，你在现场吗？

答：执法人员依法检查时，我不在现场。

问：你是某县某路某小区 2 单元 2802 室的业主吗？业主是谁？

答：我不是某县某路某小区 2 单元 2802 室的业主，业主是李某。

问：你与某县某路某小区 2 单元 2802 室的业主李某是什么关系？

答：我的老板吴某与某县某路某小区 2 单元 2802 室的业主李某是房屋租赁关系。

被调查询问人：*张某(手印)*　调查询问人：*周某(3714××001)*　*李某(3714××002)*

问:吴某是何时租赁某县某路某小区2单元2802室?

答:2015年8月30日,吴某与某县某路某小区2单元2802室的业主李某签订的房屋租赁合同。

问:你与吴某是什么关系?

答:吴某是我的老板,我负责帮助他送货,送他设立的电台上面广播销售的药。吴某雇佣我,每月给我2000元人民币工资,再根据我送的药品价值进行提成。

问:吴某与某市某县宁旺药铺是什么关系?

答:某市某县宁旺药铺负责人是吴某。

问:请详述某市某县宁旺药铺的详细地址,吴某的联系方式及他的详细住址是哪里?

答:某市某县宁旺药铺的详细地址就是吴某的家,地址是某市某县某小区5号楼4单元402室,吴某的联系方式1586666××××。

问:2016年2月1日,执法人员依法检查某县某路某小区2单元2802室时,谁在使用此房?

答:我的老板吴某正在使用某县某路某小区2单元2802室。

问:请问吴某租赁某县某路某小区2单元2802室的用途?

答:吴某租赁某县某路某小区2单元2802室的主要用来放置电台设备,用这些设备设立一个广播电台,用广播发射机来播放销售药品广告。

问:这是2016年2月1日,某县文化市场综合执法局的执法人员对某县某路某小区2单元2802室依法检查的录像及照片,执法人员在室内发现有广播发射机、电脑、先科DVD、天线等,执法人员进入现场时这些广播设备正在播放销售"肾宝胶囊"的广告。请核实:这些广播设备是否是吴某在某县某路某小区2单元2802室安装并使用的?其中播放的销售广告是否是吴某销售的药品?请核实内容真实性,如果真实有效,请签字确认。(执法人员将现场检查录像及照片交张某核实确认)

答:2016年2月1日,某县文化市场综合执法局的执法人员对某县某路某小区2单元2802室依法检查发现有广播发射机、电脑、先科DVD、天线等广播设备是吴某在某县某路某小区2单元2802室安装并使用的,执法人员检查时该设备正在播放的销售"肾宝胶囊"广告是吴某正在销售的药品。执法人员依法检查的取证照片情况属实。(已签字确认)

问:吴某何时设立的某县某路某小区2单元2802室的广播电台?广播频率是多少?

答:2015年9月1日,某县某路某小区2单元2802室业主李某给了吴某某县某路某小区2单元2802室全部钥匙后,吴某便安装了执法人员检查所发现的广播发射机、电脑、先科DVD、天线等,设立了这个广播电台。他具体安装完成这个电台的时间我不很清楚,2015年10月份吴某给我钥匙让我去某县某路某小区2单元2802室去看看,我才发现里面有这些广播电台设备。广播频率是广播频道FM96.6MHz。

问:吴某何时开始利用这个涉嫌擅自设立的频率为FM96.6广播电台的?设立此广播电台的目的是什么?广播频率为FM96.6的频道覆盖地域范围有哪些?

答:吴某开始用广播发射机来播放销售"肾宝胶囊"广告应该大约在2015年9月。广播频率为FM96.6的频道,覆盖地域范围包括某县及其周边的某一县、某二县。

问:这个涉嫌擅自设立的频率为FM96.6广播电台是否影响正常电台的播放?播放延续时间多长?

答:这个涉嫌擅自设立的频率为FM96.6广播电台不影响正常电台的播放,是单独设立的一个频率。吴某大约在2015年9月开始用广播发射机来播放销售"肾宝胶囊"广告,自从使用开始,全天24小时不间断播放。

问:你什么时候开始帮助吴某送其所销售的药物?

答:2015年10月1日开始帮助吴某送货的。

被调查询问人:张某(手印) 调查询问人:周某(3714××001) 李某(3714××002)

共3页 第2页

问:你知道吴某广播上销售的药品“肾宝胶囊”的进货渠道吗?

答:我不知道进货渠道,每次都是吴某将药发到快递。我接到吴某的送货通知,去送货。

问:2016 年 2 月 2 日,执法人员依法检查时,你主动交予执法人员的本子是什么?

答:2016 年 2 月 2 日,执法人员依法检查时,我主动交予执法人员的本子是我用来记录因收听吴某涉嫌擅自设立的 FM96.6 广播电台所播放的“肾宝胶囊”广告,而向吴某订购“肾宝胶囊”消费者的地址、电话、订购数量及收到的货款的一本账簿。

问:你给吴某送的在某县某路某小区 2 单元 2802 室的广播电台所销售的药品“肾宝胶囊”所涉及的地域范围有哪些?已经销售了多少“肾宝胶囊”?如何收费?是否还有剩余“肾宝胶囊”?

答:送货范围有某县的 A 镇、B 镇、C 镇、D 镇、E 镇、F 镇等 6 个乡镇。截至执法人员发现,吴某销售的每盒 30 元人民币“肾宝胶囊”,已有 11 万余元的销售额。还有 13 大箱“肾宝胶囊”存货,一大箱中有 600 盒,都存放在某县开发区某工厂的 3 号仓库中。

问:吴某安装的广播发射机的型号是什么?广播发射机、电脑、先科 DVD、天线在哪里购买的?这套广播电台设施价值多少钱?

答:都是吴某自己安装的,广播发射机的型号不清楚。广播发射机、电脑、先科 DVD、天线在辽宁购买的,这套广播电台设施价值 5000 元人民币。

问:你有什么补充的吗?

答:没有。

问:请认真阅读这份调查询问笔录,如果情况属实,请签字。

答:(阅读后)情况属实,与我表述和意思表达一致,我签字。

被调查询问人:*张某(手印)* 调查询问人:*周某(3714××001)* *李某(3714××002)*

移送案件审批表

(某)文移审字〔2016〕第×××号

<table>
<tr><td colspan="2">案件来源</td><td colspan="6">群众举报</td></tr>
<tr><td colspan="2">案　由</td><td colspan="6">涉嫌发行非法出版物</td></tr>
<tr><td rowspan="4">当事人</td><td rowspan="2">单位</td><td>名称</td><td></td><td colspan="2">法定代表人或负责人</td><td colspan="2"></td></tr>
<tr><td>地址</td><td colspan="3"></td><td>电话</td><td></td></tr>
<tr><td rowspan="2">个人</td><td>姓名</td><td>吴某</td><td>性别</td><td>男</td><td>电话</td><td>1586666××××</td></tr>
<tr><td>地址</td><td>某市某县某路××号</td><td colspan="2">证件名称及号码</td><td colspan="2">身份证:371422000000000000</td></tr>
<tr><td colspan="2">案情概要</td><td colspan="6">2016年2月1日,某市文化市场综合执法局接群众举报,称某县及周边有一个陌生的广播频道FM96.6MHz,全天候播放违禁药物广告,内容低俗,市局立即将该举报转发至我局,要求我局对此案严肃查处。2月1日10时00分至12时30分,某县文化市场综合执法局执法人员联合市无线电管理委员会技术人员,依法查听电台,发现某县某路附近有一非法电台。某县文化执法局执法人员赶赴某县某路进行进一步检查,初步确定该涉嫌擅自设立的广播电台安放地点为某县某路某小区2单元2802室。执法人员在对该房屋业主李某及某小区物业人员依法出示执法证件后,在公安机关协助下,对某县某路某小区2单元2802室进行依法检查。执法人员进入室内,发现正在运行的1000W调频广播发射机(ZHC618F-1000W)壹套、三星(S19F350HN)电脑显示器壹台、先科DVD(PDVD-788A)壹台,以及在该楼楼顶的调频发射天线(TK-06)壹套,且该套广播设备正在循环播放销售“肾宝胶囊”药品的广告,其广播频道为FM96.6MHz。经技术人员进一步核实,发现该广播频率未经审批。经执法人员与该房屋业主李某核实,该房屋为李某出租给吴某使用,房间内所有广播电台设施都非业主李某所有。经小区物业人员和业主李某证明,初步确定吴某涉嫌擅自设立广播电台,其行为涉嫌违反了《广播电视管理条例》第十条第一款的规定。
2月1日,经批准依法对本案予以立案。当日,执法人员依法对此广播电台设备安放地房屋某县某路某小区2单元2802室的房东李某进行调查询问。
2月2日,执法人员依法查找到当事人吴某雇佣人员张某。张某主动交予执法人员其记录的当事人吴某利用此非法电台销售“肾宝胶囊”保健品的数量及销售货款的壹本账簿。通过对张某进行调查询问,发现当事人吴某擅自设立广播电台,并发现吴某在没有取得药品经营许可证的情况下,利用该非法电台销售“肾宝胶囊”保健品。结合所查获的账簿,并根据张某提供的吴某存放“肾宝胶囊”保健品仓库地址,执法人员进一步进行调查核实,发现吴某利用该非法电台销售“肾宝胶囊”保健品涉案金额达11万余元,涉嫌构成非法经营犯罪,依法需要追究其刑事责任。</td></tr>
</table>

审批事项	依据《中华人民共和国行政处罚法》第二十二条、《行政执法机关移送涉嫌犯罪案件的规定》第三条的规定，建议对当事人相关涉嫌从事非法经营罪的案件材料向某县公安局移送。 承办人：周某　李某　　2016年2月2日
承办部门 意　见	同意。 负责人：宋某　　2016年2月2日
法制部门 意　见	同意。 负责人：刘某　　2016年2月2日
承办机构 意　见	/ 负责人：　　年　月　日
行政处罚 实施机关 意　见	同意。 负责人：李某某　　2016年2月2日

案件移送函

某县公安局：

本机关于2016年2月1日对吴某涉嫌擅自设立广播电台一案立案调查。在调查中发现：吴某在没有取得药品经营许可证的情况下，利用该非法电台销售“肾宝胶囊”保健品；查获张某为当事人吴某记录的利用此非法电台销售“肾宝胶囊”保健品的数量及销售货款的账簿。结合该账簿，并根据张某提供的吴某存放“肾宝胶囊”保健品仓库地址，执法人员进一步进行调查核实，发现吴某利用该非法电台销售“肾宝胶囊”保健品涉案金额达11万余元，涉嫌构成非法经营犯罪。现根据《中华人民共和国行政处罚法》第二十二条、《行政执法机关移送涉嫌犯罪案件的规定》第三条的规定，将案件移送你单位处理。

请将处理结果及时函告我单位。

联系人：周某　李某　联系电话：05××-52×××××

附：1. 案件简介

2. 移送案件涉案物品清单

某县文化市场综合执法局（印章）

2016年2月2日

附件 1：

案件简介

2016 年 2 月 1 日，某市文化市场综合执法局接群众举报，称某县及周边有一个陌生的广播频道 FM96.6MHz，全天候播放违禁药物广告，内容低俗，市局立即将该举报转发至我局，要求我局对此案严肃查处。

2 月 1 日，某县文化市场综合执法局执法人员联合市无线电管理委员会技术人员，依法查听电台，发现某县某路附近有一非法电台。某县文化执法局执法人员赶赴某县某路进行进一步检查，初步确定该涉嫌擅自设立的广播电台安放地点为某县某路某小区 2 单元 2802 室。执法人员在对该房屋业主李某及某小区物业人员依法出示执法证件后，在公安机关协助下，对某县某路某小区 2 单元 2802 室进行依法检查。执法人员进入室内，发现正在运行的 1000W 调频广播发射机（ZHC618F-1000W）壹套、三星（S19F350HN）电脑显示器壹台、先科 DVD（PDVD-788A）壹台，以及在该楼楼顶的调频发射天线（TK-06）壹套，且该套广播设备正在循环播放销售“肾宝胶囊”药品的广告，其广播频道为 FM96.6MHz。经技术人员进一步核实，发现该广播频率未经审批。经执法人员与该房屋业主李某核实，该房屋为李某出租给吴某使用，房间内所有广播电台设施都非业主李某所有。经小区物业人员和业主李某证明，初步确定吴某涉嫌擅自设立广播电台，其行为涉嫌违反了《广播电视管理条例》第十条第一款的规定。

2 月 1 日，经批准依法对本案予以立案。当日，执法人员依法对此广播电台设备安放地房屋某县某路某小区 2 单元 2802 室的房东李某进行调查询问。

2 月 2 日，执法人员依法查找到当事人吴某雇佣人员张某。张某主动交予执法人员其记录的当事人吴某利用此非法电台销售“肾宝胶囊”保健品的数量及销售货款的壹本账簿。通过对张某进行调查询问，发现当事人吴某擅自设立广播电台，并发现吴某在没有取得药品经营许可证的情况下，利用该非法电台销售“肾宝胶囊”保健品。结合所查获的账簿，并根据张某提供的吴某存放“肾宝胶囊”保健品仓库地址，执法人员进一步进行调查核实，发现吴某利用该非法电台销售“肾宝胶囊”保健品涉案金额达 11 万余元，涉嫌构成非法经营犯罪。

附件 2：

移送案件涉案物品清单

编号	类别	名　称	单位	数量	备注
001	广播电台设备	1000W 调频广播发射机(ZHC618F-1000W)	套	1	/
002	广播电台设备	三星电脑显示器(S19F350HN)	台	1	/
003	广播电台设备	先科 DVD(PDVD-788A)	台	1	/
004	广播电台设备	调频发射天线(TK-06)	套	1	/
005	账簿	黑色封面笔记本账簿(申士纸品系列 0068-1)	本	1	/
/	/	/	/	/	/

证据先行登记保存处理告知书

(某)文保告字〔2016〕第×××号

吴某：

本机关以证据先行登记保存通知书[(某)文保字〔2016〕第×××号]对你(单位)有关物品(详见证据先行登记保存物品清单)予以先行登记保存。因在查处过程中发现了当事人的另一行为涉嫌构成犯罪，需将发现的当事人涉嫌触犯刑法的行为的相关材料依法移送至某县公安局刑警大队处理，依据《中华人民共和国行政处罚法》第三十七条第二款的规定，现作出以下处理决定：

□于 / 年 / 月 / 日送鉴定机构鉴定。

□退还当事人。

☑随案件移送某县公安局处理。

□解除证据先行登记保存措施。

□其他： / 。

执法人员签名(执法证号)：*周某(3714××001)* *李某(3714××002)*

联系电话：05××-52×××××

附：证据先行登记保存物品清单

某县文化市场综合执法局(印章)

2016年2月2日

本告知书已于*2016*年*2*月*2*日*14*时*00*分收到。

当事人签名或者盖章：*张某(手印)* 联系电话：/

该告知已依法送达，由当事人吴某的工作人员张某签收。

现场负责人：*张某(手印)*

执法人员：*周某(3714××001)* *李某(3714××002)*

(本告知书一式三份，一份随案，一份备存，一份送达当事人。)

附件：

证据先行登记保存物品清单

当事人：吴某

法定代表人或负责人：/　　联系电话：1586666××××

地址：某市某县某路××号

编号	类别	名　称	单位	数量	备注
001	广播电台设备	1000W 调频广播发射机（ZHC618F-1000W）	套	1	/
002	广播电台设备	三星电脑显示器（S19F350HN）	台	1	/
003	广播电台设备	先科 DVD（PDVD-788A）	台	1	/
004	广播电台设备	调频发射天线（TK-06）	套	1	/
005	账簿	黑色封面笔记本账簿（申士纸品系列 0068-1）	本	1	/

以上物品，清单与实物一致。

执法人员签名及执法证号：*周某（3714××001）*　*李某（3714××002）*

见证人：/

某县文化市场综合执法局（印章）

2016 年 2 月 2 日

本清单已于 <u>*2016*</u> 年 <u>*2*</u> 月 <u>*2*</u> 日 <u>*14*</u> 时 <u>*00*</u> 分收到。

签收人签名或者盖章：*张某（手印）*　联系电话：1340000××××

该清单已依法送达，由当事人吴某的工作人员张某签收。

执法人员：*周某（3714××001）*　*李某（3714××002）*

（本清单一式三份，一份随案，一份备存，一份送达当事人。）

调查询问通知书

吴某：

因涉嫌擅自设立广播电台，请你（单位）于 2016 年 2 月 4 日 09 时 00 分到某县文化市场综合执法局接受调查询问，并携带下列证件材料：

☑被询问人的有效身份证件；

☑经营许可证；

☑营业执照；

☑法定代表人或负责人身份证明；

☑如委托他人前来，须出具有效的授权委托书及被委托人的有效身份证明；

□其他：__/__。

如无法按时前来，请及时联系。

联系人：周某　李某

联系电话：05××-52×××××

某县文化市场综合执法局（印章）

2016 年 2 月 4 日

本通知书已于 2016 年 2 月 4 日 08 时 30 分收到。

签收人签名或者盖章：吴某（手印）　联系电话：1586666××××

调查询问笔录

调查询问事项:吴某涉嫌擅自设立广播电台
第几次询问:第一次询问
调查询问时间:2016 年 2 月 4 日 09 时 00 分至 09 时 30 分
调查询问地点:某县文化市场综合执法局 6 楼调查询问室
调查询问人:周某(3714××001) 李某(3714××002)
被调查询问人:吴某 **性别:**男 **出生年月:**19××年××月××日
住址:某市某县某小区 5 号楼 4 单元 402 室(某市某县某路××号)
工作单位:某市某县宁旺药铺(某市某县某小区院内)
证件名称及号码:身份证 371422000000000000 **电话:**1586666××××
见证人:/ **证件名称及号码:**/
记录人:李某
询问内容:

问:你好,我们是某县文化市场综合执法局的行政执法人员,周某(3714××001)、李某(3714××002),正在执行公务,这是我们的文化市场行政执法证(出示证件),你看清楚了吗?

答:好的,你们的执法证件我看清楚了。

问:关于你涉嫌擅自设立广播电台一案,我们依法对你进行调查询问,请你如实回答。在场进行调查询问的执法人员,你认为如有需要回避的,请申请回避。

答:不需要回避。

问:在今天的调查过程中,你应如实提供有关资料,应如实回答我们的提问,不得隐瞒事实、说谎话、作伪证,否则是要承担法律责任的。但对与案件无关的问题你有权拒绝回答,同时对有关问题你有权进行陈述或申辩。你听清楚了吗?

答:听清楚了。我会如实讲的。

问:请你介绍一下你的基本情况?

答:我叫吴某,性别男,19××年××月××日出生,身份证号码是 371422000000000000,电话是 1586666××××,住址是某市某县某小区 5 号楼 4 单元 402 室(某市某县某路××号),某市某县宁旺药铺(某市某县某小区院内)。

问:我局执法人员于 2016 年 2 月 1 日依法对某县某路某小区 2 单元 2802 室进行现场检查时,你在现场吗?

答:执法人员依法检查时,我不在现场。

问:你是某县某路某小区 2 单元 2802 室的业主吗? 业主是谁?

答:我不是某县某路某小区 2 单元 2802 室的业主,业主是李某。

问:你与某县某路某小区 2 单元 2802 室的业主李某是什么关系?

答:我与某县某路某小区 2 单元 2802 室的业主李某是房屋租赁关系,2015 年 8 月 30 日我与李某签订

被调查询问人:*吴某(手印)* 调查询问人:*周某(3714××001)* *李某(3714××002)*

了租赁某县某路某小区2单元2802室的房屋租赁协议,租期是2015年8月30日至2016年2月29日。

问:2016年2月1日,执法人员依法检查某县某路某小区2单元2802室时,谁在使用此房?

答:执法人员检查时,我正在使用某县某路某小区2单元2802室,我在某县某路某小区2单元2802室内设立的电台正在播放我预先设置好的销售药品"肾宝胶囊"的广告。

问:2016年2月1日,执法人员对某县某路某小区2单元2802室依法检查,发现室内有广播发射机、电脑、先科DVD、天线等,这些设备是谁的,用途是什么?

答:2016年2月1日,执法人员对某县某路某小区2单元2802室依法检查,发现室内有广播发射机、电脑、先科DVD、天线等设备是我的,我用这些设备设立一个广播电台,用广播发射机来播放销售药品广告。

问:这是2016年2月1日,某县文化市场综合执法局的执法人员对某县某路某小区2单元2802室依法检查的录像及照片,执法人员在室内发现有广播发射机、电脑、先科DVD、天线等,执法人员进入现场时这些广播设备正在播放销售"肾宝胶囊"的广告。请核实:这些广播设备是否是你在某县某路某小区2单元2802室安装并使用的?其中播放的销售广告是否是你所销售的药品?请核实内容真实性,如果真实有效,请签字确认。(执法人员将现场检查录像及照片交吴某核实确认)

答:2016年2月1日,某县文化市场综合执法局的执法人员对某县某路某小区2单元2802室依法检查发现有广播发射机、电脑、先科DVD、天线等广播设备是我在某县某路某小区2单元2802室安装并使用的,执法人员检查时该设备正在播放的销售"肾宝胶囊"广告是我正在销售的药品。执法人员依法检查的取证照片情况属实。(已签字确认)

问:你与张某是什么关系?

答:张某是我雇佣的工作人员,他负责帮助我送货,送我设立的电台上面广播销售的药。

问:你什么时候开始在某县某路某小区2单元2802室设立电台?

答:2015年9月10日开始在某县某路某小区2单元2802室设立电台。

问:你在某县某路某小区2单元2802室涉嫌擅自设立的播放药品销售广告广播电台的频率是什么?

答:我在某县某路某小区2单元2802室涉嫌擅自设立的播放药品销售广告广播电台的频率是FM96.6。

问:你何时使用涉嫌擅自设立的频率是FM96.6的广播电台播放销售药品广告的?

答:2015年9月11日开始使用我自己设立的频率是FM96.6的广播电台播放销售药品广告的。

问:你在某县某路某小区2单元2802室涉嫌擅自设立的广播电台覆盖的地域范围有多大?

答:我自己在某县某路某小区2单元2802室内设立的这个频率为FM96.6的广播电台,覆盖范围包括某县及其周边的某一县、某二县。

问:频率为FM96.6广播电台是否影响正常电台的播放?播放延续时间多长?

答:我设立的频率为FM96.6的广播电台不影响正常电台的播放,是单独设立的一个频率。我大约在2015年9月开始用广播发射机,用来播放销售"肾宝胶囊"广告,自从使用开始,全天24小时不间断播放。

问:你在某县某路某小区2单元2802室安装的广播发射机的型号是什么?广播发射机、电脑、先科DVD、天线在哪里购买的?这套广播电台设施价值多少?总投资多少?请出示相关发票。

答:广播发射机是1000W调频广播发射机(ZHC618F-1000W),电脑显示屏是三星(S19F350HN)电脑显示器,DVD是先科DVD(PDVD-788A),发射天线是调频发射天线(TK-06)。广播发射机、电脑、先科DVD、天线在通过网络购买的,这全套广播电台设施价值5000元人民币。我设立这个频率为FM96.6的广播电台,总投资为5000元人民币。这是设立执法人员所查获的广播电台设备总投资的发票。(交予执法人员)

被调查询问人:*吴某(手印)* 调查询问人:*周某(3714××001)* *李某(3714××002)*

共3页 第2页

问：这是我局执法人员于2016年2月2日依法检查发现的张某用来记录因收听FM96.6的广播电台播放的“肾宝胶囊”广告而订购“肾宝胶囊”消费者的地址、电话、订购数量及收到的货款的壹本账簿，请核实内容真实性，如果真实有效，请签字确认。

答：执法人员依法检查发现的张某用来记录因收听FM96.6的广播电台播放的“肾宝胶囊”广告而订购“肾宝胶囊”消费者的地址、电话、订购数量及收到的货款的壹本账簿，我已看过，内容真实有效。（已签字确认）

问：你通过在某县某路某小区2单元2802室的广播电台所销售的药品“肾宝胶囊”所涉及的地域范围有哪些？已经销售了多少“肾宝胶囊”？如何收费？是否还有剩余“肾宝胶囊”？

答：销售范围有某县的A镇、B镇、C镇、D镇、E镇、F镇等6个乡镇。截至执法人员发现，我销售的每盒30元人民币“肾宝胶囊”，已有11万余元的销售额。还有13大箱“肾宝胶囊”存货，一大箱中有600盒，都存放在某县开发区某工厂的3号仓库中。

问：你还有什么补充的吗？

答：没有。

问：请认真阅读这份调查询问笔录，如果情况属实，请签字。

答：（阅读后）情况属实，与我表述和意思表达一致，我签字。

被调查询问人：吴某（手印） 调查询问人：周某（3714××001） 李某（3714××002）

现场检查(勘验)取证

2016 年 2 月 1 日 10 时 00 分至 12 时 30 分,某县文化市场综合执法局执法人员联合市无线电管理委员会技术人员,依法查听电台,发现某县某路附近有一非法电台。某县文化执法局执法人员赶赴某县某路进行进一步检查,初步确定该涉嫌擅自设立的广播电台安放地点为某县某路某小区 2 单元 2802 室。执法人员在对该房屋业主李某及某小区物业人员依法出示执法证件后,在公安机关协助下,对某县某路某小区 2 单元 2802 室进行依法检查。执法人员现场取证,共拍摄照片 8 张。当事人、执法人员对每张照片逐一签字确认后,存入本案卷(示范案卷略)。

现场检查发现的账簿复印件

（示范案卷略）

用于证明吴某擅自设立广播电台并利用此非法电台销售“肾宝胶囊”保健品的数量及销售货款。

该复印件与原件一致。 张某（手印） 2016年2月2日

该复印件与原件一致。 吴某（手印） 2016年2月4日

当事人吴某擅自设立广播电台设备总投资的发票复印件

（示范案卷略）

用于证明某县文化市场综合执法局对吴某涉嫌擅自设立广播电台案吴某设立广播电台设备总投资数额。

该复印件与原件一致。 吴某（手印） 2016年2月4日

租房协议复印件

（示范案卷略）

用于证明某县文化市场综合执法局对吴某涉嫌擅自设立广播电台案李某与吴某之间为租赁关系。

该复印件与原件一致。 李某（手印） 2016年2月1日

李某身份证复印件

正面
（示范案卷略）

反面
（示范案卷略）

用于证明某县文化市场综合执法局对吴某涉嫌擅自设立广播电台案中李某的主体信息证据。

该复印件与原件一致。 李某（手印） 2016年2月1日

张某身份证复印件

正面
（示范案卷略）

反面
（示范案卷略）

用于证明某县文化市场综合执法局对吴某涉嫌擅自设立广播电台案中张某的主体信息证据。

该复印件与原件一致。 张某（手印） 2016年2月2日

吴某身份证复印件

正面 （示范案卷略）

反面 （示范案卷略）

用于证明某县文化市场综合执法局对吴某涉嫌擅自设立广播电台案中吴某的主体信息证据。

该复印件与原件一致。 吴某（手印） 2016 年 2 月 4 日

案件调查终结审批表

（某）文终字〔2016〕第×××号

案　由	擅自设立广播电台
当事人的基本情况	姓名：吴某　性别：男　出生年月：19××年×月×日 住址：某市某县某小区5号楼4单元402室（某市某县某路××号） 工作单位：某市某县宁旺药铺（某市某县某小区院内） 身份证号码：371422000000000000　电话：1586666××××
调查经过	2016年2月1日，某市文化市场综合执法局接群众举报，称某县及周边有一个陌生的广播频道FM96.6MHz，全天候播放违禁药物广告，内容低俗，市局立即将该举报转发至我局，要求我局对此案严肃查处。2月1日10时00分至12时30分，某县文化市场综合执法局执法人员联合市无线电管理委员会技术人员，依法查听电台，发现某县某路附近有一非法电台。某县文化执法局执法人员赶赴某县某路进行进一步检查，初步确定该涉嫌擅自设立的广播电台安放地点为某县某路某小区2单元2802室。执法人员在对该房屋业主李某及某小区物业人员依法出示执法证件后，在公安机关协助下，对某县某路某小区2单元2802室进行依法检查。执法人员进入室内，发现正在运行的1000W调频广播发射机（ZHC618F-1000W）壹套、三星（S19F350HN）电脑显示器壹台、先科DVD（PDVD-788A）壹台，以及在该楼楼顶的调频发射天线（TK-06）壹套，且该套广播设备正在循环播放销售“肾宝胶囊”药品的广告，其广播频道为FM96.6MHz。经技术人员进一步核实，发现该广播频率未经审批。经执法人员与该房屋业主李某核实，该房屋为李某出租给吴某使用，房间内所有广播电台设施都非业主李某所有。经小区物业人员和业主李某证明，初步确定吴某涉嫌擅自设立广播电台，其行为涉嫌违反了《广播电视管理条例》第十条第一款的规定。 2月1日，经批准依法对本案予以立案。当日，执法人员依法对此广播电台设备安放地房屋某县某路某小区2单元2802室的房东李某进行调查询问。 2月2日，执法人员依法查找到当事人吴某雇佣人员张某。张某主动交予执法人员其记录的当事人吴某利用此非法电台销售“肾宝胶囊”保健品的数量及销售货款的壹本账簿。通过对张某进行调查询问，发现当事人吴某擅自设立广播电台，并发现吴某在没有取得药品经营许可证的情况下，利用该非法电台销售“肾宝胶囊”保健品。结合所查获的账簿，并根据张某提供的吴某存放“肾宝胶囊”保健品仓库地址，执法人员进一步进行调查核实，发现吴某利用该非法电台销售“肾宝胶囊”保健品涉案金额达11万余元，涉嫌构成非法经营犯罪。2月2日，执法人员将吴某涉嫌非法经营罪案相关案件材料移送某县公安局。当日，公安机关以非法经营罪对吴某立案。某县文化市场综合执法局对吴某擅自设立广播电台继续调查。 2月4日，当事人吴某被公安机关依法抓获。当日，某县文化执法局对被某县公安局刑警依法逮捕后处于取保候审阶段的当事人吴某进行调查询问。

<table>
<tr><td>违法事实
证据记录</td><td>经依法调查，现查明违法事实如下：当事人在某县某路某小区2单元2802室擅自设立广播电台。该违法电台的设备有广播发射器壹套、电脑显示器壹台、先科DVD壹台、发射天线壹套，设立该违法电台的投资额为5000元人民币。
以上违法事实，有以下证据证实：
1. 当事人吴某雇佣人员张某的调查询问笔录1份，检查发现的广播电台设备安放地房屋即某县某路某小区2单元2802室的房东李某的调查询问笔录1份，当事人吴某的调查询问笔录1份，执法人员依法检查时发现的广播电台的设备的照片5份，记录当事人吴某利用此非法电台销售“肾宝胶囊”保健品的数量及销售货款的账簿复印件1份，当事人吴某擅自设立广播电台设备总投资的发票1份，设施证明当事人吴某擅自设立广播电台，并利用该非法广播涉嫌从事非法经营犯罪行为，且投资总额为5000元人民币。
2. 编号为(某)文检(勘)字〔2016〕第×××-1号的现场检查(勘验)笔录1份，编号为(某)文保字〔2016〕第×××-1号的证据先行登记保存通知书1份，编号(某)文检(勘)字〔2016〕第×××-2号的现场检查(勘验)笔录1份，编号为(某)文保字〔2016〕第×××-2号的证据先行登记保存通知书1份，现场检查照片3份，证明当事人吴某擅自设立广播电台违法行为和执法人员2016年2月1日和2月2日执法内容和取得证据的合法性。
3. 当事人吴某与某县某路某小区2单元2802室的房东李某签订的租赁某县某路某小区2单元2802室的租房协议1份，证明执法人员所发现的非法电台的设备在某县某路某小区2单元2802室，当事人吴某租赁此民居是用于设立非法广播电台的。
4. 当事人吴某身份证复印件1份，当事人吴某雇佣人员张某身份证复印件1份，某县某路某小区2单元2802室的房东李某身份证复印件1份，证明上述人员身份。
5. 编号为(某)文移字〔2016〕第×××号的案件移送函1份，案件移送单1份，编号为(某)文保告字〔2016〕第×××号的证据先行登记保存处理告知书1份，证明执法人员依法查获的非法广播电台设备及账簿目前移送公安机关，便于公安机关侦查取证。</td></tr>
<tr><td>处罚依据</td><td>《广播电视管理条例》第四十七条第一款</td></tr>
<tr><td>处理建议</td><td>根据以上事实和证据认为，当事人擅自设立广播电台的违法行为，事实清楚，证据确凿。当事人违反了《广播电视管理条例》第十条第一款的规定，应依据《广播电视管理条例》第四十七条第一款的规定予以处罚。执法人员通过调查取证，了解当事人擅自设立广播电台的投资额为5000元人民币，且为初次擅自设立广播电台。又因当事人利用该非法电台销售“肾宝胶囊”保健品，涉案金额达11万余元，涉嫌构成非法经营犯罪。2月2日，执法人员将吴某涉嫌非法经营罪案相关案件材料移送某县公安局。执法人员依法查获的非法广播电台设备包括：1000W调频广播发射机(ZHC618F-1000W)壹套、三星(S19F350HN)电脑显示器壹台、先科DVD(PD-VD-788A)壹台、调频发射天线(TK-06)壹套。另有黑色封面笔记本账簿(申士纸品系列0068-1)壹本，也作为涉案犯罪工具和证据一并移送。当日，公安机关对吴某以非法经营罪立案。我局对吴某擅自设立广播电台继续调查。现建议依法取缔擅自设立的广播电台，并给予当事人罚款人民币5000元整的行政处罚。
承办人：周某　李某　　　　2016年2月5日</td></tr>
</table>

办案部门 意　见	同意。 负责人:宋某　　　　2016年2月5日
法制部门 意　见	鉴于给予罚款5000元的处罚建议及案件性质的特殊性,提请进行集体讨论。 负责人:刘某　　　　2016年2月5日
承办机构 意　见	/ 负责人:　　　　年　月　日
行政处罚 实施机关 意　见	同意。 负责人:李某某　　　　2016年2月5日

案件集体讨论笔录

案由:擅自设立广播电台　**案号**:(某)文罚字〔2016〕第×××号

时间:2016年2月5日10时00分至11时00分

地点:某县文化市场综合执法局6楼会议室

集体讨论原因:因拟处较大数额罚款的行政处罚

主持人及其职务:李某某(局长)　**记录人**:李某

参加人员及其职务:刘某(副局长)　宋某(副局长)　王某(扫黄打非工作科科长)　赵某(教育督查科科长)　周某(稽查一队队长)

案情介绍及初步意见:

李某:2016年2月1日,某市文化市场综合执法局接群众举报,称某县及周边有一个陌生的广播频道FM96.6MHz,全天候播放违禁药物广告,内容低俗,市局立即将该举报转发至我局,要求我局对此案严肃查处。2月1日10时00分至12时30分,某县文化市场综合执法局执法人员联合市无线电管理委员会技术人员,依法查听电台,发现某县某路附近有一非法电台。某县文化执法局执法人员赶赴某县某路进行进一步检查,初步确定该涉嫌擅自设立的广播电台安放地点为某县某路某小区2单元2802室。执法人员在对该房屋业主李某及某小区物业人员依法出示执法证件后,在公安机关协助下,对某县某路某小区2单元2802室进行依法检查。执法人员进入室内,发现正在运行的1000W调频广播发射机(ZHC618F-1000W)壹套、三星(S19F350HN)电脑显示器壹台、先科DVD(PDVD-788A)壹台,以及在该楼楼顶的调频发射天线(TK-06)壹套,且该套广播设备正在循环播放销售“肾宝胶囊”药品的广告,其广播频道为FM96.6MHz。经技术人员进一步核实,发现该广播频率未经审批。经执法人员与该房屋业主李某核实,该房屋为李某出租给吴某使用,房间内所有广播电台设施都非业主李某所有。经小区物业人员和业主李某证明,初步确定吴某涉嫌擅自设立广播电台,其行为涉嫌违反了《广播电视管理条例》第十条第一款的规定。

2月1日,经批准依法对本案予以立案。当日,执法人员依法对此广播电台设备安放地房屋某县某路某小区2单元2802室的房东李某进行调查询问。

2月2日,执法人员依法查找到当事人吴某雇佣人员张某。张某主动交予执法人员其记录的当事人吴某利用此非法电台销售“肾宝胶囊”保健品的数量及销售货款的壹本账簿。通过对张某进行调查询问,发现当事人吴某擅自设立广播电台,并发现吴某在没有取得药品经营许可证的情况下,利用该非法电台销售“肾宝胶囊”保健品。结合所查获的账簿,并根据张某提供的吴某存放“肾宝胶囊”保健品仓库地址,执法人员进一步进行调查核实,发现吴某利用该非法电台销售“肾宝胶囊”保健品涉案金额达11万余元,涉嫌构成非法经营犯罪。2月2日,执法人员将吴某涉嫌非法经营罪案相关案件材料移送某县公安局。当日,公安机关以非法经营罪对吴某立案。某县文化市场综合执法局对吴某擅自设立广播电台继续调查。2月4日,当事人吴某被公安机关依法抓获。当日,某县文化执法局对被某县公安局刑警依法逮捕后处于取保候审阶段的当事人吴某进行调查询问。2月5日,本案调查终结。

经依法调查,现查明违法事实如下:当事人在某县某路某小区2单元2802室擅自设立广播电台。该

参加人员签名:李某某　刘某　宋某　王某　赵某　周某　李某

共3页　第1页

违法电台的设备有广播发射器壹套、电脑显示器壹台、先科 DVD 壹台、发射天线壹套，设立该违法电台的投资额为 5000 元人民币。

以上违法事实，有以下证据证实：

1. 当事人吴某雇佣人员张某的调查询问笔录 1 份，检查发现的广播电台设备安放地房屋，即某县某路某小区 2 单元 2802 室的房东李某的调查询问笔录 1 份，当事人吴某的调查询问笔录 1 份，执法人员依法检查时发现的广播电台的设备的照片 5 份，记录当事人吴某利用此非法电台销售“肾宝胶囊”保健品的数量及销售货款的账簿复印件 1 份，当事人吴某擅自设立广播电台设备总投资的发票 1 份，证明当事人吴某擅自设立广播电台，并利用该非法广播涉嫌从事非法经营犯罪行为，且投资总额为 5000 元人民币。

2. 编号为(某)文检(勘)字〔2016〕第×××-1 号的现场检查(勘验)笔录 1 份，编号为(某)文保字〔2016〕第×××-1 号的证据先行登记保存通知书 1 份，编号为(某)文检(勘)字〔2016〕第×××-2 号的现场检查(勘验)笔录 1 份，编号为(某)文保字〔2016〕第×××-2 号的证据先行登记保存通知书 1 份，现场检查照片 3 份，证明当事人吴某擅自设立广播电台违法行为和执法人员 2016 年 2 月 1 日和 2 月 2 日执法内容和取得证据的合法性。

3. 当事人吴某与某县某路某小区 2 单元 2802 室的房东李某签订的租赁某县某路某小区 2 单元 2802 室的租房协议 1 份，证明执法人员所发现的非法电台的设备在某县某路某小区 2 单元 2802 室，当事人吴某租赁此民居是用于设立非法广播电台的。

4. 当事人吴某身份证复印件 1 份，当事人吴某雇佣人员张某身份证复印件 1 份，某县某路某小区 2 单元 2802 室的房东李某身份证复印件 1 份，证明上述人员身份。

5. 编号为(某)文移字〔2016〕第×××号的案件移送函 1 份，案件移送单 1 份，编号为(某)文保告字〔2016〕第×××号的证据先行登记保存处理告知书 1 份，证明执法人员依法查获的非法广播电台设备及账簿目前移送公安机关，便于公安机关侦查取证。

根据以上事实和证据，本机关认为：

当事人擅自设立广播电台的违法行为，事实清楚，证据确凿。当事人违反了《广播电视管理条例》第十条第一款的规定，应依据《广播电视管理条例》第四十七条第一款的规定予以处罚。执法人员通过调查取证，了解当事人擅自设立广播电台的投资额为 5000 元人民币，且为初次擅自设立广播电台。又因当事人利用该非法电台销售“肾宝胶囊”保健品，涉案金额达 11 万余元，涉嫌构成非法经营犯罪。2 月 2 日，执法人员将吴某涉嫌非法经营罪案相关案件材料移送某县公安局。执法人员依法查获的非法广播电台设备包括：1000W 调频广播发射机(ZHC618F-1000W)壹套、三星(S19F350HN)电脑显示器壹台、先科 DVD(PDVD-788A)壹台、调频发射天线(TK-06)壹套。另有黑色封面笔记本账簿(申士纸品系列 0068-1)壹本，也作为涉案犯罪工具和证据一并移送。当日，公安机关以非法经营罪对吴某立案。某县文化市场综合执法局对吴某擅自设立广播电台继续调查。

综上，建议依法取缔擅自设立的广播电台，并给予当事人罚款人民币 5000 元整的行政处罚。

参加讨论人员意见和理由：

李某某：今天对吴某擅自设立广播电台案的处理进行集体讨论，以上是该案的案情介绍与初步意见，现请各位根据该案的案情与调查结果发表对吴某的行政处罚意见。

刘某：吴某擅自设立广播电台的违法行为，扰乱了广播电视管理秩序，对文化市场造成不良影响，对这种违法行为一定要依法处罚。我同意办案人员意见，依法取缔擅自设立的广播电台，并给予当事人罚款人民币 5000 元整的行政处罚。

宋某：此案的违法事实清楚，办案人员依法调查取得的证据确凿充分，办案的程序合法，适用法规正确，处罚幅度合理。我同意依法取缔擅自设立的广播电台，并给予当事人罚款人民币 5000 元整的行政处罚。

参加人员签名：李某某　刘某　宋某　王某　赵某　周某　李某

共 3 页　第 2 页

王某：本案事实清楚，证据确凿，适用法规正确。我同意依法取缔擅自设立的广播电台，并给予当事人罚款人民币 5000 元整的行政处罚。

赵某：我同意办案人员处理意见，依法取缔擅自设立的广播电台，并给予当事人罚款人民币 5000 元整的行政处罚。

李某某：吴某擅自设立广播电台的违法行为所产生的社会影响确实很坏，在促进社会主义文化大繁荣大发展的今天，全国各省、市严厉打击违规从事广播电视活动，清理广播电视市场内违法违规行为。在我局通过电视、广播等多种方式宣传普及广播电视行业相关法律规定的前提下，吴某擅自设立广播电台，知法犯法。为了使我们的文化市场规范有序，对这种违法行为必须依法查处。我听了同志们的介绍和意见，我同意依法取缔擅自设立的广播电台，并给予当事人罚款人民币 5000 元整的行政处罚。

结论性意见：

经集体讨论，一致同意办案人员的处理意见，拟依法取缔擅自设立的广播电台，并给予当事人罚款人民币 5000 元整的行政处罚。

参加人员签名：李某某　刘某　宋某　王某　赵某　周某　李某

共 3 页　第 3 页

行政处罚事先告知书

（某）文罚告字〔2016〕第×××号

当事人：吴某

你因擅自设立广播电台，违反了《广播电视管理条例》第十条第一款的规定，本机关拟依法取缔擅自设立的广播电台，并给予当事人罚款人民币5000元整的行政处罚。根据《中华人民共和国行政处罚法》第三十一条的规定，现告知本机关拟作出上述行政处罚的事实、理由和依据如下：

2016年2月1日，某市文化市场综合执法局接群众举报，称某县及周边有一个陌生的广播频道FM96.6MHz，全天候播放违禁药物广告，内容低俗，市局立即将该举报转发至我局，要求我局对此案严肃查处。2月1日10时00分至12时30分，某县文化市场综合执法局执法人员联合市无线电管理委员会技术人员，依法查听电台，发现某县某路附近有一非法电台。某县文化执法局执法人员赶赴某县某路进行进一步检查，初步确定该涉嫌擅自设立的广播电台安放地点为某县某路某小区2单元2802室。执法人员在对该房屋业主李某及某小区物业人员依法出示执法证件后，在公安机关协助下，对某县某路某小区2单元2802室进行依法检查。执法人员进入室内，发现正在运行的1000W调频广播发射机（ZHC618F-1000W）壹套、三星（S19F350HN）电脑显示器壹台、先科DVD（PDVD-788A）壹台，以及在该楼楼顶的调频发射天线（TK-06）壹套，且该套广播设备正在循环播放销售"肾宝胶囊"药品的广告，其广播频道为FM96.6MHz。经技术人员进一步核实，发现该广播频率未经审批。经执法人员与该房屋业主李某核实，该房屋为李某出租给吴某使用，房间内所有广播电台设施都非业主李某所有。经小区物业人员和业主李某证明，初步确定吴某涉嫌擅自设立广播电台，其行为涉嫌违反了《广播电视管理条例》第十条第一款的规定。

2月1日，经批准依法对本案予以立案。当日，执法人员依法对此广播电台设备安放地房屋某县某路某小区2单元2802室的房东李某进行调查询问。

2月2日，执法人员依法查找到当事人吴某雇佣人员张某。张某主动交予执法人员其记录的当事人吴某利用此非法电台销售"肾宝胶囊"保健品的数量及销售货款的壹本账簿。通过对张某进行调查询问，发现当事人吴某擅自设立广播电台，并发现吴某在没有取得药品经营许可证的情况下，利用该非法电台销售"肾宝胶囊"保健品。结合所查获的账簿，并根据张某提供的吴某存放"肾宝胶囊"保健品仓库地址，执法人员进一步进行调查核实，发现吴某利用该非法电台销售"肾宝胶囊"保健品涉案金额达11万余元，涉嫌构成非法经营犯罪。2月2日，执法人员将吴某涉嫌非法经营罪案相关案件材料移送某县公安局。当日，公安机关以非法经营罪对吴某立案。某县文化市场综合执法局对吴某擅自设立广播电台继续调查。2月4日，当事人吴某被公安机关依法抓获。当日，某县文化执法局对被某县公安局刑警依法逮捕后处于取保候审阶段的当事人吴某进行调查询问。2月5日，本案调查终结。

经依法调查，现查明违法事实如下：当事人在某县某路某小区2单元2802室擅自设立广播电台。该违法电台的设备有广播发射器壹套、电脑显示器壹台、先科DVD壹台、发射天线壹套，设立该违法电台的投资额为5000元人民币。

以上违法事实，有以下证据证实：

1. 当事人吴某雇佣人员张某的调查询问笔录1份，检查发现的广播电台设备安放地房屋，即某县某路某小区2单元2802室的房东李某的调查询问笔录1份，当事人吴某的调查询问笔录1份，执法人员依法检查时发现的广播电台的设备的照片5份，记录当事人吴某利用此非法电台销售"肾宝胶囊"保健品的数量及销售货款的账簿复印件 1 份，当事人吴某擅自设立广播电台设备总投资的发票 1 份，证明当事人吴某擅自设立广播电台，并利用该非法广播涉嫌从事非法经营犯罪行为，且投资总额为 5000 元人民币。

2. 编号为（某）文检（勘）字〔2016〕第×××-1 号的现场检查（勘验）笔录 1 份，编号为（某）文保字〔2016〕第×××-1 号的证据先行登记保存通知书 1 份，编号为（某）文检（勘）字〔2016〕第×××-2 号的现场检查（勘验）笔录 1 份，编号为（某）文保字〔2016〕第×××-2 号的证据先行登记保存通知书 1 份，现场检查照片 3 份，证明当事人吴某擅自设立广播电台违法行为和执法人员 2016 年 2 月 1 日和 2 月 2 日执法内容和取得证据的合法性。

3. 当事人吴某与某县某路某小区 2 单元 2802 室的房东李某签订的租赁某县某路某小区 2 单元 2802 室的租房协议 1 份，证明执法人员所发现的非法电台的设备在某县某路某小区 2 单元 2802 室，当事人吴某租赁此民居是用于设立非法广播电台的。

4. 当事人吴某身份证复印件 1 份，当事人吴某雇佣人员张某身份证复印件 1 份，某县某路某小区 2 单元 2802 室的房东李某身份证复印件 1 份，证明上述人员身份。

5. 编号为（某）文移字〔2016〕第×××号的案件移送函 1 份，案件移送单 1 份，编号为（某）文保告字〔2016〕第×××号的证据先行登记保存处理告知书 1 份，证明执法人员依法查获的非法广播电台设备及账簿目前移送公安机关，便于公安机关侦查取证。

根据以上事实和证据，本机关认为：

当事人擅自设立广播电台的违法行为，事实清楚，证据确凿。当事人违反了国务院《广播电视管理条例》第十条第一款“广播电台、电视台由县、不设区的市以上人民政府广播电视行政部门设立，其中教育电视台可以由设区的市、自治州以上人民政府教育行政部门设立，其他任何单位和个人不得设立广播电台、电视台”的规定，应依据国务院《广播电视管理条例》第四十七条第一款“违反本条例规定，擅自设立广播电台、电视台、教育电视台、有线广播电视传输覆盖网、广播电视站的，由县级以上人民政府广播电视行政部门予以取缔，没收其从事违法活动的设备，并处投资总额 1 倍以上 2 倍以下的罚款”的规定予以处罚。执法人员通过调查取证，了解当事人擅自设立广播电台的投资额为 5000 元人民币，且为初次擅自设立广播电台。又因当事人利用该非法电台销售“肾宝胶囊”保健品，涉案金额达 11 万余元，涉嫌构成非法经营犯罪。2 月 2 日，执法人员将吴某涉嫌非法经营罪案相关案件材料移送某县公安局。执法人员依法查获的非法广播电台设备包括：1000W 调频广播发射机（ZHC618F-1000W）壹套、三星（S19F350HN）电脑显示器壹台、先科 DVD（PDVD-788A）壹台、调频发射天线（TK-06）壹套。另有黑色封面笔记本账簿（申士纸品系列 0068-1）壹本，也作为涉案犯罪工具和证据一并移送。2016 年 2 月 5 日，本案调查终结。2 月 5 日，经过本机关集体讨论，拟决定取缔擅自设立的广播电台，并给予当事人罚款人民币 5000 元整的行政处罚。

同时，根据《中华人民共和国行政处罚法》第三十一条、第三十二条的规定，你有就本案进行陈述和申辩的权利，现予告知。请在接到本告知书之日起 3 日内向本机关提出陈述和申辩。

其中对你拟作出罚款人民币 5000 元整的行政处罚，符合听证条件，依据《中华人民共和国行政处罚法》第四十二条的规定，你有要求听证的权利。如你要求听证，应当在收到本告知书之日起 3 日内向本机关提出，逾期视为放弃听证权利。

联系人：周某　李某

联系电话：05××-52×××××

联系地址：某市某县正阳路 63 号（某县文化市场综合执法局）

某县文化市场综合执法局（印章）

2016 年 2 月 5 日

（本告知书一式三份，一份随案，一份备存，一份送达当事人。）

送达回证

(某)文送字〔2016〕第×××-1号

案　由	擅自设立广播电台
送达文件 名称及字号	行政处罚事先告知书 (某)文罚告字〔2016〕第×××号
受送达人	吴某
送达方式	直接送达
送达地点	某市某县某小区5号楼4单元402室(某市某县某路××号)
受送达人或 代收人签名 盖章	吴某(手印) 2016年2月5日
见证人签名	/ 年　月　日
送达人签名	周某(3714××001)　李某(3714××002) 某县文化市场综合执法局(印章) 2016年2月5日
备　注	/

注:1.受送达人不在时,可由其单位或同住的成年家属签收。

2.受送达人拒收时,送达人应记明拒收理由及日期,由送达人或两名以上见证人签名或者盖章,将送达文书留在受送达人的住所,即视为送达。

处罚决定审批表

(某)文罚审字〔2016〕第×××号

<table>
<tr><td colspan="2">案件来源</td><td colspan="6">上级交办</td></tr>
<tr><td colspan="2">案　由</td><td colspan="6">擅自设立广播电台</td></tr>
<tr><td rowspan="4">当事人</td><td rowspan="2">单位</td><td>名称</td><td></td><td colspan="2">法定代表人或负责人</td><td colspan="2"></td></tr>
<tr><td>地址</td><td colspan="3"></td><td>电话</td><td></td></tr>
<tr><td rowspan="2">个人</td><td>姓名</td><td>吴某</td><td>性别</td><td>男</td><td>电话</td><td>1586666××××</td></tr>
<tr><td>地址</td><td>某市某县某路××号</td><td colspan="2">证件名称及号码</td><td colspan="2">身份证:371422000000000000</td></tr>
<tr><td colspan="2">案情概要</td><td colspan="6">2016 年 2 月 1 日,某市文化市场综合执法局接群众举报,称某县及周边有一个陌生的广播频道 FM96.6MHz,全天候播放违禁药物广告,内容低俗,市局立即将该举报转发至我局,要求我局对此案严肃查处。2 月 1 日 10 时 00 分至 12 时 30 分,某县文化市场综合执法局执法人员联合市无线电管理委员会技术人员,依法查听电台,发现某县某路附近有一非法电台。某县文化执法局执法人员赶赴某县某路进行进一步检查,初步确定该涉嫌擅自设立的广播电台安放地点为某县某路某小区 2 单元 2802 室。执法人员在对该房屋业主李某及某小区物业人员依法出示执法证件后,在公安机关协助下,对某县某路某小区 2 单元 2802 室进行依法检查。执法人员进入室内,发现正在运行的 1000W 调频广播发射机(ZHC618F-1000W)壹套、三星(S19F350HN)电脑显示器壹台、先科 DVD(PDVD-788A)壹台,以及在该楼楼顶的调频发射天线(TK-06)壹套,且该套广播设备正在循环播放销售“肾宝胶囊”药品的广告,其广播频道为 FM96.6MHz。经技术人员进一步核实,发现该广播频率未经审批。经执法人员与该房屋业主李某核实,该房屋为李某出租给吴某使用,房间内所有广播电台设施都非业主李某所有。经小区物业人员和业主李某证明,初步确定吴某涉嫌擅自设立广播电台,其行为涉嫌违反了《广播电视管理条例》第十条第一款的规定。
2 月 1 日,经批准依法对本案予以立案。当日,执法人员依法对此广播电台设备安放地房屋某县某路某小区 2 单元 2802 室的房东李某进行调查询问。
2 月 2 日,执法人员依法查找到当事人吴某雇佣人员张某。张某主动交予执法人员其记录的当事人吴某利用此非法电台销售“肾宝胶囊”保健品的数量及销售货款的壹本账簿。通过对张某进行调查询问,发现当事人吴某擅自设立广播电台,并发现吴某在没有取得药品经营许可证的情况下,利用该非法电台销售“肾宝胶囊”保健品。结合所查获的账簿,并根据张某提供的吴某存放“肾宝胶囊”保健品仓库地址,执法人员进一步进行调查核实,发现吴某利用该非法电台销售“肾宝胶囊”保健品涉案金额达 11 万余元,涉嫌构</td></tr>
</table>

<table>
<tr><td>案情概要</td><td>成非法经营犯罪。2 月 2 日，执法人员将吴某涉嫌非法经营罪案相关案件材料移送某县公安局。当日，公安机关以非法经营罪对吴某立案。某县文化市场综合执法局对吴某擅自设立广播电台继续调查。2 月 4 日，当事人吴某被公安机关依法抓获。当日，某县文化执法局对被某县公安局刑警依法逮捕后处于取保候审阶段的当事人吴某进行调查询问。
经依法调查，现查明违法事实如下：当事人在某县某路某小区 2 单元 2802 室擅自设立广播电台。该违法电台的设备有广播发射器壹套、电脑显示器壹台、先科 DVD 壹台、发射天线壹套，设立该违法电台的投资额为 5000 元人民币。
本案证据有：当事人吴某擅自设立广播电台设备总投资的发票，当事人吴某雇佣人员张某的调查询问笔录，检查发现的广播电台设备安放地房屋，即某县某路某小区 2 单元 2802 室的房东李某调查询问笔录，当事人吴某的调查询问笔录，执法人员依法检查时制作的现场检查（勘验）笔录和发现的当事人擅自设立广播电台的设备的照片，现场检查照片，当事人吴某与某县某路某小区 2 单元 2802 室的房东李某签订的租赁某县某路某小区 2 单元 2802 室的租房协议。以上证据相互印证，足以认定当事人擅自设立非法广播电台。
根据以上事实和证据，本机关认为：
当事人擅自设立广播电台的违法行为，事实清楚，证据确凿。当事人违反了《广播电视管理条例》第十条第一款的规定，应依据《广播电视管理条例》第四十七条第一款的规定予以处罚。执法人员通过调查取证，了解当事人擅自设立广播电台的投资额为 5000 元人民币，且为初次擅自设立广播电台。又因当事人利用该非法电台销售“肾宝胶囊”保健品，涉案金额达 11 万余元，涉嫌构成非法经营犯罪。2 月 2 日，执法人员将吴某涉嫌非法经营罪案相关案件材料移送某县公安局。执法人员依法查获的非法广播电台设备包括：1000W 调频广播发射机（ZHC618F-1000W）壹套、三星（S19F350HN）电脑显示器壹台、先科 DVD（PDVD-788A）壹台、调频发射天线（TK-06）壹套。另有黑色封面笔记本账簿（申士纸品系列 0068-1）壹本，也作为涉案犯罪工具和证据一并移送。
2 月 5 日，本案调查终结。2 月 5 日，经过本机关集体讨论，拟决定取缔擅自设立的广播电台，并给予当事人罚款人民币 5000 元整的行政处罚。2 月 5 日，本机关依法向当事人直接送达了行政处罚事先告知书[（某）文罚告字〔2016〕第×××号]，告知上述违法事实、案件证据、情节认定、处罚依据及拟处罚内容，并告知当事人享有陈述、申辩以及申请听证的权利。截至 2016 年 2 月 10 日，当事人未提出陈述、申辩，也未申请听证。</td></tr>
<tr><td>审批事项</td><td>依据《中华人民共和国行政处罚法》第三十八条的规定，建议取缔擅自设立的广播电台，并给予当事人罚款人民币 5000 元整的行政处罚。
承办人：周某　李某　　2016 年 2 月 10 日</td></tr>
<tr><td>承办部门意　见</td><td>同意。
负责人：宋某　　2016 年 2 月 10 日</td></tr>
</table>

法制部门 意　见	同意。 负责人：刘某　　2016年2月10日
承办机构 意　见	/ 负责人：　　年　月　日
行政处罚 实施机关 意　见	同意。 负责人：李某某　　2016年2月10日

罚款票据粘贴页

（示范案卷略）

当事人已于 2016 年 2 月 12 日到指定的中国工商银行某县支行缴纳罚款。

行政处罚案件结案报告

（某）文结字〔2016〕第×××号

案　由	擅自设立广播电台	行政处罚决定书文号	（某）文罚字〔2016〕第×××号
当事人	姓名：吴某　性别：男　出生年月：1970 年 2 月 2 日 住址：某市某县某小区 5 号楼 4 单元 402 室（某市某县某路××号） 工作单位：某市某县宁旺药铺（某市某县某小区院内） 身份证号码：371422000000000000　电话：1586666××××		
立案时间	2016 年 2 月 1 日	办案人员	周某　李某
简要案情及查处经过	2016 年 2 月 1 日，某市文化市场综合执法局接群众举报，称某县及周边有一个陌生的广播频道 FM96.6MHz，全天候播放违禁药物广告，内容低俗，市局立即将该举报转发至我局，要求我局对此案严肃查处。2 月 1 日 10 时 00 分至 12 时 30 分，某县文化市场综合执法局执法人员联合市无线电管理委员会技术人员，依法查听电台，发现某县某路附近有一非法电台。某县文化执法局执法人员赶赴某县某路进行进一步检查，初步确定该涉嫌擅自设立的广播电台安放地点为某县某路某小区 2 单元 2802 室。执法人员在对该房屋业主李某及某小区物业人员依法出示执法证件后，在公安机关协助下，对某县某路某小区 2 单元 2802 室进行依法检查。执法人员进入室内，发现正在运行的 1000W 调频广播发射机（ZHC618F-1000W）壹套、三星（S19F350HN）电脑显示器壹台、先科 DVD（PDVD-788A）壹台，以及在该楼楼顶的调频发射天线（TK-06）壹套，且该套广播设备正在循环播放销售“肾宝胶囊”药品的广告，其广播频道为 FM96.6MHz。经技术人员进一步核实，发现该广播频率未经审批。经执法人员与该房屋业主李某核实，该房屋为李某出租给吴某使用，房间内所有广播电台设施都非业主李某所有。经小区物业人员和业主李某证明，初步确定吴某涉嫌擅自设立广播电台，其行为涉嫌违反了《广播电视管理条例》第十条第一款的规定。 2 月 1 日，经批准依法对本案予以立案。当日，执法人员依法对此广播电台设备安放地房屋某县某路某小区 2 单元 2802 室的房东李某进行调查询问。 2 月 2 日，执法人员依法查找到当事人吴某雇佣人员张某。张某主动交予执法人员其记录的当事人吴某利用此非法电台销售“肾宝胶囊”保健品的数量及销售货款的壹本账簿。通过对张某进行调查询问，发现当事人吴某擅自设立广播电台，并发现吴某在没有取得药品经营许可证的情况下，利用该非法电台销售“肾宝胶囊”保健品。结合所查获的账簿，并根据张某提供的吴某存放“肾宝胶囊”保健品仓库地址，		

简要案情及查处经过	执法人员进一步进行调查核实，发现吴某利用该非法电台销售“肾宝胶囊”保健品涉案金额达11万余元，涉嫌构成非法经营犯罪。2月2日，执法人员将吴某涉嫌非法经营罪案相关案件材料移送某县公安局。当日，公安机关以非法经营罪对吴某立案。某县文化市场综合执法局对吴某擅自设立广播电台继续调查。2月4日，当事人吴某被公安机关依法抓获。当日，某县文化执法局对被某县公安局刑警依法逮捕后处于取保候审阶段的当事人吴某进行调查询问。 2月5日，案件调查终结。当日，经集体研究决定，依据依据《广播电视管理条例》第四十七条第一款的规定，对吴某的违规行为予以处罚。 2月5日，向当事人吴某依法送达行政处罚事先告知书[(某)文罚告字〔2016〕第×××号]。2月10日，向当事人吴某依法送达行政处罚决定书[(某)文罚字〔2016〕第×××号]。
行政处罚内容	依法取缔擅自设立的广播电台，并给予当事人罚款人民币5000元整的行政处罚。
处罚执行情况	当事人积极改正了违法行为，并在收到行政处罚决定书后于2016年2月12日缴纳罚款，已自行履行完毕。2016年2月1日后，执法人员再依法查听电台过程时，未发现非法广播频道。
罚没财产处置情况	当事人依法到指定的银行缴纳罚款，银行收受罚款，并将罚款直接上缴国库。
承办人意见	建议结案。 承办人：周某　李某　　2016年2月12日
承办部门意见	同意。 负责人：宋某　　2016年2月12日
法制部门意见	同意。 负责人：刘某　　2016年2月12日
承办机构意见	/ 负责人：　　年　月　日
行政处罚实施机关意见	同意。 负责人：李某某　　2016年2月12日

卷内备考表

本卷情况说明：

本案卷于2016年8月11日立卷，本册连面带底共计××页。

本卷情况说明：对吴某擅自设立广播电台案执法检查视频光盘（记录执法人员2016年2月1日和2月2日现场依法检查情况以及依法进行证据先行登记保存情况的视频文件四个）壹张，共计3G，已于2月12日存于某县文化市场综合执法局档案室。责任人：宋某

立卷人：李某

检查人：宋某

立卷时间：2016年8月11日

某市文化广电新闻出版局

文化市场行政处罚案卷

案件编号:(某)文广新罚字〔2017〕第13号

案　　由:未经批准擅自编印内部资料

当 事 人:某市京城医院有限公司

处罚内容:处以警告并处罚款人民币1000元整,并没收非法编印的内部资料30册

自2017年6月至2017年7月	本卷共××份××页	
此案卷共1卷,本卷是第1卷	保管期限	30年

全宗号	目录号	案卷号
××	××	×××

卷内文件目录

序号	文号	题名	日期	页号
1	(某)文广新罚字〔2017〕第13号	行政处罚决定书	2017年7月7日	略
2	(某)文广新送字〔2017〕第13—2号	送达回证	2017年7月7日	略
3	(某)文广新检字〔2017〕第0003056号	现场检查(勘验)笔录	2017年6月26日	略
4	/	现场检查照片	2017年6月26日	略
5	(某)文广新报审字〔2017〕第13号	证据先行登记保存审批表	2017年6月26日	略
6	(某)文广新保字〔2017〕第13号	证据先行登记保存通知书	2017年6月26日	略
7	(某)文广新立字〔2017〕第13号	立案审批表	2017年6月26日	略
8	/	调查询问通知书	2017年6月26日	略
9	/	调查询问笔录	2017年6月27日	略
10	/	营业执照复印件	2017年6月27日	略
11	/	法定代表人身份证复印件	2017年6月27日	略
12	/	授权委托书	2017年6月27日	略
13	/	受委托人身份证复印件	2017年6月27日	略
14	(某)文广新终字〔2017〕第13号	案件调查终结审批表	2017年6月28日	略
15	(某)文广新保告字〔2017〕第13号	证据先行登记保存物品处理告知书	2017年6月28日	略
16	(某)文广新罚告字〔2017〕第13号	行政处罚事先告知书	2017年6月28日	略
17	(某)文广新送字〔2017〕第13—1号	送达回证	2017年6月28日	略
18	/	山东省非税收入通用票据	2017年7月18日	略
19	/	行政处罚案件结案报告	2017年7月24日	略

行政处罚决定书

(某)文广新罚字〔2017〕第13号

当事人姓名或名称:某市京城医院有限公司
法定代表人:林某某 电话:138846×××××
地址:某区北大街83号 06385918

2017年6月26日10时30分至11时15分,某市文化市场执法支队执法人员曲某、姜某在出示执法证件后,对某市京城医院有限公司进行检查,发现当事人办公室存放部分印有"京城先生(内部交流资料)"字样的印刷品,经执法人员清点为30册。该印刷品封面无准印证编号,当事人无法提供相关证明文件。初步认定当事人涉嫌未经批准擅自编印内部资料,其行为涉嫌违反了《内部资料性出版物管理办法》第三条"对内部资料的编印,实行核发内部资料性出版物准印证(以下简称准印证)管理。未经批准取得准印证,任何单位和个人不得从事内部资料的编印活动"之规定。执法人员当即现场电话请示某市文化广电新闻出版局副局长于某批准,依法做出如下处理:先行登记保存《京城先生》30册。现场制作现场检查(勘验)笔录,交由现场负责人林某签字确认,下达调查询问通知书、证据先行登记保存通知书,由现场负责人林某签收。

6月26日,经某市文化广电新闻出版局副局长于某批准,对本案予以立案。6月27日14时30分至15时10分,执法人员对某市京城医院有限公司法定代表人林某某的委托人林某进行了调查询问,林某承认《京城先生》由某市京城医院有限公司编印,主要用于公司内部交流,并未取得内部资料性印刷品准印证。执法人员还向当事人提取了授权委托书、营业执照、法定代表人及受委托人身份证等相关材料复印件。6月28日,本案调查终结。

经依法调查,查明事实如下:当事人系国内持证经营医疗机构,当事人为便于公司内部学习交流,未经批准擅自编印《京城先生》100册。除在办公室存放的30册外,其余70册已经发放。《京城先生》目前只编印了一期,未定价,未向他人收取任何费用,也未向公众散发。

以上事实,有以下证据证实:

1. 编号为(某)文广新检字〔2017〕第0003056号的现场检查笔录1份,证明当事人未经批准擅自编印内部资料《京城先生》,在6月26日被执法部门当场查处的事实。

2. 受当事人法定代表人林某某委托的林某调查询问笔录1份,证明当事人某市京城医院有限公司未申领内部资料性印刷品准印证,擅自编印内部资料。

3. 当事人营业执照复印件1份,证明当事人属于国内持证经营医疗机构。

4. 该公司法定代表人林某某及受委托人林某身份证复印件,委托书各1份,证明上述人员的身份。

以上证据相互印证,足以认定当事人未经批准擅自编印内部资料的违法事实。

根据以上事实和证据,本机关认为当事人未经批准擅自编印内部资料,事实清楚,证据确实。当事人违反了《内部资料性出版物管理办法》第三条"对内部资料的编印,实行核发《内部资料性出版物准印证》(以下简称《准印证》)管理。未经批准取得《准印证》,任何单位和个人不得从事内部资料的编印活动"之规定,依据《内部资料性出版物管理办法》第二十二条第一款"有下列行为之一的,由县级以上地方人民政府新闻出版行政部门责令改正、停止违法行为,根据情节轻重,给予警告,处1000元以下的罚款;以营利为目的从事下列行为的,处3万元以下罚款:(一)未经批准擅自编印内部资料的"及第二款"其中,有前款第(一)项至第(三)项违法行为的，对非法编印的内部资料予以没收，超越发送范围的责令收回”之规定予以处罚。当事人擅自编印内部资料是用于公司内部学习交流，未有营利目的，对当事人适用警告，并处1000元以下罚款。

当事人在收到我机关行政处罚事先告知书后7日内，没有就本案提出陈述和申辩。

综上所述，决定给予当事人某市京城医院有限公司以下处罚：

(1)警告；(2)没收印刷品《京城先生》30册；(3)罚款人民币1000元整。

当事人应当收到本决定书之日起15日内，到中国工商银行某市分行缴纳罚款。逾期不缴纳罚款的，依据《中华人民共和国行政处罚法》第五十一条第(一)项的规定，本机关将每日按罚款数额的3%加处罚款。

当事人如不服本决定，可在收到本决定书之日起60日内向某市人民政府申请行政复议，也可在收到本决定书之日起6个月内直接向某市人民法院提起行政诉讼。行政复议或行政诉讼期间本处罚决定不停止执行。

逾期不申请行政复议或者提起行政诉讼，又不履行本处罚决定，经催告后仍未履行义务的，依据《中华人民共和国行政处罚法》第五十一条第(一)项的规定，本机关可每日按罚款数额的3%加处罚款，并依据《中华人民共和国行政强制法》第五十四条的规定，本机关可申请人民法院强制执行。

某市文化广电新闻出版局
2017年7月7日

(本决定书一式三份，一份随案，一份备存，一份送达当事人。)

送达回证

(某)文广新送字〔2017〕第13－2号

案　由	未经批准擅自编印内部资料
送达执法文书 名称及文号	行政处罚决定书 (某)文广新罚字〔2017〕第13号
受送达人	某市京城医院有限公司
送达方式	直接送达
送达地点	某区北大街83号
受送达人 签名或者盖章	林某(手印) 2017年7月7日
见证人签名	张某(手印) 2017年7月7日
送达人签名	曲某(06-0120××)　苟某(06-0065××) 2017年7月7日
备　注	

现场检查(勘验)笔录

(某)文广新检字〔2017〕第 0003056 号

<table>
<tr><td rowspan="4">当事人</td><td rowspan="2">单位</td><td>名称</td><td colspan="2">某市京城医院有限公司</td><td>法定代表人或负责人</td><td colspan="2">林某某</td></tr>
<tr><td>地址</td><td colspan="3">某区北大街 83 号</td><td>电话</td><td>138845×××××</td></tr>
<tr><td rowspan="2">个人</td><td>姓名</td><td></td><td>性别</td><td></td><td>电话</td><td></td></tr>
<tr><td>地址</td><td></td><td colspan="2">证件名称及号码</td><td colspan="2"></td></tr>
<tr><td colspan="2" rowspan="2">现场负责人</td><td>姓名</td><td colspan="2">林某</td><td>证件名称及号码</td><td colspan="2">35032119××××××××××</td></tr>
<tr><td>职务</td><td colspan="2">负责人</td><td>电话</td><td colspan="2">138846×××××</td></tr>
<tr><td colspan="2">检查(勘验)部门</td><td colspan="3">某市文化市场执法支队</td><td>记录人</td><td colspan="2">姜某</td></tr>
<tr><td colspan="2">执法人员及执法证号</td><td colspan="6">曲某(06-0120××)　姜某(06-0065××)</td></tr>
<tr><td colspan="2">检查(勘验)地点</td><td colspan="2">某区北大街 83 号</td><td>检查(勘验)时间</td><td colspan="3">2017 年 6 月 26 日 10 时 30 分至 11 时 15 分</td></tr>
<tr><td colspan="8">现场检查(勘验)情况:2017 年 6 月 26 日 10 时 30 分至 11 时 15 分,某市文化市场执法支队执法人员曲某、姜某在出示执法证件后,对某市京城医院有限公司进行检查,发现当事人办公室存放部分印有“京城先生(内部交流资料)”字样的印刷品,经执法人员清点为 30 册。该印刷品封面无准印证编号,当事人无法提供相关证明文件。初步认定当事人涉嫌未经批准擅自编印内部资料,其行为涉嫌违反了《内部资料性出版物管理办法》第三条“对内部资料的编印,实行核发《内部资料性出版物准印证》(以下简称《准印证》)管理。未经批准取得《准印证》,任何单位和个人不得从事内部资料的编印活动”之规定。执法人员当即现场电话请示某市文化广电新闻出版局副局长于某批准,依法做出如下处理:先行登记保存《京城先生》30 册。现场制作《现场检查(勘验)笔录》,交由现场负责人林某签字确认,下达调查询问通知书、证据先行登记保存通知书,由现场负责人林某签收。

以上内容已阅,情况属实。　林某　2017 年 6 月 26 日</td></tr>
</table>

执法人员签名:曲某(06-0120××)　姜某(06-0065××)　　2017 年 6 月 26 日

当事人签名或盖章:林某(手印)　　2017 年 6 月 26 日

某市文化广电新闻出版局

2017 年 6 月 26 日

现场检查照片

2017年6月26日10时30分至11时15分，某市文化市场执法支队执法人员曲某、姜某在出示执法证件后，对某市京城医院有限公司检查时，发现当事人办公室存放部分印有“京城先生（内部交流资料）”字样的印刷品。执法人员现场取证，共拍摄照片2张。当事人、执法人员对每张照片逐一签字确认后，存入本案卷（示范案卷略）。

证据先行登记保存审批表

（某）文广新保审字〔2017〕第 13 号

<table>
<tr><td colspan="2">案件来源</td><td colspan="6">日常检查</td></tr>
<tr><td colspan="2">案　　由</td><td colspan="6">未经批准擅自编印内部资料</td></tr>
<tr><td rowspan="4">当事人</td><td rowspan="2">单位</td><td>名称</td><td colspan="2">某市京城医院有限公司</td><td colspan="2">法定代表人
或负责人</td><td>林某某</td></tr>
<tr><td>地址</td><td colspan="3">某区北大街 83 号</td><td>电话</td><td>138845×××××</td></tr>
<tr><td rowspan="2">个人</td><td>姓名</td><td></td><td>性别</td><td></td><td>电话</td><td></td></tr>
<tr><td>地址</td><td colspan="2"></td><td colspan="2">证件名称及号码</td><td></td></tr>
<tr><td colspan="2">案情概要</td><td colspan="6">2017 年 6 月 26 日 10 时 30 分至 11 时 15 分，某市文化市场执法支队执法人员曲某、姜某在出示执法证件后，对某市京城医院有限公司进行检查，发现当事人办公室存放部分印有“京城先生（内部交流资料）”字样的印刷品，经执法人员清点为 30 册。该印刷品封面无准印证编号，当事人无法提供相关证明文件。初步认定当事人涉嫌未经批准擅自编印内部资料，其行为涉嫌违反了《内部资料性出版物管理办法》第三条“对内部资料的编印，实行核发《内部资料性出版物准印证》（以下简称《准印证》）管理。未经批准取得《准印证》，任何单位和个人不得从事内部资料的编印活动”之规定。执法人员当即现场电话请示某市文化广电新闻出版局副局长于某批准，依法做出如下处理：先行登记保存《京城先生》30 册。现场制作现场检查（勘验）笔录，交由现场负责人林某签字确认，下达调查询问通知书、证据先行登记保存通知书，由现场负责人林某签收。</td></tr>
<tr><td colspan="2">审批事项</td><td colspan="6">根据《中华人民共和国行政处罚法》第三十七条第二款的规定，建议对《京城先生》印刷品予以证据先行登记保存。
承办人：曲某　姜某　　2017 年 6 月 26 日</td></tr>
<tr><td colspan="2">承办部门
意　　见</td><td colspan="6">同意。
负责人：曲某　　2017 年 6 月 26 日</td></tr>
<tr><td colspan="2">法制部门
意　　见</td><td colspan="6">同意。
负责人：刘某　　2017 年 6 月 26 日</td></tr>
<tr><td colspan="2">承办机构
意　　见</td><td colspan="6">同意。
负责人：林某　　2017 年 6 月 26 日</td></tr>
<tr><td colspan="2">行政处罚
实施机关
意　　见</td><td colspan="6">同意。
负责人：于某　　2017 年 6 月 26 日</td></tr>
</table>

证据先行登记保存通知书

（某）文广新保字〔2017〕第 13 号

某市京城医院有限公司：

你（单位）因涉嫌未经批准擅自编印内部资料，违反了《内部资料性出版物管理办法》第三条规定，根据《中华人民共和国行政处罚法》第三十七条第二款的规定，本机关决定对有关证据（详见证据先行登记保存物品清单）采取先行登记保存措施。先行登记保存期间，任何单位或者个人不得销毁或者转移保存的物品。

保存方式：异地保存

保存地点：某市文化市场执法支队仓库

保存期限：2017 年 6 月 26 日至 2017 年 7 月 3 日

执法人员签名及执法证号：*曲某*（*06-0120*××）　*姜某*（*06-0065*××）

联系电话：05××－62×××××

附：证据先行登记保存物品清单

某市文化广电新闻出版局

2017 年 6 月 26 日

本通知书已于 *2017* 年 *6* 月 *26* 日 *10* 时 *50* 分收到。

签收人签名或盖章：*林某*（*手印*）　联系电话：138846×××××

（本通知书一式三份，一份随案，一份备存，一份送达当事人。）

附件：

证据先行登记保存物品清单

当事人：某市京城医院有限公司
法定代表人或负责人：林某某
联系电话：138845×××××
地址：某区北大街83号

编号	物品名称	单位	数量	备注
01	《京城先生》	本	30	/
/	/	/	/	/
/	/	/	/	/
/	/	/	/	/
/	/	/	/	/

以上物品，清单与实物一致
执法人员签名及执法证号：曲某（06-0120××） 姜某（06-0065××）
见证人：/

某市文化广电新闻出版局
2017年6月26日

本清单已于2017年6月26日10时50分收到。
签收人签名或盖章：林某（手印） 联系电话：138846×××××
[本清单一式三份，一份随案，一份备存，一份送达当事人。本清单在采取证据先行登记保存、抽样取证、(解除)查封(扣押)等措施时使用。]

立案审批表

(某)文广新立字〔2017〕第 13 号

<table>
<tr><td colspan="2">案　　由</td><td colspan="6">未经批准擅自编印内部资料</td></tr>
<tr><td colspan="2">案件来源</td><td colspan="3">日常检查</td><td>办理部门</td><td colspan="2">某市文化市场执法支队稽查三科</td></tr>
<tr><td rowspan="4">当事人</td><td rowspan="2">单位</td><td>名称</td><td colspan="2">某市京城医院有限公司</td><td colspan="2">法定代表人
或负责人</td><td>林某某</td></tr>
<tr><td>地址</td><td colspan="3">某区北大街 83 号</td><td>电话</td><td>138845×××××</td></tr>
<tr><td rowspan="2">个人</td><td>姓名</td><td></td><td>性别</td><td></td><td>电话</td><td></td></tr>
<tr><td>地址</td><td colspan="2"></td><td colspan="2">证件名称及号码</td><td></td></tr>
<tr><td colspan="2">案情概要</td><td colspan="6">2017 年 6 月 26 日 10 时 30 分至 11 时 15 分，某市文化市场执法支队执法人员曲某、姜某在出示执法证件后，对某市京城医院有限公司进行检查，发现当事人办公室存放部分印有“京城先生(内部交流资料)”字样的印刷品，经执法人员清点为 30 册。该印刷品封面无准印证编号，当事人无法提供相关证明文件。初步认定当事人涉嫌未经批准擅自编印内部资料，其行为涉嫌违反了《内部资料性出版物管理办法》第三条“对内部资料的编印，实行核发《内部资料性出版物准印证》(以下简称《准印证》)管理。未经批准取得《准印证》，任何单位和个人不得从事内部资料的编印活动”之规定。执法人员当即现场电话请示某市文化广电新闻出版局副局长于某批准，依法做出如下处理：先行登记保存《京城先生》30 册。现场制作现场检查(勘验)笔录，交由现场负责人林某签字确认，下达调查询问通知书、证据先行登记保存通知书，由现场负责人林某签收。</td></tr>
<tr><td colspan="2">承办人
意　见</td><td colspan="6">建议立案调查。
承办人：曲某　姜某　　2017 年 6 月 26 日</td></tr>
<tr><td colspan="2">承办部门
意　　见</td><td colspan="6">同意。
负责人：曲某　　2017 年 6 月 26 日</td></tr>
<tr><td colspan="2">法制部门
意　　见</td><td colspan="6">同意。
负责人：刘某　　2017 年 6 月 26 日</td></tr>
<tr><td colspan="2">承办机构
意　　见</td><td colspan="6">同意。
负责人：林某　　2017 年 6 月 26 日</td></tr>
<tr><td colspan="2">行政处罚实
施机关意见</td><td colspan="6">同意。
负责人：于某　　2017 年 6 月 26 日</td></tr>
</table>

调查询问通知书

某市京城医院有限公司：

因涉嫌未经批准擅自编印内部资料，依据《中华人民共和国行政处罚法》第三十七条的规定，请你（单位）于 2017 年 6 月 27 日 14 时到某市文化市场执法支队稽查三科接受调查询问，并携带下列材料：

☑被询问人的有效身份证件；

☑经营许可证；

☑营业执照；

☑法定代表人或负责人身份证明；

☑如委托他人前来，须出具有效的授权委托书及被委托人的有效身份证明；

□其他：______/______。

如无法按时前来，请及时联系。

联系人：曲某

联系电话：05××-62××××

某市文化广电新闻出版局

2017 年 6 月 26 日

本通知书已于 2017 年 6 月 26 日 11 时 16 分收到。

签收人签名或盖章：林某（手印）　联系电话：138846×××××

（此通知书一式三份，一份随案，一份备存，一份送达当事人。）

调查询问笔录

调查询问事项：市京城医院有限公司涉嫌未经批准擅自编印内部资料

第几次询问：第一次询问

调查询问时间：2017 年 6 月 27 日 14 时 30 分至 15 时 10 分

调查询问地点：某市文化市场执法支队稽查三科办公室

调查询问人：曲某(06-0120××)某市文化市场执法支队稽查三科科长

姜某(06-0065××)某市文化市场执法支队稽查三科副科长

被调查询问人：林某　**性别：**男　**出生年月：**1973 年×月×日

住址：某区北大街 83 号　**工作单位：**某市京城医院有限公司

证件名称及号码：身份证　35032119××××××××××　**电话：**138846×××××

记录人：姜某(06-0065××)　某市文化市场执法支队稽查三科副科长

调查询问内容：

问：你好，我们是某市文化市场执法支队的行政执法人员，我叫曲某(06-0120××)，他叫姜某(06-0065××)，这是我们的行政执法证(出示证件)，你看清楚了吗？

答：我看清楚了。

问：现就你涉嫌未经批准擅自编印内部资料一案进行调查，我们依法对你进行调查询问，请你如实回答。在场进行调查询问的执法人员，你认为如有需要回避的，请申请回避。

答：没有。

问：请你介绍一下你的基本情况？

答：我叫林某，性别：男，出生年月：1973 年×月×日，电话：138846×××××，身份证号码：35032119××××××××××，工作单位：某市京城医院有限公司，地址：某区北大街 83 号。我是医院办公室主任，受法人代表林某某委托前来接受询问。

问：某市京城医院有限公司经营情况你是否清楚了解？

答：清楚了解。

问：某市京城医院有限公司有营业执照吗？

答：有营业执照。(出示营业执照复印件)

问：2017 年 6 月 26 日，执法人员在对你单位进行检查时发现印有"京城先生(内部交流资料)"字样的印刷品。《京城先生》印刷品是你公司编印的吗？

答：是我们自行编写排版的，但是委托河北省保定市某视觉文化传媒有限公司印刷的。

问：你公司编印《京城先生》用于何处？

答：主要是用于公司内部学习交流。

问：你知道编印内部资料需要申请内部资料准印证吗？你们是否有内部资料准印证等相关手续文件？

答：听说过编印内部资料需要先申请核准，但考虑到我们此次只是先出一期看看效果，就没去申请。

被询问人签名或者盖章：林某(手印)　询问人签名：曲某　姜某

问:这份内部资料你们一共编印多少册?

答:目前只印刷了一期,总共100册,已经发放了70册。

问:该印刷品对外销售吗?

答:我们不对外销售,只是向员工发放,所以该《京城先生》没有定价。

问:这是我们在检查过程中拍着的照片(向当事人出示检查照片),请你确认是否属实并签字。

答:情况属实。(签字确认)

问:请你仔细查阅本询问调查笔录,记录是否属实,有无异议。如无异议请签字,如有异议请提出。

答:(阅读后)笔录经本人阅过,记录无误。

林某(手印)
2017年6月27日

被询问人签名或者盖章:林某(手印) 询问人签名:曲某 姜某

共2页 第2页

营业执照复印件

（示范案卷略）

复印属实，与原件一致。

林某（手印）

2017 年 6 月 27 日

法定代表人身份证复印件

正面 （示范案卷略）

反面 （示范案卷略）

复印属实，与原件一致。

林某（手印）

2017年6月27日

授权委托书

某市文化广电新闻出版局：

此委托林某，性别：男，年龄：44周岁，居民身份证号：35032119××××××××××，工作单位：某市京城医院有限公司，住址：××区北大街83号，作为涉嫌未经批准擅自编印内部资料案的我方代理人，委托事项和权限如下：

1. 依法接受询问调查；
2. 依法接受行政处罚；
3. 本案相关执法文书签字权；
4. 本案陈述申辩权利。

某市京城医院有限公司（公章）

法定代表林某人：林某某

2017年6月27日

受委托人身份证复印件

正面
（示范案卷略）

反面
（示范案卷略）

复印属实，与原件一致。

林某（手印）
2017年6月27日

案件调查终结审批表

(某)文广新终字〔2017〕第 13 号

案　　由	未经批准擅自编印内部资料
当事人的基本情况	当事人名称:某市京城医院有限公司 法定代表人:林某某 身份证号码:35032119×××××××××× 注册地址:某区北大街 83 号 电话:0535-608××××
调查经过	2017 年 6 月 26 日 10 时 30 分至 11 时 15 分,某市文化市场执法支队执法人员曲某、姜某在出示执法证件后,对某市京城医院有限公司进行检查,发现当事人办公室存放部分印有“京城先生(内部交流资料)”字样的印刷品,经执法人员清点为 30 册。该印刷品封面无准印证编号,当事人无法提供相关证明文件。初步认定当事人涉嫌未经批准擅自编印内部资料,其行为涉嫌违反了《内部资料性出版物管理办法》第三条“对内部资料的编印,实行核发《内部资料性出版物准印证》(以下简称《准印证》)管理。未经批准取得《准印证》,任何单位和个人不得从事内部资料的编印活动”之规定。执法人员当即现场电话请示某市文化广电新闻出版局副局长于某批准,依法做出如下处理:先行登记保存《京城先生》30 册。现场制作现场检查(勘验)笔录,交由现场负责人林某签字确认,下达调查询问通知书、证据先行登记保存通知书,由现场负责人林某签收。6 月 26 日,此案经一般程序立案。6 月 27 日,某市京城医院有限公司法定代表人林某某的委托人林某到某市文化市场执法支队接受调查询问,承认其未经批准擅自编印内部资料《京城先生》100 册的违法事实,对执法人员 6 月 26 日在其经营场所的现场检查情况及现场摄像、拍摄情况予以签字确认,并提供了当事人企业法人营业执照、法定代表人林某某与受委托人林某的身份证复印件。6 月 28 日,本案调查终结。
违法事实证据记录	1. 编号为(某)文广新检字〔2017〕第 0003056 号的现场检查笔录 1 份,证明当事人未经批准擅自编印内部资料《京城先生》,在 2017 年 6 月 26 日被执法部门当场查处的事实。 2. 受当事人法定代表人林某某委托的林某调查询问笔录 1 份,证明当事人某市京城医院有限公司未申领内部资料性出版物准印证,擅自编印内部资料。 3. 当事人营业执照复印件 1 份,证明当事人属于国内持证经营医疗机构。 4. 该公司法定代表人林某某及受委托人林某身份证复印件、委托书各 1 份,证明上述人员的身份。

处罚依据	依据《内部资料性出版物管理办法》第二十二条第一款“有下列行为之一的，由县级以上地方人民政府新闻出版行政部门责令改正、停止违法行为，根据情节轻重，给予警告，处1000元以下的罚款；以营利为目的从事下列行为的，处3万元以下罚款：(一)未经批准擅自编印内部资料的”及第二款“其中，有前款第(一)项至第(三)项违法行为的，对非法编印的内部资料予以没收，超越发送范围的责令收回”的规定予以处罚。
处理建议	建议对某市京城医院有限公司做出如下处罚： (1)警告；(2)没收印刷品《京城先生》30册；(3)罚款人民币1000元整。 承办人：曲某 姜某 2017年6月28日
办案部门意见	同意。 负责人：曲某 2017年6月28日
法制部门意见	同意。 负责人：刘某 2017年6月28日
承办机构意见	同意。 负责人：林某 2017年6月28日
行政处罚实施机关意见	同意。 负责人：于某 2017年6月28日

证据先行登记保存处理告知书

（某）文广新保告字〔2017〕第 13 号

某市京城医院有限公司：

本机关以证据先行登记保存通知书[（某）文广新保字〔2017〕第 13 号]对你（单位）有关物品（详见证据先行登记保存物品清单）予以先行登记保存。因涉嫌未经批准擅自编印内部资料，依据《中华人民共和国行政处罚法》第三十七条第二款的规定，现对你（单位）证据登记保存物品《京城先生》印刷品做出以下处理决定：

□于 2017 年×月×日送鉴定机构鉴定。

□退还当事人。

☑随案件移送/处理。

□解除证据先行登记保存措施。

□其他：作为证据使用，不予返还。

执法人员签名及执法证号：*曲某（06-0120××）　姜某（06-0065××）*

联系电话：05××-62×××××

某市文化广电新闻出版局

2017 年 6 月 28 日

本清单已于 *2017* 年 *6* 月 *28* 日 *16* 时 *28* 分收到。

签收人签名或盖章：*林某（手印）*　　联系电话：138846×××××

行政处罚事先告知书

(某)文广新罚告字〔2017〕第13号

当事人姓名或名称：某市京城医院有限公司

法定代表人或负责人：林某某　电话：138846×××××

地址：某区北大街83号

违法事实及证据：

2017年6月26日10时30分至11时15分，某市文化市场执法支队执法人员曲某、姜某在出示执法证件后，对某市京城医院有限公司进行检查，发现当事人办公室存放部分印有“京城先生(内部交流资料)”字样的印刷品，经执法人员清点为30册。该印刷品封面无准印证编号，当事人无法提供相关证明文件。初步认定当事人涉嫌未经批准擅自编印内部资料，其行为涉嫌违反了《内部资料性出版物管理办法》第三条“对内部资料的编印，实行核发《内部资料性出版物准印证》(以下简称《准印证》)管理。未经批准取得《准印证》，任何单位和个人不得从事内部资料的编印活动”之规定。执法人员当即现场电话请示某市文化广电新闻出版局副局长于某批准，依法做出如下处理：先行登记保存《京城先生》30册。现场制作《现场检查(勘验)笔录》，交由现场负责人林某签字确认，下达调查询问通知书、证据先行登记保存通知书，由现场负责人林某签收。

6月26日，经某市文化广电新闻出版局副局长于某批准对本案予以立案。6月27日14时30分至15时10分，执法人员对某市京城医院有限公司法定代表人林某某的委托人林某进行了调查询问。林某承认《京城先生》由某市京城医院有限公司编印，主要用于公司内部交流，并未取得内部资料性印刷品准印证。执法人员还向当事人提取了授权委托书、营业执照、法定代表人及受委托人身份证等相关材料复印件。6月28日，本案调查终结。

经依法调查，查明事实如下：当事人系国内持证经营医疗机构，当事人为便于公司内部学习交流，未经批准擅自编印《京城先生》100册。除在办公室存放的30册外，其余70册已经发放。《京城先生》目前只编印了一期，未定价，未向他人收取任何费用，也未向公众散发。

以上事实，有以下证据证实：

1. 编号为(某)文广新检字〔2017〕第0003056号的现场检查笔录1份，证明当事人未经批准擅自编印内部资料《京城先生》，在2017年6月26日被执法部门当场查处的事实。

2. 受当事人法定代表人林某某委托的林某调查询问笔录1份，证明当事人某市京城医院有限公司未申领内部资料性出版物准印证，擅自编印内部资料。

3. 当事人营业执照复印件1份，证明当事人为国内持证经营医疗机构。

4. 该公司法定代表人林某某及受委托人林某身份证复印件、委托书各1份，证明上述人员的身份。

以上证据相互印证，足以认定当事人未经批准擅自编印内部资料的违法事实。

根据以上事实和证据，本机关认为当事人未经批准擅自编印内部资料，事实清楚，证据确实。当事人违反了《内部资料性出版物管理办法》第三条“对内部资料的编印，实行核发《内部资料性出版物准印证》(以下简称《准印证》)管理。未经批准取得《准印证》，任何单位和个人不得从事内部资料的编印活动”之规定。依据《内部资料性出版物管理办法》第二十二条第一款“有下列行为之一的，由县级以上地方人民政府新闻出版行政部门责令改正、停止违法行为，根据情节轻重，给予警告，处1000元以下的罚款；以营利为目的从事下列行为的，处3万元以下罚款：(一)未经批准擅自编印内部资料的”及第二款“其中，有前款第(一)项至第(三)项违法行为的，对非法编印的内部资料予以没收，超越发送范围的责令收回”规定予以处罚。当事人擅自编印内部资料是用于公司内部学习交流，未有营利目的，对当事人适用警告，并处1000元以下罚款的处罚。

综上所述，决定拟给予当事人某市京城医院有限公司以下处罚：

(1)警告；(2)没收印刷品《京城先生》30册；(3)罚款人民币1000元整。

同时，根据《中华人民共和国行政处罚法》第三十一条、第三十二条的规定，你(单位)有就本案进行陈述和申辩的权利，现予告知。请在接到本告知书7日内向本机关提出陈述、申辩。

联系人：曲某　　　联系电话：05××-626×××××

联系地址：某市某区某街×号

某市文化广电新闻出版局

2017年6月28日

(本告知书一式三份，一份随案，一份备存，一份送达当事人。)

送达回证

(某)文广新送字〔2017〕第13-1号

案　　由	未经批准擅自编印内部资料
送达文件名称 及文号	行政处罚事先告知书 (某)文广新罚告字〔2017〕第13号
受送达人	某市京城医院有限公司
送达方式	直接送达
送达地点	某某区北大街83号
受送达人或代收人 签名或盖章	林某(手印) 2017年6月28日
见证人签名	/
送达人签名	肖某(06-0065××)　吕某(06-0007××) 2017年6月28日
备　　注	不陈述申辩 林某(手印) 2017年6月28日

山东省非税收通用票据

（示范案卷略）

行政处罚案件结案报告

（某）文广新罚字〔2017〕第 13 号

案　　由	未经批准擅自编印内部资料	行政处罚决定书文号	（某）文广新罚字〔2017〕第 13 号
当事人	某市京城医院有限公司 注册地址：某区北大街 83 号 法定代表人：林某某　　电话号码：05××-608××××		
立案时间	2017 年 6 月 26 日	承办人员	曲某　姜某
简要案情及查处经过	2017 年 6 月 26 日 10 时 30 分至 11 时 15 分，某市文化市场执法支队执法人员曲某、姜某在出示执法证件后，对某市京城医院有限公司进行检查，发现当事人办公室存放部分印有“京城先生（内部交流资料）”字样的印刷品，经执法人员清点为 30 册。该印刷品封面无准印证编号，当事人无法提供相关证明文件。初步认定当事人涉嫌未经批准擅自编印内部资料，其行为涉嫌违反了《内部资料性出版物管理办法》第三条“对内部资料的编印，实行核发《内部资料性印刷品准印证》（以下简称《准印证》）管理。未经批准取得《准印证》，任何单位和个人不得从事内部资料的编印活动”之规定。执法人员当即现场电话请示某市文化广电新闻出版局副局长于某批准，依法做出如下处理：先行登记保存《京城先生》30 册。现场制作现场检查（勘验）笔录，交由现场负责人林某签字确认，下达调查询问通知书、证据先行登记保存通知书，由现场负责人林某签收。6 月 26 日，此案经一般程序立案。6 月 27 日，某市京城医院有限公司法定代表人林某某的委托人林某到某市文化市场执法支队接受调查询问，承认其未经批准擅自编印内部资料《京城先生》100 册的违法事实，对执法人员 6 月 26 日在其经营场所的现场检查情况及现场摄像、拍摄情况予以签字确认，并提供了当事人企业法人营业执照、法定代表人林某某与受委托人林某的身份证复印件。6 月 28 日，本案调查终结。以上事实，有以下证据证实： 1. 编号为（某）文广新检字〔2017〕第 0003056 号的现场检查笔录 1 份，证明当事人未经批准擅自编印内部资料《京城先生》，在 2017 年 6 月 26 日被执法部门当场查处的事实。 2. 受当事人法定代表人林某某委托的林某调查询问笔录 1 份，证明当事人某市京城医院有限公司为申领内部资料性印刷品准印证，擅自编印内部资料。 3. 当事人营业执照复印件 1 份，证明当事人属于国内持证经营医疗机构。 4. 该公司法定代表人林某某及受委托人林某身份证复印件、委托书各 1 份，证明上述人员的身份。 当事人在收到我机关行政处罚事先告知书后 7 日内，没有就本案提出陈述和申辩。		

行政处罚内容	依据《内部资料性出版物管理办法》第二十二条第一款、第二款规定，决定做出如下处罚： (1)警告；(2)没收印刷品《京城先生》30册；(3)罚款人民币1000元整。
处罚执行情况	罚款于2017年7月24日已执行完毕。
罚没财物处置情况	罚没款人民币1000元入国库，没收的《京城先生》内部资料入支队库房。
承办人意见	建议结案。 承办人：曲某　姜某　2017年7月24日
承办部门意见	同意结案。 负责人：曲某　2017年7月24日
法制部门意见	同意结案。 负责人：刘某　2017年7月24日
承办机构意见	同意结案。 负责人：林某　2017年7月24日
行政处罚实施机关意见	同意结案。 负责人：于某　2017年7月24日

卷内备考表

本卷情况说明：

2017年6月26日，在对某市京城医院有限公司执法检查过程中，没收《京城先生》30本，现存于某市文化市场执法支队仓库，择期销毁。责任人：吴某

立卷人：刘涛

检验人：曲某

立卷时间：2017年7月30日

某市文化市场执法局

文化市场行政处罚案卷

案件编号:(某)文罚字〔2014〕第044号

案　　由:未经著作权人许可,发行其作品

当 事 人:山东某图书批发公司

处罚内容:没收侵权复制品130本,并处罚款人民币5000元整。

自2014年9月至2014年9月	本卷共××件××页	
此案共1卷,本卷是第1卷	保管期限	30年

全宗号	目录号	案卷号
××	××	×××

卷内文件目录

序号	文号	题名	日期	页号
1	(某)文罚字〔2014〕第044号	行政处罚决定书	2014年9月20日	略
2	(某)文送字〔2014〕第044－2号	送达回证	2014年9月20日	略
3	〔2014〕020号	举报处理单	2014年9月9日	略
4	(某)文检(勘)字〔2014〕第2057号	现场检查(勘验)笔录	2014年9月10日	略
5	/	现场取证照片	2014年9月10日	略
6	/	证据先行登记保存审批表	2014年9月10日	略
7	(某)文保字〔2014〕第2001号	证据先行登记保存通知书	2014年9月10日	略
8	(某)文保告字〔2014〕第2001号	证据先行登记保存处理告知书	2014年9月11日	略
9	/	证据先行登记保存物品清单	2014年9月11日	略
10	(某)文案立字〔2014〕第044号	立案审批表	2014年9月11日	略
11	(某)文执鉴字〔2014〕第026号	出版物鉴定书	2014年9月12日	略
12	/	中国某出版有限责任公司对出版物《小学语文课后练习》的版权证明材料	2014年9月12日	略
13	/	调查询问通知书	2014年9月12日	略
14	/	调查询问笔录	2014年9月12日	略
15	/	山东某图书批发公司法定代表人身份证复印件	2014年9月12日	略
16	/	山东某图书批发公司工商营业执照复印件	2014年9月12日	略
17	/	山东某图书批发公司出版物经营许可证复印件	2014年9月12日	略
18	/	山东某图书批发公司订金凭证复印件	2014年9月12日	略
19	(某)文终字〔2014〕第044号	调查终结审批表	2014年9月12日	略
20	(某)文罚告字〔2014〕第044号	行政处罚事先告知书	2014年9月12日	略
21	(某)文送字〔2014〕第044－1号	送达回证	2014年9月12日	略
22		山东省非税收入通用票据	2014年9月21日	略
23	(某)文结字〔2014〕第044号	行政处罚案件结案报告	2014年9月21日	略

行政处罚决定书

（某）文罚字〔2014〕第 044 号

当事人：山东某图书批发公司

法定代表人或负责人：王某

住所：某区某路 002 号图书市场内山东某图书批发公司

根据举报线索，2014 年 9 月 10 日 10 时 00 分至 10 时 20 分，某市文化市场执法局执法人员张某（文执证字：370××00）、李某（文执证字：370××01）在出示执法证件并说明调查事项和依据后，依法对正在营业的山东某图书批发公司进行检查。经查，山东某图书批发公司营业执照、出版物经营许可证等证照齐全，并按规定张挂于该图书批发公司营业场所明显处。现场发现，在山东某图书批发公司店内地面上码放着《小学语文课后练习》的出版物 130 本［出版单位：中国某出版有限责任公司，中国标准书号：ISBN 978-0-0000-0000-0，中国版本图书馆 CIP 数据核字（2012）第 000000 号，定价每本 20 元人民币］。执法人员要求现场负责人杨某出示该出版物的相关进销货清单等有关票据及委托发行手续，杨某表示因山东某图书批发公司负责人王某不在，无法当场提供。为进一步调查，经请示某市文化市场执法局副局长张某某批准，执法人员对现场的 130 本《小学语文课后练习》采取证据先行登记保存措施。执法人员制作了现场检查（勘验）笔录，并对执法现场和店内 130 本《小学语文课后练习》拍照取证。

9 月 11 日，某市文化市场执法局依法对山东某图书批发公司涉嫌未经著作权人许可，发行其作品行为予以立案调查，并委托某市出版物鉴定委员会对涉案出版物鉴定。9 月 12 日上午，某市出版物鉴定委员会出具了文书编号为（某）文执鉴〔2014〕26 号的出版物鉴定书，鉴定结果为非法出版物。

经依法调查，查明事实如下：山东某图书批发公司在未取得中国某出版有限责任公司关于销售《小学语文课后练习》出版物的相关许可手续情况下，从一流动商贩手里购进涉案出版物《小学语文课后练习》130 本，且未验证委托发行手续。9 月 4 日，山东某图书批发公司未经著作权人中国某出版有限责任公司许可，以每本 12 元的单价卖给刘某《小学语文课后练习》130 本，当场收到订金人民币 500 元。9 月 10 日上午，交货前，130 本《小学语文课后练习》被某市文化市场执法局执法人员查获。山东某图书批发公司违法经营数额为：每本定价 20 元×130 本＝2600 元。

山东某图书批发公司未经著作权人许可，发行其作品，扰乱正常经营秩序，损害公共利益一案，有以下证据：（1）文化市场举报处理单 1 份；（2）编号为（某）文检（勘）字〔2014〕第 2057 号的现场检查（勘验）笔录 1 份；（3）现场检查照片 3 张；（4）调查询问笔录 1 份；（5）编号为（某）文执鉴〔2014〕26 号的出版物鉴定书 1 份；（6）中国某出版有限责任公司关于《小学语文课后练习》版权证明材料；（7）营业执照复印件 1 份；（8）《出版物经营许可证》复印件 1 份；（9）王某身份证复印件 1 份；（10）订书押金收取凭证复印件 1 份；（11）涉案出版物《小学语文课后练习》130 本［每本定价人民币 20 元］。

上述证据中，证据（7）、（8）、（9）证明山东某图书批发公司依法登记成立，主体合法，资质合法；证据（2）、（3）、（10）证明山东某图书批发公司发行《小学语文课后练习》出版物的事实；证据（5）证明山东某图书批发公司发行的《小学语文课后练习》出版物为非法出版物；证据（6）证明中国某出版有限责任公司拥有《小学语文课后练习》出版物版权；证据（1）和（6）证明中国某出版有限责任公司未授权山东某图书批发公司发行《小学语文课后练习》出版物；证据（4）证明山东某图书批发公司购买、发行《小学语文课后练习》的具体经过以及相关细节；证据（11）证明山东某图书批发公司未经著作权人许可，发行其作品的违法经营额。

山东某图书批发公司上述行为已经违反了《中华人民共和国著作权法》第四十八条第(一)项的规定:"有下列侵权行为的,应当根据情况,承担停止侵害、消除影响、赔礼道歉、赔偿损失等民事责任;同时损害公共利益的,可以由著作权行政管理部门责令停止侵权行为,没收违法所得,没收、销毁侵权复制品,并可处以罚款;情节严重的,著作权行政管理部门还可以没收主要用于制作侵权复制品的材料、工具、设备等;构成犯罪的,依法追究刑事责任:(一)未经著作权人许可,复制、发行、表演、放映、广播、汇编、通过信息网络向公众传播其作品的,本法另有规定的除外。"依据《中华人民共和国著作权法实施条例》第三十六条"有著作权法第四十八条所列侵权行为,同时损害社会公共利益,非法经营额5万元以上的,著作权行政管理部门可处非法经营额1倍以上5倍以下的罚款;没有非法经营额或者非法经营额5万元以下的,著作权行政管理部门根据情节轻重,可处25万元以下的罚款"的规定和本案相关证据,山东某图书批发公司在未经著作权人许可,发行其作品一案中,违法经营数额为:每本定价20元×130本=2600元。当事人违法行为不具有从轻或者减轻、从重情形,按照《某市文化市场行政处罚裁量基准》规定"没有非法经营额或非法经营额在1万元以下的"适用较轻裁量阶次,所以应给予当事人没收130本侵权图书《小学语文课后练习》,罚款人民币5000元的行政处罚。

2014年9月12日,我局向山东某图书批发公司送达了编号为(某)文罚告字〔2014〕第044号的行政处罚事先告知书。截至2014年9月19日,山东某图书批发公司未提出陈述、申辩。

当事人应当自收到本决定书之日起15日内,到某市内中国、工商、建设银行缴纳罚款。逾期不缴纳罚款的,依据《中华人民共和国行政处罚法》第五十一条第(一)项的规定,本机关可每日按罚款数额的3%加处罚款。

当事人如对本处罚决定不服,可在收到本决定书之日起60日内向某市人民政府申请行政复议,也可在收到本决定书之日起6个月内直接向某区人民法院提起行政诉讼。行政复议或行政诉讼期间本处罚决定不停止执行。

逾期不申请行政复议或者提起行政诉讼,又不履行本处罚决定,经催告后仍未履行义务的,依据《中华人民共和国行政强制法》第五十四条的规定,本机关可申请人民法院强制执行。

行政处罚实施机关(印章)
2014年9月20日

送达回证

（某）文送字〔2014〕第 044-2 号

案　　由	山东某图书批发公司未经著作权人许可，发行其作品
送达文件 名称及字号	行政处罚决定书 （某）文罚字〔2014〕第 044 号
受送达人	王某
送达方式	直接送达
送达地点	山东某图书批发公司店内
受送达人或 代收人签名 盖章	王某（手印） 2014 年 9 月 20 日
见证人签名	/　　年　月　日
送达人签名	张某（文执证字：370××00） 李某（文执证字：370××01） 2014 年 9 月 20 日
备　注	

举报处理单

编号 No.〔2014〕020 号

<table>
<tr><td>举报案由</td><td colspan="2">山东某图书批发公司发行侵权盗版出版物</td><td>举报类别</td><td>版权</td></tr>
<tr><td>举报时间</td><td colspan="2">2014 年 9 月 9 日 8 时 50 分</td><td>举报方式</td><td>来访</td></tr>
<tr><td rowspan="4">举报人
信　息</td><td>姓名(名称)</td><td>李某</td><td>性别</td><td>男</td></tr>
<tr><td>联系电话</td><td>12312345</td><td>电子邮件</td><td></td></tr>
<tr><td>通讯地址</td><td colspan="3"></td></tr>
<tr><td>是否要求回复</td><td colspan="3">☑是　□否</td></tr>
<tr><td rowspan="2">被举报人
信　息</td><td>姓名(名称)</td><td>山东某图书批发公司</td><td>联系方式</td><td>12345678</td></tr>
<tr><td>地址</td><td colspan="3">某区中心路 002 号图书市场</td></tr>
<tr><td>接报人</td><td colspan="4">蔡某(370××02)</td></tr>
<tr><td>举报内容及
初步证据</td><td colspan="4">中国某出版有限责任公司来人带着书面举报函举报:某区中心路 002 号图书市场内山东某图书批发公司销售盗用该出版社名称出版的《小学语文课后练习》,且该销售的多数为盗版图书,请求查处保护该公司版权。</td></tr>
<tr><td>接报人
意　见</td><td colspan="4">建议对举报内容进行核查。
签名:张某　2014 年 9 月 9 日</td></tr>
<tr><td>执法部门
意　见</td><td colspan="4">请二大队根据举报内容进行调查核实。
签名:徐某　2014 年 9 月 9 日</td></tr>
<tr><td>回复情况</td><td colspan="4">已回复。
签名:王某　2014 年 9 月 20 日</td></tr>
<tr><td>附件</td><td colspan="4">中国某出版有限责任公司拥有《小学语文课后练习》出版物版权证明材料</td></tr>
<tr><td>备注</td><td colspan="4"></td></tr>
</table>

附件：

中国某出版有限责任公司拥有《小学语文课后练习》出版物版权证明材料

材料一内容：中国某出版有限责任公司出版发行《小学语文课后练习》相关审批材料。（略）

材料二内容：中国某出版有限责任公司与作者朱某签订的版权协议。（略）

材料三内容：中国某出版有限责任公司关于未授权许可山东某图书批发公司发行《小学语文课后练习》的情况说明。（略）

现场检查(勘验)笔录

(某)文检(勘)字〔2014〕第 2057 号

<table>
<tr><td rowspan="4">当事人</td><td rowspan="2">单位</td><td>名称</td><td>山东某图书批发公司</td><td colspan="2">法定代表人或负责人</td><td colspan="2">王某</td></tr>
<tr><td>地址</td><td colspan="3">某区中心路 002 号图书市场</td><td>电话</td><td>12345678</td></tr>
<tr><td rowspan="2">个人</td><td>姓名</td><td></td><td>性别</td><td></td><td>电话</td><td></td></tr>
<tr><td>地址</td><td></td><td colspan="2">证件名称及号码</td><td colspan="2"></td></tr>
<tr><td colspan="2" rowspan="2">现场负责人</td><td>姓名</td><td>杨某</td><td colspan="2">证件名称及号码</td><td colspan="2">身份证
370000000000000000</td></tr>
<tr><td>职务</td><td>店长</td><td colspan="2">电话</td><td colspan="2">87654321</td></tr>
<tr><td colspan="3">检查(勘验)部门</td><td>某市文化市场执法局</td><td colspan="2">记录人</td><td colspan="2">李某</td></tr>
<tr><td colspan="3">执法人员及文执证字</td><td colspan="5">张某(文执证字:370××00)　李某(文执证字:370××01)</td></tr>
<tr><td colspan="3">检查(勘验)地点</td><td>某区中心路 002 号图书市场山东某图书批发公司店内</td><td>检查(勘验)时间</td><td colspan="3">2014 年 9 月 10 日 10 时 00 分至 10 时 20 分</td></tr>
<tr><td colspan="8">现场检查(勘验)情况:根据举报线索,2014 年 9 月 10 日 10 时 00 分至 10 时 20 分,某市文化市场执法局执法人员张某(文执证字:370××00)、李某(文执证字:370××01)在出示执法证件并说明调查事项和依据后,依法对正在营业的山东某图书批发公司进行检查。经查,该图书批发公司营业执照、出版物经营许可证等证照齐全,并按规定张挂于店内明显处。现场发现,在该图书批发公司店内地面上码放着出版物《小学语文课后练习》130 本[出版单位:中国某出版有限责任公司,中国标准书号:ISBN 978-0-0000-0000-0,中国版本图书馆 CIP 数据核字(2012)第 000000 号]。执法人员要求现场负责人杨某出示该出版物的相关进销货清单等有关票据及委托发行手续,杨某表示因该图书批发公司负责人王某不在,无法当场提供。为进一步调查,经电话请示某市文化市场执法局副局长张某某批准,执法人员对现场的 130 本《小学语文课后练习》采取证据先行登记保存措施,并对执法现场和 130 本《小学语文课后练习》拍照取证。
以上内容已阅,情况属实。　杨某(手印)　2014 年 9 月 10 日</td></tr>
</table>

执法人员签名:张某　李某　　　　2014 年 9 月 10 日

当事人签名或盖章:杨某(手印)　　　　2014 年 9 月 10 日

行政处罚实施机关(印章)

2014 年 9 月 10 日

现场检查照片

2014年9月10日10时00分至10时20分，某市文化市场执法局执法人员张某（文执证字：370××00）、李某（文执证字：370××01）在出示执法证件并说明调查事项和依据后，依法对正在营业的山东某图书批发公司进行检查。执法人员现场取证，共拍摄照片3张。当事人、执法人员对每张照片逐一签字确认后，存入本案卷（示范案卷略）。

证据先行登记保存审批表

<table>
<tr><td colspan="2">案件来源</td><td colspan="6">群众举报</td></tr>
<tr><td colspan="2">案　　由</td><td colspan="6">涉嫌未经著作权人许可，发行其作品</td></tr>
<tr><td rowspan="4">当事人</td><td rowspan="2">单位</td><td>名称</td><td colspan="2">山东某图书批发公司</td><td colspan="2">法定代表人
或负责人</td><td>王某</td></tr>
<tr><td>地址</td><td colspan="3">某区中心路002号图书市场</td><td>电话</td><td>12345678</td></tr>
<tr><td rowspan="2">个人</td><td>姓名</td><td></td><td>性别</td><td></td><td>电话</td><td></td></tr>
<tr><td>地址</td><td colspan="2"></td><td colspan="2">证件名称及号码</td><td></td></tr>
<tr><td colspan="2">案情概要</td><td colspan="6">根据举报线索，2014年9月10日10时00分至10时20分，某市文化市场执法局执法人员张某（文执证字：370××00）、李某（文执证字：370××01）在出示执法证件并说明调查事项和依据后，依法对正在营业的山东某图书批发公司进行检查。经查，该图书批发公司营业执照、出版物经营许可证等证照齐全，并按规定张挂于公司店内明显处。现场发现，在该图书批发公司店内地面上码放着出版物《小学语文课后练习》130本[出版单位：中国某出版有限责任公司，中国标准书号：ISBN 978-0-0000-0000-0，中国版本图书馆CIP数据核字（2012）第000000号]。执法人员要求现场负责人杨某出示该出版物的相关进销货清单等有关票据及委托发行手续，杨某表示因山东某图书批发公司负责人王某不在，无法当场提供。</td></tr>
<tr><td colspan="2">审批事项</td><td colspan="6">依据《中华人民共和国行政处罚法》第三十七条第二款的规定，对当事人正在销售的130本涉嫌侵权盗版出版物《小学语文课后练习》进行证据现行登记保存。
承办人：张某　李某　　2014年9月10日</td></tr>
<tr><td colspan="2">承办部门
意　　见</td><td colspan="6">同意进行证据先行登记保存。
负责人：张某　　2014年9月10日</td></tr>
<tr><td colspan="2">法制部门
意　　见</td><td colspan="6">同意办案人员意见。
负责人：郝某　　2014年9月10日</td></tr>
<tr><td colspan="2">承办机构
意　　见</td><td colspan="6">同意承办人员意见。
负责人：徐某　　2014年9月10日</td></tr>
<tr><td colspan="2">行政处罚
实施机关
意　　见</td><td colspan="6">同意。
负责人：张某某　　2014年9月10日</td></tr>
</table>

证据先行登记保存通知书

（某）文保字〔2014〕第 2001 号

山东某图书批发公司：

你（单位）因涉嫌未经著作权人许可，发行其作品的行为，涉嫌违反了《中华人民共和国著作权法》第四十八条第（一）项的规定，根据《中华人民共和国行政处罚法》第三十七条第二款的规定，本机关决定对有关证据（详见证据先行登记保存物品清单）采取先行登记保存措施。先行登记保存期间，任何单位或者个人不得销毁或者转移保存的物品。

保存方式：异地保存

保存地点：某市文化市场执法局（某区华光路 001 号）

保存期限：2014 年 9 月 10 日至 2014 年 9 月 16 日

执法人员签名及文执证字：*张某（文执证字：370××00）*　*李某（文执证字：370××01）*

联系电话：05××-2000××××

附：证据先行登记保存物品清单

行政处罚实施机关（印章）
2014 年 9 月 10 日

本通知书已于 *2014* 年 *9* 月 *10* 日 *10* 时 *30* 分收到。

签收人签名或者盖章：*杨某（手印）*　联系电话：87654321

（本通知书一式三份，一份随案，一份备存，一份送达当事人。）

附件：

证据先行登记保存物品清单

当事人：山东某图书批发公司

法定代表人或负责人：王某

联系电话：123456789

地址：某区中心路002号图书市场

编号	物品名称	单位	数量	备注
1	《小学语文课后练习》	本	130	

以上物品，清单与实物一致。

执法人员签名及执法证号：*张某（文执证字：370××00）　李某（文执证字：370××01）*

见证人：/

行政处罚实施机关（印章）

2014年9月10日

本清单已于*2014*年*9*月*10*日*10*时*30*分收到。

签收人签名或者盖章：*杨某（手印）*　联系电话：87654321

[本清单一式三份，一份随案，一份备存，一份送达当事人。本清单在采取证据先行登记保存、抽样取证、（解除）查封（扣押）等措施时使用。]

证据先行登记保存处理告知书

（某）文保告字〔2014〕第 2001 号

山东某图书批发公司：

本机关以证据先行登记保存通知书［（某）文保字〔2014〕2002 号］对你（单位）有关物品（详见证据先行登记保存物品清单）予以先行登记保存。因你单位涉嫌未经著作权人许可，发行其作品，依据《中华人民共和国行政处罚法》第三十七条第二款的规定，现作出以下处理决定：

☑于 2014 年 9 月 11 日送鉴定机构鉴定。

□退还当事人。

□随案件移送________________处理。

□解除证据先行登记保存措施。

□其他：________________。

执法人员签名及文执证字：张某（文执证字：370××00）　李某（文执证字：370××01）

联系电话：05××-2000××××

附：证据先行登记保存物品清单

行政处罚实施机关（印章）
2014 年 9 月 11 日

本告知书已于 2014 年 9 月 11 日 9 时 30 分收到。

签收人签名或者盖章：杨某（手印）　联系电话：87654321

（本告知书一式三份，一份随案，一份备存，一份送达当事人。）

附件：

证据先行登记保存物品清单

当事人：山东某图书批发公司
法定代表人或负责人：王某
联系电话：123456789
地址：X某区中心路002号图书市场

编号	物品名称	单位	数量	备注
1	《小学语文课后练习》	本	130	

以上物品，清单与实物一致。
执法人员签名及执法证号：张某（文执证字：370××00） 李某（文执证字：370××01）
见证人：/

行政处罚实施机关（印章）
2014年9月11日

本清单已于2014年9月11日9时30分收到。
签收人签名或者盖章：杨某（手印） 联系电话：87654321
［本清单一式三份，一份随案，一份备存，一份送达当事人。本清单在采取证据先行登记保存、抽样取证、（解除）查封（扣押）等措施时使用。］

立案审批表

（某）文案立字〔2014〕第 044 号

<table>
<tr><td colspan="2">案　　由</td><td colspan="6">涉嫌未经著作权人许可，发行其作品</td></tr>
<tr><td colspan="2">案件来源</td><td colspan="2">举报</td><td colspan="2">办理部门</td><td colspan="2">一大队</td></tr>
<tr><td rowspan="4">当事人</td><td rowspan="2">单位</td><td>名称</td><td>山东某图书批发公司</td><td colspan="2">法定代表人
或负责人</td><td colspan="2">王某</td></tr>
<tr><td>地址</td><td colspan="3">某区中心路 002 号图书市场</td><td>电话</td><td>12345678</td></tr>
<tr><td rowspan="2">个人</td><td>姓名</td><td></td><td>性别</td><td></td><td>电话</td><td></td></tr>
<tr><td>地址</td><td colspan="2"></td><td colspan="2">证件名称及号码</td><td></td></tr>
<tr><td colspan="2">案情概要</td><td colspan="6">根据举报线索，2014 年 9 月 10 日 10 时 00 分至 10 时 20 分，某市文化市场执法局执法人员张某（文执证字：370××00）、李某（文执证字：370××01）在出示执法证件并说明调查事项和依据后，依法对正在营业的山东某图书批发公司进行检查。经查，该图书批发公司营业执照、出版物经营许可证等证照齐全，并按规定张挂于店内明显处。现场发现，在该图书批发公司店内地面上码放着出版物《小学语文课后练习》130 本[出版单位：中国某出版有限责任公司，中国标准书号：ISBN 978-0-0000-0000-0，中国版本图书馆 CIP 数据核字（2012）第 000000 号]。执法人员要求现场负责人杨某出示该出版物的相关进销货清单等有关票据及委托发行手续，杨某表示因该图书批发公司负责人王某不在，无法当场提供。为进一步调查，经电话请示某市文化市场执法局副局长张某某批准，执法人员对现场的 130 本《小学语文课后练习》采取证据先行登记保存措施，并对执法现场和 130 本《小学语文课后练习》拍照取证。</td></tr>
<tr><td colspan="2">承办人
意　见</td><td colspan="6">建议立案，做进一步调查。
承办人：张某　李某　　2014 年 9 月 11 日</td></tr>
<tr><td colspan="2">承办部门
意　　见</td><td colspan="6">同意承办人员意见。
负责人：张某　　2014 年 9 月 11 日</td></tr>
<tr><td colspan="2">法制部门
意　　见</td><td colspan="6">同意办案人员意见。
负责人：郝某　　2014 年 9 月 11 日</td></tr>
<tr><td colspan="2">承办机构
意　　见</td><td colspan="6">同意承办人员意见。
负责人：徐某　　2014 年 9 月 11 日</td></tr>
<tr><td colspan="2">行政处罚
实施机关
意　　见</td><td colspan="6">同意立案。
负责人：张某某　　2014 年 9 月 11 日</td></tr>
<tr><td colspan="2">备注</td><td colspan="6">/</td></tr>
</table>

出版物鉴定书

(某)文执鉴字〔2014〕第 26 号

出版物基本情况:

名称:《小学语文课后练习》;编著:朱某;责任编辑:胡某、贾某。

出版发行:中国某出版有限责任公司;载体形式:图书;印刷:山东某新华印刷厂;定价:20.00 元;版次:2012 年 1 月第 1 版;印次:2014 年 5 月第 4 次印刷;书号:ISBN 978-0-0000-0000-0,中国版本图书馆 CIP 数据核字(2012)第 000000 号;数量:130 本。

某市文化市场执法局根据群众举报线索,2014 年 9 月 10 日对山东某图书批发公司进行检查时现场发现出版物《小学语文课后练习》130 本,某市文化市场执法局于 9 月 11 日提请对上述出版物进行鉴定是否为非法出版物。

鉴定情况:

根据中国某出版有限责任公司提供的版权材料,确认《小学语文课后练习》系盗印该出版社正式出版并发行的《小学语文课后练习》。

鉴定结论:根据《出版管理条例》第二十九条,国家新闻出版总署《关于认定、查禁非法出版物的若干问题的通知》的规定,以上出版物属非法出版物。

鉴定人:郑某、徐某

某市出版物鉴定委员会专用章

2014 年 9 月 12 日

中国某出版有限责任公司对出版物《小学语文课后练习》的版权证明材料

材料一内容：中国某出版有限责任公司出版发行《小学语文课后练习》相关审批材料。（略）

材料二内容：中国某出版有限责任公司与作者朱某签订的版权协议。（略）

材料三内容：中国某出版有限责任公司关于未授权许可山东某图书批发公司发行《小学语文课后练习》的情况说明。（略）

调查询问通知书

山东某图书批发公司：

因涉嫌未经著作权人许可，发行其作品，依据《中华人民共和国行政处罚法》第三十七条的规定，请你（单位）于 2014 年 9 月 12 日 14 时到某市文化市场执法局接受调查询问，并携带下列材料：

☑被询问人的有效身份证件；

☑经营许可证；

☑营业执照；

☑法定代表人或负责人身份证明；

☑如委托他人前来，须出具有效的授权委托书及被委托人的有效身份证明；

☑其他：《小学语文课后练习》的进销货清单及委托发行行手续。

如无法按时前来，请及时联系。

联系人：张某、李某

联系电话：05××-2000××××

行政处罚实施机关（印章）
2014 年 9 月 12 日

本通知书已于 2014 年 9 月 12 日 10 时 50 分收到。

签收人签名或者盖章：杨某（手印）　联系电话：87654321

（本通知书一式三份，一份随案，一份备存，一份送达当事人。）

调查询问笔录

调查询问事项:山东某图书批发公司涉嫌未经著作权人许可,发行其作品
第几次询问:1
调查询问时间:2014 年 9 月 12 日 14 时 00 分至 2014 年 9 月 12 日 16 时 00 分
调查询问地点:某市文化市场执法局笔录室
调查询问人:张某(文执证字:370××00) 李某(文执证字:370××01)
被调查询问人:王某 **性别**:男 **出生年月**:1966 年 7 月 2 日
住址:某区中心路 002 号图书市场内山东某图书批发公司
见证人:/ **证件名称及号码**:/
记录人:李某(文执证字:370××01)
询问内容:

问:你好,我们是某市文化市场执法局行政执法人员,我叫张某(文执证字:370××00),他叫李某(文执证字:370××01),这是我们的行政执法证(出示证件),你看清楚了吗?

答:看清楚了。

问:关于某东某图书批发公司涉嫌未经著作权人许可,发行其作品一案,我们依法对你进行调查询问,请你如实回答。如作伪证,要负法律责任,你依法享有陈述权和申辩权,你明白吗?

答:明白了。

问:在场进行调查询问的执法人员,你认为如有需要回避的,请申请回避 。

答:没有。

问:请你介绍一下你的基本情况?

答:我叫王某,性别男,出生年月:1966 年 7 年 2 日,民族:汉族,工作单位:山东某图书批发公司,家庭住址:某区柳泉路 6 号院 1 号楼 101。

问:根据举报,你单位正在销售的《小学语文课后练习》[出版发行:中国某出版有限责任公司,书号:ISBN 978-0-0000-0000-0,中国版本图书馆 CIP 数据核字(2012)第 000000 号,定价:20.00 元]涉嫌为侵犯著作权出版物。2014 年 9 月 10 日 10 时 00 分至 10 时 20 分,某市文化市场执法局执法人员张某、李某等在出示执法证件后,对你单位进行执法检查时,发现你单位正在销售涉嫌侵权盗版的出版物《小学语文课后练习》130 本,执法人员当场要求现场负责人杨某提供该图书进销货清单等票据及委托发行手续,现场负责人杨某未能当场提供,执法人员依法对该图书进行证据先行登记保存,对执法现场和店内 130 本出版物《小学语文课后练习》进行拍照取证。请你说明情况。

答:好的,你们检查时,店长杨某在,我有事没在店里。后来杨某把检查情况都给我说了,我看了一下店里的监控录像,还有你们留给我们的执法文书,我对你们去检查时的情况没有异议。

问:山东某图书批发公司的法定代表人是谁?

答:山东某图书批发公司的法定代表人是我,王某。

被询问人签名或者盖章:王某(手印) 询问人签名:张某 李某

问:检查中发现的 130 本《小学语文课后练习》是从哪里进的货?

答:《小学语文课后练习》是一个我不认识的人到我店里进行推销的。

问:总共进了多少货?

答:这 130 本就是全部进的货。

问:有购货合同或者票据等购销凭证吗?

答:没有。

问:你能提供该书来源或者该书印刷等信息吗?

答:提供不了,推销的人我不认识,据他说这些书是往学校推销剩下的。

问:《小学语文课后练习》定价是多少?

答:书后面有,每本定价人民币 20 元。

问:这些图书你销售到哪里?

答:我卖给了一个订书的客户。

问:什么时间订的?

答:2014 年 9 月 4 日订的。

问:订货人订了多少本? 请说明订货人的身份信息和联系方式?

答:全部定了,共 130 本,订货人叫冯某,电话是 13579××××。

问:有订货合同吗?

答:没有。只收了他 500 元订金,开了一张订金单据。

问:什么时候交货?

答:约定是 2014 年 9 月 10 日上午交货,还没交货就让你们全部查获了,没法交货了。

问:进价是多少?

答:进价是按处理价每本 10 元。

问:零售价是多少?

答:零售价是每本 12 元。

问:经我们进一步调查核实,《小学语文课后练习》的版权属于中国某出版有限责任公司,你销售《小学语文课后练习》,能提供这些图书的征订发行委托书和进货单据吗?

答:没有委托书,也没有单据。

问:文书编号为(某)文执鉴〔2014〕第 26 号的出版物鉴定书鉴定结果显示,你销售的《小学语文课后练习》系盗印中国某出版有限责任公司正式出版并发行的《小学语文课后练习》,属于非法出版物。你看一下,有没有异议?

答:我看完了,认可鉴定结论。

问:你还有什么需要说明的吗?

答:我只收取了 500 元订金,交不了货订金是要全部退还给人家的,我认为不能算我的收入。

问:请你谈谈对这件事的认识。

答:以后严格把关进货渠道,把图书的手续整理齐全再进货。

问:以上笔录内容请你仔细阅读。如记录有误请你纠正,如需要补充说明的请你补充说明。如记录无误或无须补充说明的,请你签字。

答:(阅读后)笔录经本人阅过,记录无误。

被调查询问人:王某(手印)

被询问人签名或者盖章:王某(手印)　询问人签名:张某　李某

共 2 页　第 2 页

山东某图书批发公司法定代表人王某身份证复印件

正面
（示范案卷略）

反面
（示范案卷略）

复印属实。经核对与原件一致。

王某（手印）
2017年6月27日

山东某图书批发公司
工商营业执照复印件

（示范案卷略）

复印属实。经核对与原件一致。

王某（手印）

2014年9月12日

山东某图书批发公司
出版物经营许可证复印件

（示范案卷略）

复印属实。经核对与原件一致。

王某（手印）

2014年9月12日

山东某图书批发公司订金凭证复印件

（示范案卷略）

复印属实。经核对与原件一致。

王某（手印）

2014年9月12日

调查终结审批表

某文终字〔2014〕第044号

案　　由	未经著作权人许可，发行其作品
当事人的基本情况	山东某图书批发公司　法定代表人：王某　地址：某区中心路002号图书市场 联系电话：12345678　身份证号：370000000000000000
调查经过	根据举报线索，2014年9月10日10时00分至10时20分，某市文化市场执法局执法人员张某（文执证字：370××00）、李某（文执证字：370××01）在出示执法证件并说明调查事项和依据后，依法对正在营业的山东某图书批发公司进行检查。经查，该图书批发公司营业执照、出版物经营许可证等证照齐全，并按规定张挂于店内明显处。现场发现，在该图书批发公司店内地面上码放着出版物《小学语文课后练习》130本[出版单位：中国某出版有限责任公司，中国标准书号：ISBN 978-0-0000-0000-0，中国版本图书馆CIP数据核字(2012)第000000号]。执法人员要求现场负责人杨某出示该出版物的相关进销货清单等有关票据及委托发行手续，杨某表示因该图书批发公司负责人王某不在，无法当场提供。为进一步调查，经电话请示某市文化市场执法局副局长张某某批准，执法人员对现场的130本《小学语文课后练习》采取证据先行登记保存措施，并对执法现场和130本《小学语文课后练习》拍照取证。9月12日，经某市出版物鉴定委员会鉴定，《小学语文课后练习》为非法出版物，根据中国某出版有限责任公司版权提供的版权证明材料，山东某图书批发公司侵犯了中国某出版有限责任公司版权。
违法事实证据记录	(1)举报处理单编号№：〔2014〕020号；(2)编号为（某）文检（勘）〔2014〕第2057号的现场检查（勘验）笔录及执法现场照片；(3)编号为（某）文保字〔2014〕2002号的《证据先行登记保存通知书》及物品清单；(4)编号为（某）文保告字〔2014〕第2002号的证据先行登记保存处理告知书及物品清单；(5)《调查询问笔录》；(6)出版物鉴定书；(7)身份证复印件；(8)营业执照复印件；(9)出版物经营许可证复印件；(10)订书押金收取凭证复印件。
处罚依据	《中华人民共和国著作权法》第四十八条第（一）项、《中华人民共和国著作权法实施条例》第三十六条的规定。
处理建议	建议给予当事人没收侵权复制品《小学语文课后练习》130本，并处罚款人民币5000元整的行政处罚。 承办人：张某　李某　　2014年9月12日
承办部门意　　见	同意承办人员意见。 负责人：张某　　2014年9月12日
法制部门意　　见	同意办案人员意见。 负责人：郝某　　2014年9月12日
承办机构意　　见	同意承办人员意见。 负责人：徐某　　2014年9月12日
行政处罚实施机关意　　见	同意。 负责人：张某某　　2014年9月12日

行政处罚事先告知书

（某）文罚告字〔2014〕第 044 号

当事人：山东某图书批发公司

法定代表人或负责人：王某

住所：某区中心路 002 号图书市场内山东某图书批发公司

根据举报线索，2014 年 9 月 10 日 10 时 00 分至 10 时 20 分，某市文化市场执法局执法人员张某（文执证字：370××00）、李某（文执证字：370××01）在出示执法证件并说明调查事项和依据后，依法对正在营业的山东某图书批发公司进行检查。经查，山东某图书批发公司营业执照、出版物经营许可证等证照齐全并按规定张挂于该图书批发公司营业场所明显处。现场发现，在山东某图书批发公司店内地面上码放着《小学语文课后练习》的出版物 130 本[出版单位：中国某出版有限责任公司，中国标准书号：ISBN 978-0-0000-0000-0，中国版本图书馆 CIP 数据核字(2012)第 000000 号，定价每本 20 元人民币]。执法人员要求现场负责人杨某出示该出版物的相关进销货清单等有关票据及委托发行手续，杨某表示因山东某图书批发公司负责人王某不在，无法当场提供。为进一步调查，经请示某市文化市场执法局副局长张某某批准，执法人员对现场的 130 本《小学语文课后练习》采取证据先行登记保存措施。执法人员制作了现场检查（勘验）笔录，并对执法现场和店内 130 本《小学语文课后练习》拍照取证。

9 月 11 日，某市文化市场执法局依法对山东某图书批发公司涉嫌未经著作权人许可，发行其作品行为予以立案调查，并委托某市出版物鉴定委员会对涉案出版物鉴定。9 月 12 日上午，某市出版物鉴定委员会出具了文书编号为（某）文执鉴〔2014〕26 号的出版物鉴定书，鉴定结果为非法出版物。

经依法调查，查明事实如下：山东某图书批发公司在未取得中国某出版有限责任公司关于销售《小学语文课后练习》出版物的相关许可手续情况下，从一流动商贩手里购进涉案出版物《小学语文课后练习》130 本，且未验证委托发行手续。9 月 4 日，山东某图书批发公司未经著作权人中国某出版有限责任公司许可，以每本 12 元的单价卖给刘某图书《小学语文课后练习》130 本，当场收到订金人民币 500 元。9 月 10 日上午，交货前，130 本《小学语文课后练习》被某市文化市场执法局执法人员查获。山东某图书批发公司违法经营数额为：每本定价 20 元×130 本＝2600 元。

山东某图书批发公司未经著作权人许可，发行其作品，扰乱正常经营秩序，损害公共利益一案，有以下证据：(1)文化市场举报处理单 1 份；(2)编号为（某）文检（勘）字〔2014〕第 2057 号的现场检查（勘验）笔录 1 份；(3)现场检查照片 3 张；(4)调查询问笔录 1 份；(5)编号为（某）文执鉴〔2014〕26 号的出版物鉴定书；(6)中国某出版有限责任公司关于《小学语文课后练习》版权证明材料；(7)营业执照复印件 1 份；(8)出版物经营许可证复印件 1 份；(9)王某身份证复印件 1 份；(10)订书押金收取凭证复印件 1 份；(11)涉案出版物《小学语文课后练习》130 本[每本定价人民币 20 元]。

上述证据中，证据(7)、(8)、(9)证明山东某图书批发公司依法登记成立，主体合法，资质合法；证据(2)、(3)、(10)证明山东某图书批发公司发行《小学语文课后练习》出版物的事实；证据(5)证明山东某图书批发公司发行的《小学语文课后练习》出版物为非法出版物；证据(6)证明中国某出版有限责任公司拥有《小学语文课后练习》出版物版权；证据(1)和(6)证明中国某出版有限责任公司未授权山东某图书批发公司发行《小学语文课后练习》出版物；证据(4)证明山东某图书批发公司购买、发行《小学语文课后练习》的具体经过以及相关细节；证据(11)证明山东某图书批发公司未经著作权人许可，发行其作品的违法经营额。

山东某图书批发公司上述行为已经违反了《中华人民共和国著作权法》第四十八条第(一)项的规定："有下列侵权行为的，应当根据情况，承担停止侵害、消除影响、赔礼道歉、赔偿损失等民事责任；同时损害公共利益的，可以由著作权行政管理部门责令停止侵权行为，没收违法所得，没收、销毁侵权复制品，并可处以罚款；情节严重的，著作权行政管理部门还可以没收主要用于制作侵权复制品的材料、工具、设备等；构成犯罪的，依法追究刑事责任：(一)未经著作权人许可，复制、发行、表演、放映、广播、汇编、通过信息网络向公众传播其作品的，本法另有规定的除外。"依据《中华人民共和国著作权法实施条例》第三十六条"有著作权法第四十八条所列侵权行为，同时损害社会公共利益，非法经营额5万元以上的，著作权行政管理部门可处非法经营额1倍以上5倍以下的罚款；没有非法经营额或者非法经营额5万元以下的，著作权行政管理部门根据情节轻重，可处25万元以下的罚款"的规定和本案相关证据，山东某图书批发公司在未经著作权人许可，发行其作品一案中，违法经营数额为：每本定价20元×130本=2600元。当事人违法行为不具有从轻或者减轻、从重情形，按照《某市文化市场行政处罚裁量基准》规定"没有非法经营额或非法经营额在1万元以下的"适用较轻裁量阶次，所以拟给予当事人没收130本侵权图书《小学语文课后练习》，罚款人民币5000元的行政处罚。

同时，根据《中华人民共和国行政处罚法》第三十一条、第三十二条的规定，你有就本案进行陈述和申辩的权利，现予告知。如不服本拟处罚决定，可在收到本告知书后向本机关提出陈述和申辩，本机关将在3日后作出行政处罚。

行政处罚实施机关(印章)
2014年9月12日

送达回证

(某)文送字〔2014〕第 044—1 号

案由	山东某图书批发公司未经著作权人许可,发行其作品
送达执法文书 名称及文号	行政处罚事先告知书 (某)文罚告字〔2014〕第 044 号
受送达人	王某
送达方式	直接送达
送达地点	山东某图书批发公司店内
受送达人 签名或者盖章	王某(手印) 2014 年 9 月 12 日
见证人签名	/ 年 月 日
送达人签名	张某 李某 2014 年 9 月 12 日
备 注	我认可拟处罚结果,放弃陈述和申辩。 王某(手印) 2014 年 9 月 12 日

山东省非税收入通用票据

（示范案卷略）

行政处罚案件结案报告

（某）文结字〔2014〕第 044 号

案　由	未经著作权人许可，发行其作品	行政处罚决定书文号	（某）文罚字〔2014〕第 044 号
当事人	山东某图书批发公司　法定代表人：王某　地址：某区中心路 002 号图书市场　联系电话：123456789 身份证号：37000000000		
立案时间	2014 年 9 月 11 日	办案人员	张某、李某
简要案情及查处经过	根据举报线索，2014 年 9 月 10 日 10 时 00 分至 10 时 20 分，某市文化市场执法局执法人员张某（文执证字：370××00）、李某（文执证字：370××01）在出示执法证件并说明调查事项和依据后，依法对正在营业的山东某图书批发公司进行检查。经查，该图书批发公司营业执照、出版物经营许可证等证照齐全，并按规定张挂于店内明显处。现场发现，在该图书批发公司店内地面上码放着出版物《小学语文课后练习》130 本［出版单位：中国某出版有限责任公司，中国标准书号：ISBN 978-0-0000-0000-0，中国版本图书馆 CIP 数据核字（2012）第 000000 号］。执法人员要求现场负责人杨某出示该出版物的相关进销货清单等有关票据及委托发行手续，杨某表示因该图书批发公司负责人王某不在，无法当场提供。为进一步调查，经电话请示某市文化市场执法局副局长张某某批准，执法人员对现场的 130 本《小学语文课后练习》采取证据先行登记保存措施，并对执法现场和 130 本《小学语文课后练习》拍照取证。9 月 12 日，经某市出版物鉴定委员会鉴定，《小学语文课后练习》为非法出版物，根据中国某出版有限责任公司版权提供的版权证明材料，山东某图书批发公司侵犯了中国某出版有限责任公司版权。		
行政处罚内容	给予当事人没收侵权复制品 130 本，并处罚款人民币 5000 元整的行政处罚。		
处罚执行情况	已执行完毕。		
罚没财物处置情况	已入库，择机销毁。		
承办人员意　见	建议结案。 承办人：张某　李某　　2014 年 9 月 21 日		
承办部门意　见	同意结案。 负责人：张某　　2014 年 9 月 21 日		

法制部门 意　　见	同意结案。 负责人：郝某　　2014 年 9 月 21 日
承办机构 意　　见	同意结案。 负责人：徐某　　2014 年 9 月 21 日
行政处罚 实施机关 意　　见	同意结案。 负责人：张某某　　2014 年 9 月 21 日

卷内备考表

本卷情况说明：

本案卷于 2014 年 9 月 22 日立卷；
本册连封面带封底共计 39 页；
本案卷于 2014 年 9 月 22 日经检验合格。责任人:甄某某

立 卷 人:张某　李某
检 验 人:甄某某
立卷时间:2014 年 9 月 22 日

第二篇　相关法规

山东省行政程序规定

山东省人民政府令第238号

《山东省行政程序规定》已经2011年5月25日省政府第101次常务会议通过，现予公布，自2012年1月1日起施行。

省长　姜大明

二〇一一年六月二十二日

第一章　总　则

第一条　为了规范行政行为，保护公民、法人和其他组织的合法权益，保障和监督行政机关依法行政，建设法治政府，根据有关法律、法规，结合本省实际，制定本规定。

第二条　本省各级行政机关、法律法规授权的组织和依法受委托的组织实施行政行为，应当遵守本规定。法律、法规另有规定的，从其规定。

第三条　行政机关应当依照法律、法规、规章，在法定权限内，按照法定程序实施行政行为。

第四条　没有法律、法规、规章依据，行政机关不得作出影响公民、法人和其他组织合法权益或者增加其义务的决定。

第五条　行政机关应当公正行使行政权力，平等对待公民、法人和其他组织。

行政机关行使行政裁量权应当符合立法目的，采取的措施和手段应当必要、适当；实施行政管理可以采取多种方式实现行政目的的，应当选择最有利于保护公民、法人和其他组织合法权益的方式。

第六条　行政机关应当将实施行政行为的依据、过程和结果依法公开。但是涉及国家秘密、商业秘密和个人隐私的除外。

涉及公民、法人和其他组织权利义务的行政文件、档案，应当依法允许查阅、摘录、复制。

第七条　公民、法人和其他组织因行政行为取得的正当权益受法律保护。非因法定事由并经法定程序，行政机关不得撤销、变更已经生效的行政决定；因公共利益或者其他法定事由必须撤销或者变更的，应当依照法定权限和程序进行，并对公民、法人和其他组织因此遭受的财产损失依法予以补偿。

第八条　公民、法人和其他组织有权提出行政管理的意见和建议，行政机关应当提供必要条件，采纳其合理意见和建议。

第九条　行政机关实施行政行为，可能影响公民、法人和其他组织合法权益的，除法定情形外，应当书面告知其事实、理由、依据，陈述权、申辩权，以及行政救济的途径、方式和期限。

第十条　行政机关实施行政行为，应当遵守法定期限或者承诺期限，为公民、法人和其他组织提供高效、优质服务。

第十一条　县级以上人民政府负责本规定在本行政区域内的实施工作。

县级以上人民政府法制机构和政府工作部门法制机构负责本规定实施的具体工作。县级以上人民政府办公厅(室)和机构编制、监察、人力资源社会保障、财政等部门，按照各自的职责分工，做好本规定实施的相关工作。

第二章 行政程序主体

第十二条 行政机关行使职权应当依照法律、法规、规章的规定。

法律、法规、规章对上下级行政机关之间的职权未作出明确规定的，上级行政机关应当按照有利于发挥行政效能、财权与事权相匹配、权力与责任相一致、管理重心适当下移等原则确定。

第十三条 行政机关的内设机构或者派出机构应当以其隶属的行政机关的名义作出行政决定，并由该行政机关承担法律责任。但是法律、法规另有规定的除外。

第十四条 法律、法规授权的具有管理公共事务职能的组织，在法定授权范围内，以自己的名义行使行政职权并承担相应的法律责任。

第十五条 行政机关可以根据法律、法规、规章的规定，委托行政机关或者具有管理公共事务职能的组织行使行政职权，受委托行政机关或者组织应当具备履行相应职责的条件，并在委托的范围内，以委托行政机关的名义行使行政职权，由此所产生的后果由委托行政机关承担法律责任。受委托行政机关或者组织不得将受委托的行政职权再委托给其他行政机关、组织或者个人。

委托行政机关应当将受委托主体和委托的行政职权内容向社会公告，并对受委托行政机关或者组织行使受委托行政职权的行为进行指导、监督。

第十六条 行政机关与受委托行政机关、组织之间应当签订书面委托协议，并报本级人民政府法制机构备案。委托协议应当包括委托依据、事项、权限、期限、双方权利和义务、法律责任等内容。

有下列情形之一的，应当及时解除委托协议，并向社会公布：

（一）委托期限届满的；

（二）受委托行政机关或者组织超越、滥用行政职权或者不履行行政职责的；

（三）受委托行政机关或者组织不再具备履行相应职责条件的；

（四）应当解除委托协议的其他情形。

第十七条 有下列情形之一的，行政机关应当请求相关行政机关协助：

（一）独立行使职权不能实现行政目的的；

（二）不能自行调查、取得所需事实资料的；

（三）执行公务所需文书、资料、信息为其他行政机关所掌握，自行收集难以取得的；

（四）应当请求行政协助的其他情形。

被请求协助的行政机关应当及时履行协助义务，不得推诿或者拒绝。不能提供协助的，应当以书面形式及时告知请求机关并说明理由。

因行政协助发生争议的，由请求机关与协助机关共同的上一级行政机关决定。

第十八条 行政机关的地域管辖权依照法律、法规、规章规定确定；没有明确规定的，由行政管理事项发生地的行政机关管辖，但是有下列情形之一的除外：

（一）涉及公民身份事务的，由其住所地行政机关管辖；住所地与经常居住地不一致的，由经常居住地行政机关管辖；住所地与经常居住地都不明确的，由最后居住地行政机关管辖；

（二）涉及法人和其他组织主体资格事务的，由其主要营业地或者主要办事机构所在地行政机关管辖；

（三）涉及不动产的，由不动产所在地行政机关管辖。

第十九条 行政机关受理公民、法人和其他组织的申请或者依职权启动行政程序后，认为不属于自己管辖的，应当移送有管辖权的行政机关，并通知当事人；受移送的行政机关认为不属于自己管辖的，不得再行移送，应当报请共同上一级行政机关指定管辖。

公民、法人和其他组织在法定期限内提出申请，依照前款规定移送有管辖权的行政机关的，视为已在法定期限内提出申请。

第二十条 两个以上行政机关对同一行政管理事项都有管辖权的，由先受理的行政机关管辖；发生管辖争议的，由共同上一级行政机关指定管辖。情况紧急、不及时采取措施将对公共利益或者公民、法人和其他组织合法权益造成重大损害的，行政管理事项发生地的行政机关应当进行必要处理，并立即通知有管辖权的行政机关。

第二十一条 行政机关之间发生职权争议的，由争议各方协商解决；协商不成的，依照下列规定处理：

（一）涉及职权划分的，由有管辖权的机构编制部门提出协调意见，报本级人民政府决定；

（二）涉及执行法律、法规、规章的，由有管辖权的政府法制机构依法协调处理；涉及重大事项的，由政府法制机构提出意见，报本级人民政府决定。

第二十二条 行政机关工作人员执行公务时，有下列情形之一的，应当自行申请回避；本人未申请回避的，行政机关应当责令回避；公民、法人和其他组织也可以以书面形式提出回避申请：

（一）与本人有利害关系的；

（二）与本人有夫妻关系、直系血亲关系、三代以内旁系血亲关系以及近姻亲关系的；

（三）可能影响公正执行公务的其他情形。

行政机关工作人员的回避由该行政机关主要负责人决定。行政机关主要负责人的回避由本级人民政府或者上一级行政机关决定。

第二十三条 公民、法人和其他组织在行政程序中，依法享有申请权、知情权、参与权、监督权、救济权。

公民、法人和其他组织参与行政程序，应当履行服从行政管理、协助执行公务、维护公共利益、提供真实信息、遵守法定程序等义务。

第三章 重大行政决策程序

第二十四条 本规定所称重大行政决策，是指县级以上人民政府依照法定职权，对关系本地区经济社会发展全局，社会涉及面广，与公民、法人和其他组织利益密切相关的下列事项作出的决定：

（一）制定经济和社会发展重大政策措施，编制国民经济和社会发展规划、年度计划；

（二）编制各类总体规划、重要的区域规划和专项规划；

（三）编制财政预决算，重大财政资金安排；

（四）研究重大政府投资项目和重大国有资产处置；

（五）制定资源开发利用、环境保护、劳动就业、社会保障、人口和计划生育、教育、医疗卫生、食品药品、住宅建设、安全生产、交通管理等方面的重大政策措施；

（六）确定和调整重要的行政事业性收费以及政府定价的重要商品、服务价格；

（七）制定行政管理体制改革的重大措施；

（八）需要由政府决策的其他重大事项。

重大行政决策的具体事项，由县级以上人民政府在前款规定的范围内确定，并向社会公布。

第二十五条 县级以上人民政府工作部门、派出机关和乡镇人民政府的行政决策程序参照本章规定执行。

起草地方性法规草案和制定政府规章，适用《中华人民共和国立法法》等有关法律、法规、规章的规定。

突发事件应对的行政决策程序,适用《中华人民共和国突发事件应对法》等有关法律、法规、规章的规定。

第二十六条　县级以上人民政府应当建立健全公众参与、专家论证和政府决定相结合的行政决策机制,完善行政决策的智力和信息支持系统,实行依法决策、科学决策、民主决策。

第二十七条　政府行政首长代表本级政府对重大行政事项行使决策权。决策事项承办单位依照法定职责确定或者由政府行政首长指定。

第二十八条　决策事项承办单位应当深入调查研究,全面、准确掌握决策所需信息,并按照决策事项涉及的范围征求有关方面意见,充分协商协调,结合实际拟定决策方案。

对需要进行多个方案比较研究或者争议较大的事项,应当拟定两个以上可供选择的决策方案。

第二十九条　决策事项承办单位应当对重大行政决策方案进行社会稳定、环境、经济等方面的风险评估;未经风险评估的,不得作出决策。

决策事项承办单位应当对重大行政决策方案进行合法性论证,必要时也可以进行成本效益分析。

第三十条　决策事项承办单位应当组织相关领域专家或者研究咨询机构,对重大行政决策方案进行必要性、可行性、科学性论证。专家论证意见应当作为政府决策的重要依据。

第三十一条　决策事项承办单位应当根据重大行政决策对公众影响的范围和程度,采用座谈会、论证会和互联网发布等形式广泛听取公众意见,对合理意见应当予以采纳;未予采纳的,应当以适当方式说明理由。

第三十二条　重大行政决策有下列情形之一的,决策事项承办单位应当举行听证会:

(一)法律、法规、规章规定应当听证的;

(二)可能影响社会稳定的;

(三)公众对决策方案有重大分歧的。

第三十三条　决策事项承办单位应当在听证会举行15日前公告下列事项:

(一)举行听证会的时间、地点;

(二)拟作出行政决策的内容、理由、依据和背景资料;

(三)申请参加听证会的时间、方式。

第三十四条　与听证事项有利害关系的公民、法人和其他组织,可以申请参加听证会。

决策事项承办单位应当根据听证公告确定的条件、受理申请的先后顺序和持不同意见人员比例相当的原则,合理确定参加人。决策事项承办单位可以根据需要邀请有关专业人员、专家学者参加听证会。

申请参加听证会的人数较多的,决策事项承办单位应当随机选择参加人。

听证参加人的基本情况应当向社会公布。

第三十五条　听证会应当按照下列程序进行:

(一)听证记录人查明听证参加人到场情况,宣布听证会纪律;

(二)听证主持人宣布听证会开始,介绍听证主持人、听证记录人,宣布听证会内容;

(三)决策事项承办单位工作人员陈述;

(四)听证参加人发表意见;

(五)围绕听证事项进行辩论。

听证会应当制作笔录,并交听证参加人签字或者盖章。听证主持人根据笔录制作的听证报告应当作为政府决策的重要依据。

第三十六条　重大行政决策方案提交政府常务会议或者全体会议讨论前,决策事项承办单位应当将该方案交本级人民政府法制机构进行合法性审查。未经合法性审查或者经审查不合法的,不得提交会议讨论并作出决策。

合法性审查的内容应当包括下列事项:

（一）是否违反法律、法规、规章的规定；

（二）是否超越法定职权；

（三）是否违反法定程序；

（四）需要进行合法性审查的其他事项。

第三十七条　政府行政首长将重大行政决策方案提交政府常务会议或者全体会议讨论，按照下列程序进行：

（一）决策事项承办单位作决策方案说明；

（二）政府法制机构作合法性审查说明；

（三）政府分管负责人发表意见；

（四）会议其他组成人员发表意见；

（五）政府行政首长发表意见。

第三十八条　重大行政决策在集体讨论的基础上，由政府行政首长作出同意、不同意、修改、暂缓或者再次讨论的决定。

作出暂缓决定超过1年的，决策方案退出重大行政决策程序。

政府常务会议或者全体会议应当记录重大行政决策方案的讨论情况及决定，对不同意见应当载明。

第三十九条　重大行政决策方案依法应当报上级人民政府批准或者提请同级人民代表大会及其常务委员会审议决定的，县级以上人民政府应当按照程序上报批准或者提请审议决定。

第四十条　县级以上人民政府作出重大行政决策后，应当依照政府信息公开的有关规定，自作出决定之日起20日内向社会公布。

第四十一条　县级以上人民政府应当通过跟踪调查、考核等措施，对重大行政决策事项执行情况进行督促检查。执行机关应当按照各自职责，全面、及时、正确地贯彻执行。监督机关应当加强对重大行政决策事项执行情况的监督。

执行机关发现重大行政决策所依赖的客观条件发生变化或者因不可抗力导致决策目标部分或者全部不能实现的，应当及时报告；执行机关、监督机关及公民、法人和其他组织认为决策及其执行违法或者不适当的，可以向决策机关提出。决策机关应当认真研究，并根据实际情况作出继续执行、停止执行、暂缓执行或者修订决策的决定。

第四十二条　县级以上人民政府应当定期对重行政大决策的执行情况组织评估，并将评估结果向社会公开。

第四章　规范性文件制定程序

第四十三条　本规定所称规范性文件，是指除政府规章外，行政机关在法定职权范围内，按照法定程序制定并公开发布的，对公民、法人和其他组织具有普遍约束力，可以反复适用的规定、办法、规则等行政公文。

行政机关制定的内部工作制度、人事任免决定、对具体事项的处理决定、工作部署、向上级行政机关的请示和报告以及其他对公民、法人和其他组织的权利义务没有直接影响、不具有普遍约束力、不可以反复适用的公文，不适用本规定。

各级人民政府、县级以上人民政府办公厅（室）制定的规范性文件，为政府规范性文件。县级以上人民政府工作部门制定的规范性文件，为部门规范性文件。

议事协调机构、政府工作部门的派出机构和部门内设机构不得制定规范性文件。

第四十四条　规范性文件不得设定行政许可、行政处罚、行政强制等事项，不得违法限制或者剥夺公民、法人和其他组织合法权利，不得违法增加公民、法人和其他组织的义务。

规范性文件对实施法律、法规、规章以及上级规范性文件作出具体规定的，不得与所依据的规定相抵触。

第四十五条　涉及两个以上政府工作部门职权范围内的事项，需要制定规范性文件的，应当由本级人民政府制定政府规范性文件，或者由有关部门联合制定部门规范性文件。

制定部门规范性文件，涉及社会关注度高或者涉外、涉港澳台事项时，应当事先请示本级人民政府同意。

第四十六条　制定规范性文件由行政机关依职权启动，公民、法人和其他组织也可以提议制定规范性文件。

第四十七条　制定规范性文件，应当采取座谈会、论证会、公开征求意见等方式广泛听取意见。

规范性文件的内容涉及重大公共利益的，公众有重大分歧的，可能影响社会稳定的，或者法律、法规、规章规定应当听证的，起草部门应当组织听证。

规范性文件涉及重大行政决策的，适用重大行政决策程序的规定。

第四十八条　制定规范性文件应当进行合法性审查。合法性审查由制定机关的法制机构负责，分别就制定主体、权限、程序、内容、形式是否合法进行审查，并向制定机关提交合法性审查报告。对合法性审查中发现的问题，依照下列规定处理：

（一）制定机关不具有制定该规范性文件的法定权限，或者主要内容不合法的，建议不制定该规范性文件；

（二）应当事先请示本级人民政府同意的部门规范性文件，尚未请示的，建议待请示本级人民政府同意后再制定；

（三）应当公开征求意见但是尚未征求、应当组织听证但是尚未组织、应当经专家论证但是尚未论证的，建议退回起草部门补正程序；

（四）具体规定不合法的，提出具体修改意见。

第四十九条　制定对公民、法人和其他组织的权利义务产生直接影响的规范性文件，应当由制定机关负责人集体讨论决定，并由制定机关主要负责人或者其委托的负责人签署。

因发生重大自然灾害、事故灾难、公共卫生事件或者其他社会安全事件，以及执行上级机关的紧急命令和决定等紧急情况需要立即制定规范性文件的，经合法性审查后，可以直接提请制定机关主要负责人或者其委托的负责人决定和签署。

第五十条　制定规范性文件实行统一登记、统一编制登记号、统一公布制度。未经统一登记、统一编制登记号、统一公布的规范性文件无效，不得作为行政管理的依据。

第五十一条　县级以上人民政府及其办公厅（室）的规范性文件，由本级人民政府法制机构在完成合法性审查后登记、编制登记号。

部门规范性文件应当自签署、编制文号之日起5日内，由制定机关的法制机构将规范性文件纸质文本与电子文本、起草说明、合法性审查报告和制定依据等材料送本级人民政府法制机构。符合要求的，政府法制机构应当自受理之日起5日内登记、编制登记号，出具《规范性文件登记通知书》；不符合要求的，不予登记并书面说明理由。

县级以上人民政府派出机关和乡镇人民政府的规范性文件参照前款规定，由其上一级人民政府法制机构登记、编制登记号。

县级以上人民政府法制机构应当将规范性文件自登记、编制登记号之日起5日内交本级人民政府办公厅（室），通过政府公报、政府网站统一公布。

第五十二条　县级以上人民政府及其办公厅（室）的规范性文件，应当按照规定自统一公布之日起30日内向上一级人民政府报送备案。部门规范性文件和县级以上人民政府派出机关、乡镇人民政府的规范性文件，经登记、编制登记号后，不再另行报送备案。

第五十三条 规范性文件应当载明有效期和施行日期。

规范性文件有效期为 3 年至 5 年;标注“暂行”、“试行”的规范性文件,有效期为 1 年至 2 年。有效期届满的,规范性文件自动失效。规范性文件施行日期与公布日期的间隔不得少于 30 日。但是,规范性文件公布后不立即施行将影响法律、法规、规章、上级规范性文件执行,或者不利于保障国家安全、公共利益的,可以自公布之日起施行。

制定机关应当于规范性文件有效期届满前 6 个月内进行评估,认为需要继续执行的,按照本规定重新登记、编制登记号、公布,并自公布之日起重新计算有效期;需要修订的,按照制定程序办理。

第五十四条 县级以上人民政府应当及时公布现行有效的和已经失效的规范性文件目录,方便公民、法人和其他组织查询。

第五十五条 公民、法人和其他组织认为规范性文件违法的,可以向制定机关或者本级人民政府法制机构提出书面审查申请。接到申请的制定机关或者政府法制机构应当受理,并自收到申请之日起 60 日内作出处理;情况复杂,不能在规定期限内处理完毕的,经审查机关负责人批准,可以适当延长,但是延长期限最多不超过 30 日。处理结果应当书面告知申请人。

第五章 行政执法程序

第一节 一般规定

第五十六条 本规定所称行政执法,是指行政机关依据法律、法规、规章和规范性文件,作出的行政许可、行政处罚、行政强制、行政确认、行政征收等影响公民、法人和其他组织权利、义务的具体行政行为。

第五十七条 与人民群众日常生产、生活直接相关的行政执法活动,一般由设区的市、县(市、区)人民政府具有行政执法权的行政机关实施。

县级人民政府工作部门在必要时,可以委托乡镇人民政府实施行政执法,具体办法由省人民政府另行制定。

第五十八条 行政执法应当严格依照法定权限和程序,坚持严格执法、公正执法、文明执法。

行政机关及其执法人员依法行使行政执法权,受法律保护。任何单位和个人不得拒绝、阻碍行政执法人员依法执行公务,不得违法干预行政执法。

第五十九条 行政执法不得滥用行政裁量权。法律、法规、规章规定行政裁量权的,行政机关应当以规范性文件的形式,对行政裁量权的标准、条件、种类、幅度、方式、时限予以合理细化、量化。

细化、量化行政裁量权,应当考虑下列情形:

(一)所依据的法律、法规、规章规定的立法目的、法律原则;

(二)经济、社会、文化等客观情况的地域差异;

(三)行政管理事项的事实、性质、情节以及社会影响;

(四)可能影响行政裁量权合理性的其他情形。

第六十条 县级以上人民政府应当依法确认本级行政区域内行政机关的行政执法主体资格,并向社会公告。

省以下垂直管理的行政机关的行政执法主体资格由省人民政府依法确认,并向社会公告。

行政执法人员应当按照规定参加培训,经考试合格,并取得行政执法证件,持证上岗。法律、行政法规对行政执法人员的证件使用有专门规定的,从其规定。

国家实行垂直管理的行政机关的行政执法人员使用国家统一规定的行政执法证件的,由该行政机关报本级人民政府备案。

第六十一条　根据国务院的授权，省人民政府可以决定一个行政机关行使有关行政机关的行政处罚权。依法设立的集中行使行政处罚权的行政机关，是本级人民政府的行政执法部门，具有行政执法主体资格。

经国务院批准，省人民政府根据精简、统一、效能的原则，可以决定一个行政机关行使有关行政机关的行政许可权。

第六十二条　县级以上人民政府根据行政管理的需要，可以组织相关行政机关联合执法。

联合执法中的行政执法决定，由参加联合执法的行政机关在各自的职权范围内依法分别作出，并承担相应的法律责任。

第六十三条　行政执法事项需要行政机关内设的多个机构办理的，该行政机关应当确定一个机构统一办理。

对涉及两个以上政府工作部门共同办理的事项，县级以上人民政府可以确定一个部门统一受理申请，将相关事项抄告相关部门，实行并联办理。

第六十四条　行政执法直接影响公民、法人和其他组织权利义务且不属于必须立即执行的，行政机关应当先采取教育、劝诫、疏导等方式，促使其自觉履行法定义务、纠正错误。违法情节轻微，经教育后自觉履行法定义务，且未造成危害后果的，可以不予追究法律责任。

第六十五条　行政机关在行政执法活动中，对涉嫌犯罪的案件，应当依法移送司法机关处理。

第二节　程序启动

第六十六条　行政执法程序由行政机关依职权启动，或者依公民、法人和其他组织的申请启动。

行政机关依职权启动行政执法程序，应当由行政执法人员填写审批表，报本行政机关负责人批准。情况紧急的，可以事后补报。

公民、法人和其他组织认为自己的申请事项符合法定条件的，可以申请行政机关启动行政执法程序。

第六十七条　公民、法人和其他组织申请启动行政执法程序应当采取书面形式。

申请书应当载明下列事项：

（一）申请人的基本情况；

（二）申请事项；

（三）申请的事实及理由；

（四）申请人签名或者盖章；

（五）申请时间。

申请人书写确有困难的，没有必要以书面形式申请的，或者紧急情况的，可以口头申请，行政机关应当当场记录，经申请人阅读或者向其宣读，确认内容无误后由其签名或者盖章。

第六十八条　行政机关对公民、法人和其他组织提出的申请，应当根据下列情况分别作出处理：

（一）申请事项属于本行政机关职权范围，申请材料齐全、符合法定形式的，应当受理；

（二）申请事项依法不属于本行政机关职权范围的，应当当场不予受理，并告知公民、法人和其他组织向有关行政机关申请；

（三）申请材料存在的错误可以当场更正的，应当允许当场更正；

（四）申请材料不齐全或者不符合法定形式的，应当当场或者在5日内一次告知需要补正的全部内容，逾期不告知的，自收到申请材料之日起视为受理；公民、法人和其他组织在限定期限内未补正的，视为撤回申请；公民、法人和其他组织按照行政机关的要求提交全部补正申请材料的，应当受理。

行政机关受理或者不受理申请，应当出具加盖本行政机关印章和注明日期的书面凭证。

第三节 调查和证据

第六十九条 行政执法程序启动后，行政机关应当查明事实，收集证据。

行政机关调查取证时，行政执法人员不得少于2人。

因调查事实、收集证据确需勘查现场的，行政机关应当通知当事人或者其代理人到场；当事人或者其代理人拒绝到场的，应当在调查笔录中载明。

行政执法人员应当向当事人或者有关人员主动出示行政执法证件，说明调查事项和依据，否则当事人或者有关人员有权拒绝接受调查和提供证据。

第七十条 公民、法人和其他组织应当配合行政机关调查，提供与调查有关的真实材料和信息。知晓有关情况的其他公民、法人和其他组织应当协助行政机关调查。因协助调查产生的合理费用由行政机关承担。调查取证应当制作笔录，由行政执法人员、当事人或者其代理人、见证人签字；当事人或者其代理人、见证人拒绝签字的，不影响调查结果的效力，但是应当在调查笔录中载明。

第七十一条 行政机关应当依照法定程序，采取合法手段，客观、全面地收集证据，不得仅收集对当事人不利的证据。

当事人有权以书面、口头或者其他方式向行政机关提供证据。

当事人有权提出调查证据的申请。行政机关不受理申请的，应当说明理由，并记录在卷。

第七十二条 行政执法证据有下列几种：

(一)书证；

(二)物证；

(三)当事人陈述；

(四)证人证言；

(五)视听资料；

(六)鉴定结论；

(七)勘验笔录、现场笔录。

第七十三条 下列证据材料不得作为行政执法决定的依据：

(一)违反法定程序收集的；

(二)以非法偷拍、偷录、窃听等手段侵害他人合法权益取得的；

(三)以利诱、欺诈、胁迫、暴力等不正当手段取得的；

(四)没有其他证据印证、且相关人员不予认可的证据复制件或者复制品；

(五)被技术处理而无法辨认真伪的；

(六)不能正确表达意志的证人提供的证言；

(七)境外形成的未办理法定证明手续的；

(八)不具备合法性、真实性和关联性的其他证据材料。

第七十四条 行政机关及其行政执法人员不得因当事人、利害关系人提出异议或者申辩而加重处理。

对于当事人、利害关系人的陈述和申辩，行政机关应当予以记录并归入案卷。

对当事人、利害关系人提出的事实和证据，行政机关应当进行审查，采纳其合理意见；不予采纳的，应当说明理由。

第四节 听 证

第七十五条 有下列情形之一，行政机关组织听证的，适用本节规定：

（一）法律、法规、规章规定行政执法决定作出前应当听证的；

（二）行政机关依法告知听证权利后，当事人、利害关系人申请听证的；

（三）行政执法决定作出前，当事人、利害关系人主动申请听证，行政机关认为确有必要的；

（四）行政机关认为有必要听证的其他情形。

听证应当公开举行，但是涉及国家秘密、商业秘密和个人隐私的除外。

公开举行的听证会，公民、法人和其他组织可以申请旁听。

第七十六条　当事人、利害关系人主动申请听证或者行政机关依法告知听证权利，当事人、利害关系人申请听证的，应当在规定期限内提出书面申请。

当事人、利害关系人超过规定期限未申请的，视为放弃听证权利。

第七十七条　当事人、利害关系人申请听证符合条件的，行政机关应当自接到申请之日起5日内受理，并自受理之日起20日内组织听证；不符合条件的，应当自接到申请之日起5日内书面告知，并说明理由。

第七十八条　行政机关组织听证，利害关系人明确的，应当在举行听证会的7日前，书面通知当事人、利害关系人下列事项：

（一）听证事项、内容；

（二）听证会举行的时间、地点；

（三）听证机关的名称、地址；

（四）听证主持人、记录人的姓名、职务；

（五）当事人、利害关系人的权利和义务；

（六）应当告知的其他事项。当事人、利害关系人接到书面听证通知后，应当按时参加听证；无正当理由不参加的，视为放弃听证权利。

第七十九条　听证主持人应当具备相应的法律知识和专业知识，经政府法制机构统一培训，并取得资格证书。

听证主持人由行政机关负责人指定。与案件有利害关系的人员不得担任本案的听证主持人。行政机关没有符合条件的听证主持人的，可以申请本级人民政府法制机构或者上级行政机关选派。

听证主持人履行下列职责：

（一）主持听证会；

（二）维持听证会秩序，制止违反听证纪律的行为；

（三）根据听证笔录制作听证报告，提出处理意见或者建议；

（四）应当履行的其他职责。

听证主持人在听证期间不得与当事人、利害关系人及其他听证参与人单方接触。

第八十条　听证参加人包括负责实施该行政行为的行政机关工作人员、当事人以及利害关系人。

听证参加人应当按照行政机关确定的时间、地点出席听证会，如实回答听证主持人的询问。

听证参加人和旁听人员参加听证会时，应当遵守听证纪律；对违反听证纪律的人员，听证主持人可以劝阻；不听劝阻的，可以责令其离场。

第八十一条　听证会按照下列程序进行：

（一）听证记录人查明听证参加人的身份和到场情况，宣布听证纪律；

（二）听证主持人宣布听证会开始，介绍听证主持人、听证记录人，宣布听证内容，告知听证参加人的权利和义务；

（三）负责实施该行政行为的行政机关工作人员陈述意见、理由和依据；

（四）当事人、利害关系人陈述意见、理由；

（五）需要质证、辩论的，在听证主持人主持下进行；

（六）听证主持人可以根据需要向听证参加人询问，当事人、利害关系人经听证主持人同意，可以就听证事项向有关人员发问，应邀参加听证的专业人员经允许，可以就听证事项的有关问题陈述意见；

（七）听证参加人最后陈述；

（八）听证主持人宣布听证会结束。

第八十二条 听证应当制作笔录。听证主持人认为必要的，可以采用录音、录像等方式辅助记录。听证笔录经听证参加人确认无误或者补正后，当场签字或者盖章；无正当理由拒绝签字或者盖章的，听证记录人应当载明情况附卷。听证主持人、记录人应当在听证笔录上签字。

第八十三条 听证主持人应当自听证会结束之日起10日内，根据听证笔录制作听证报告，并将听证笔录和听证报告一并报本行政机关负责人。听证报告应当载明听证会的基本情况以及听证主持人的处理意见或者建议。

第五节 决 定

第八十四条 行政执法决定由行政机关主要负责人或者分管负责人作出。

情节复杂或者重大的行政执法决定应当经行政机关法制机构审查后，由行政机关负责人集体讨论决定。其中，对涉及经济社会发展全局、影响公共利益以及专业性、技术性较强的重大行政执法事项，应当经专家论证后作出决定。

第八十五条 行政执法决定应当以书面形式作出。但是法律、法规、规章另有规定的除外。

行政执法决定应当载明下列事项：

（一）当事人基本情况；

（二）事实和证据；

（三）适用依据；

（四）决定内容；

（五）履行方式和时间；

（六）救济途径和期限；

（七）行政机关印章和决定日期；

（八）应当载明的其他事项。

第八十六条 行政执法决定应当说明证据采信理由、依据选择理由和行政裁量理由；未说明理由或者说明理由不充分的，当事人有权要求行政机关予以说明。

第八十七条 有下列情形之一的，行政执法决定可以不说明理由：

（一）行政执法决定有利于当事人的，但是第三人提出异议的情形除外；

（二）情况紧急，行政机关无法说明理由的；

（三）涉及国家秘密、商业秘密、个人隐私的；

（四）有关资格考试、专门知识的；

（五）法律、行政法规规定可以不说明理由的其他情形。

有前款第二项情形，当事人自行政执法决定送达之日起30日内要求行政机关书面说明理由的，行政机关应当书面说明。

第八十八条 行政机关依职权启动行政执法程序的，对事实清楚、当场可以查实、有法定依据且对当事人合法权益影响较小的事项，行政机关可以适用简易程序，当场告知当事人行政执法决定的事实、理由和依据，听取当事人的陈述与申辩，当场作出行政执法决定，并在5日内报所属行政机关备案。

第八十九条 公民、法人和其他组织依法申请启动行政执法程序的，行政机关对申请材料齐全、符合法定形式，且依法不需要对申请材料的实质内容进行核实的事项，应当当场作出书面决定。

第九十条 行政执法决定自送达之日起生效。

行政执法决定附条件或者附期限的，应当载明生效的条件或者期限。

第九十一条　行政机关应当建立行政执法案卷，对公民、法人和其他组织的监督检查记录、证据材料、执法文书等立卷归档。

第六节　期间和送达

第九十二条　本规定所称期限，包括法定期限、行政机关承诺期限和其他期限。

期间以时、日、月、年计算。期间开始的时和日，不计算在期间内。

期间届满的最后一日是节假日的，以节假日后的第一日为期间届满的日期。

期间不包括在途时间。

第九十三条　法律、法规、规章对行政执法程序有明确期限规定的，行政机关必须在法定期限内办结。

法律、法规、规章对行政执法程序没有规定办理期限的，实行限时办结制度。

行政执法程序由行政机关依职权启动的，行政机关应当自程序启动之日起 60 日内办结；60 日内不能办结的，经本行政机关负责人批准，可以延长 30 日，并将延长期限的理由告知当事人。

行政执法程序依公民、法人和其他组织的申请启动，涉及一个行政机关的，行政机关应当自受理申请之日起 20 日内办结；20 日内不能办结的，经本行政机关负责人批准，可以延长 10 日，并将延长期限的理由告知申请人。涉及两个以上行政机关的，行政机关应当自受理申请之日起 45 日内办结；45 日内不能办结的，经本级人民政府负责人批准，可以延长 15 日，并将延长期限的理由告知申请人。依法应当先经下级行政机关审查或者经上级行政机关批准的事项，负责审查或者批准的行政机关应当自受理之日起 20 日内审查或者批准完毕。

行政机关对行政执法程序的办理期限作出明确承诺的，应当在承诺期限内办结。

第九十四条　行政机关作出行政执法决定，依法需要听证、招标、拍卖、检验、检测、检疫、勘验、鉴定、专家评审和公示的，所需时间不计算在规定的期限内。行政机关应当将所需时间书面告知当事人。

第九十五条　行政机关不得不履行或者拖延履行法定职责。

行政机关在法定期限或者承诺期限内，非因法定理由或者其他正当理由未启动行政执法程序的，属于不履行法定职责。

行政机关在法定期限或者承诺期限内，非因法定理由或者其他正当理由，虽然启动行政执法程序但是未及时作出行政执法决定的，属于拖延履行法定职责。

第九十六条　送达行政执法文书应当有送达回证，由受送达人在送达回证上注明收到日期，签名或者盖章。

受送达人在送达回证上的签收日期为送达日期。

送达程序参照民事诉讼法有关规定执行。

第七节　费　用

第九十七条　因行政执法支出的费用，由行政机关承担。除法律、法规规定由公民、法人和其他组织承担的费用以外，行政机关不得收取任何费用。

公民、法人和其他组织自行取证的费用，由其自行承担。

第九十八条　行政机关的行政事业性收费和罚没收入，应当严格执行收费和罚没收入收支两条线管理制度，任何机关或者个人不得以任何形式截留、挪用、私分或者变相私分，不得以任何形式向行政机关返还或者变相返还。任何单位和个人不得对行政执法活动下达或者变相下达罚款或者收费指标。

第九十九条　行政机关实施收费、罚款、没收违法所得，应当开具财政票据，否则公民、法人和其他组织有权拒绝缴纳；没收非法财物或者查封、扣押财物，应当出具清单，并对相关财物妥善保管，不得擅自使用或者处理。

公民、法人和其他组织缴纳费用确有困难的，可以向行政机关申请缓缴、减缴或者免缴；行政机关同意的，应当以书面形式作出决定，报财政、监察、审计机关备案，并向社会公布。

第六章 特别行为程序

第一节 行政合同

第一百条 本规定所称行政合同，是指行政机关为了维护公共利益，实现行政管理目的，与公民、法人和其他组织之间，经双方意思表示一致达成的协议。

行政合同主要适用于下列事项：

（一）政府特许经营；

（二）国有自然资源使用权出让；

（三）国有资产承包经营、出售或者租赁；

（四）公用征收、征用补偿；

（五）政府购买公共服务；

（六）政策信贷；

（七）行政机关委托的科研、咨询；

（八）计划生育管理；

（九）法律、法规、规章规定可以订立行政合同的其他事项。

第一百零一条 订立行政合同应当遵循维护公益、公开竞争和自愿原则。

行政合同应当采取公开招标、拍卖等方式订立。有下列情形之一的，可以采取直接磋商的方式订立：

（一）法律、法规有明确规定的；

（二）情况紧急需要尽快订立合同的；

（三）行政机关委托的科研合同；

（四）需要保密的合同；

（五）需要利用专利权或者其他专有权利的合同；

（六）需要采取直接磋商方式的其他情形。

法律、法规、规章对订立行政合同的方式另有规定的，从其规定。

第一百零二条 行政合同应当以书面形式签订，但是法律、法规另有规定的除外。

行政合同的内容不得违反法律、法规、规章的规定，不得损害国家和社会公共利益，不得违反公序良俗。

第一百零三条 行政合同依照法律、法规规定应当经其他行政机关批准或者会同办理的，经批准或者会同办理后，行政合同方能生效。

第一百零四条 行政机关有权对行政合同的履行进行指导和监督，但是不得妨碍对方当事人履行合同。

第一百零五条 行政合同受法律保护，合同当事人不得擅自变更、中止或者解除合同。

行政合同在履行过程中，出现严重损害国家利益或者公共利益的重大情形，行政机关有权变更或者解除合同；由此给对方当事人造成损失的，应当予以补偿。

行政合同在履行过程中，出现影响合同当事人重大利益、导致合同不能履行或者难以履行的情形的，合同当事人可以协商变更或者解除合同。

第二节 行政指导

第一百零六条 本规定所称行政指导，是指行政机关为了实现特定行政目的，在法定职权范围内或者依据法律、法规、规章和政策，以劝告、提醒、建议、协商、制定和发布指导性政策、提供技术指导和帮助等非强制方式，引导公民、法人和其他组织作出或者不作出某种行为的活动。

行政机关实施行政指导不得收取任何费用。

第一百零七条 行政指导一般适用于下列情形：

(一)需要从技术、政策、安全、信息等方面帮助公民、法人和其他组织增进其合法利益的；

(二)需要预防可能出现的妨碍行政管理秩序的违法行为的；

(三)需要实施行政指导的其他情形。

第一百零八条 实施行政指导可以采取书面、口头或者其他合理形式。公民、法人和其他组织要求采取书面形式的，行政机关应当采取书面形式。

第一百零九条 行政机关可以主动实施行政指导，也可以依公民、法人和其他组织的申请实施行政指导。

公民、法人和其他组织有权自主决定是否接受、听从、配合行政指导；行政机关不得采取或者变相采取强制措施实施行政指导。

第一百一十条 行政指导的主体、目的、内容、理由、依据和背景资料等事项，应当向社会公开，但是涉及国家秘密、商业秘密和个人隐私的除外。

第一百一十一条 行政机关实施重大行政指导，应当采取公布草案、听证会、座谈会等方式，广泛听取公民、法人和其他组织的意见。

实施行政指导涉及专业性、技术性问题的，应当经过专家论证，专家论证意见应当记录在案。

第三节 行政裁决

第一百一十二条 本规定所称行政裁决，是指行政机关根据法律、法规的授权，处理公民、法人和其他组织之间发生的与行使行政职权相关的民事纠纷的行为。

第一百一十三条 公民、法人和其他组织申请行政裁决，可以书面申请，也可以口头申请。口头申请的，行政机关应当当场记录申请人的基本情况、行政裁决请求、主要事实和理由。

行政机关应当自收到公民、法人和其他组织申请之日起5日内审查完毕，并按照下列规定作出处理：

(一)申请事项属于本机关管辖的，应当受理，并自受理之日起5日内，将申请书副本或者申请笔录复印件发送被申请人；

(二)申请事项不属于本机关管辖的，应当告知申请人向有关行政机关提出；

(三)申请事项依法不适用行政裁决程序的，不予受理，并书面告知申请人。

第一百一十四条 被申请人应当自收到申请书副本或者申请笔录复印件之日起10日内，向行政机关提交书面答复及相关证据材料。

行政机关应当自收到被申请人提交的书面答复之日起5日内，将书面答复副本送达申请人。申请人、被申请人可以到行政机关查阅、复制、摘录案卷材料。

第一百一十五条 行政机关审理行政裁决案件，应当由2名以上工作人员办理。

申请人、被申请人对主要事实没有争议的，行政机关可以书面审理；对主要事实有争议的，应当公开审理。但是依法不予公开的除外。

行政机关应当先行调解，调解不成的，依法作出裁决。

第一百一十六条 行政机关作出裁决后应当制作行政裁决书。

行政裁决书应当载明下列事项：

（一）申请人、被申请人的基本情况；

（二）争议的事实；

（三）认定的事实；

（四）适用的法律依据；

（五）裁决内容和理由；

（六）救济的途径和期限；

（七）行政机关印章和裁决日期；

（八）应当载明的其他事项。

第一百一十七条　行政机关应当自受理申请之日起 60 日内作出裁决；情况复杂的，经本行政机关主要负责人批准，可以延长 30 日，并告知申请人和被申请人。

第四节　行政给付

第一百一十八条　本规定所称行政给付，是指行政机关根据公民、法人和其他组织的申请，依照有关法律、法规、规章或者规范性文件的规定，发放抚恤金、社会保险金、最低生活保障金和其他福利等赋予物质权益或者与物质有关的权益的行为。

行政给付应当遵循有利于保护群众利益、促进社会公正、维护社会稳定的原则。

第一百一十九条　行政给付应当根据法律、法规、规章或者规范性文件规定的范围、对象、等级、标准和期限实施。

实施行政给付应当建立账册登记制度，由公民、法人和其他组织在账册上签字或者盖章。

行政给付的账册应当定期交付审计，审计结果应当依法向社会公布。

第一百二十条　行政机关变更行政给付范围、对象、等级、标准、期限或者废止相应项目的，应当提前 30 日告知公民、法人和其他组织。

第一百二十一条　公民、法人和其他组织以欺骗、贿赂等不正当手段取得行政给付的，行政机关应当撤销，并予以追回。

第五节　行政调解

第一百二十二条　本规定所称行政调解，是指行政机关为了化解社会矛盾、维护社会稳定，依照法律、法规、规章和规范性文件的规定，居间协调处理与行使行政职权相关的民事纠纷的行为。

行政调解应当遵循自愿、合法、公正、及时的原则。

第一百二十三条　行政机关可以根据公民、法人和其他组织的申请进行行政调解，也可以主动进行行政调解。

行政调解由具有相关法律知识、专业知识和实际经验的工作人员主持。

第一百二十四条　行政机关收到行政调解申请后，经审查符合条件的，应当及时告知被申请人；被申请人同意调解的，应当受理并组织调解。

不符合条件或者一方不同意调解的，不予调解。

第一百二十五条　行政调解工作人员应当在查明事实、分清是非的基础上，根据纠纷的特点、性质和难易程度，进行说服疏导，引导双方达成调解协议。

调解达成协议的，应当制作调解协议书。调解协议书应当由纠纷双方和调解工作人员签名，并加盖行政机关印章。

第七章　监督和责任追究

第一百二十六条　县级以上人民政府应当加强对本规定实施情况的监督检查，及时纠正行政程序违法行为。

监督检查应当采取下列方式：

（一）听取本规定实施情况的报告；

（二）行政执法评议考核；

（三）行政执法案卷评查；

（四）调查处理公众投诉、举报以及新闻媒体曝光的行政程序违法行为；

（五）监督检查的其他方式。

第一百二十七条　公民、法人和其他组织认为行政机关的行政行为违反本规定的，可以向监察机关、上级行政机关或者本级人民政府法制机构投诉、举报。

监察机关、上级行政机关、政府法制机构应当公布受理投诉、举报的承办机构和联系方式，对受理的投诉、举报进行调查，依照职权作出处理，并将处理结果告知投诉人、举报人。

第一百二十八条　行政机关违反本规定的，应当依职权或者依公民、法人和其他组织的申请自行纠正。

监察机关、上级行政机关、政府法制机构对投诉、举报和监督检查中发现的违反本规定的行为，应当发出《行政监督通知书》，建议自行纠正，有关行政机关应当在30日内将处理结果向监督机关报告。

有关行政机关不自行纠正的，由监督机关依照职权分别作出责令补正或者更正、责令履行法定职责、确认违法或者无效、撤销等处理。

第一百二十九条　行政决定有下列情形之一的，应当以书面形式补正或者更正：

（一）未说明理由，但是未对公民、法人和其他组织的合法权益产生不利影响的；

（二）程序存在轻微瑕疵，但是未侵犯公民、法人和其他组织合法权益的；

（三）文字表述错误或者计算错误的；

（四）未载明作出日期的；

（五）需要补正或者更正的其他情形。

第一百三十条　行政机关不履行或者拖延履行法定职责的，应当责令其履行。

第一百三十一条　行政决定有下列情形之一的，应当确认违法：

（一）行政机关不履行法定职责，但是责令其履行已无实际意义的；

（二）行政决定违法，但是不具有可撤销内容的；

（三）行政决定违法，但是撤销该行政决定可能对公共利益造成重大损害的；

（四）应当确认违法的其他情形。

第一百三十二条　行政决定有下列情形之一的，应当确认无效：

（一）行政机关无权作出的；

（二）未加盖行政机关印章的；

（三）内容不可能实现的；

（四）应当确认无效的其他情形。

行政决定的部分内容被确认无效的，不影响其他内容的效力。但是确认部分内容无效后行政决定不能成立的，行政决定全部无效。

无效的行政决定，自始不发生法律效力。

第一百三十三条　行政决定有下列情形之一的,应当撤销:

(一)主要事实不清、证据不足的;

(二)适用依据错误的;

(三)违反法定程序的,但是可以补正或者更正的除外;

(四)超越或者滥用职权的;

(五)应当撤销的其他情形。

撤销行政决定可能对公共利益造成重大损害的,不予撤销;但是行政机关应当自行补救或者由有权机关责令其补救。行政决定被撤销的,行政机关可以依法重新作出。

第一百三十四条　行政机关及其工作人员违反本规定,有下列情形之一的,应当追究责任:

(一)不具有法定行政主体资格实施行政行为的;

(二)违法进行行政委托的;

(三)超越或者滥用职权的;

(四)不履行或者拖延履行法定职责的;

(五)重大行政决策未经公众参与、专家论证、风险评估、合法性审查、集体讨论决定的;

(六)违反本规定制定和发布规范性文件的;

(七)不依法组织听证的;

(八)行政决定被撤销、被确认违法或者无效的;

(九)违反本规定订立、履行行政合同的;

(十)违反本规定实施行政指导的;

(十一)违反本规定进行行政裁决的;

(十二)违反本规定实施行政给付的;

(十三)违反本规定进行行政调解的;

(十四)因行政行为违法导致行政赔偿的;

(十五)违反本规定的其他情形。

前款所称行政机关工作人员,是指行政行为的具体承办人员、审核人员和批准人员。

第一百三十五条　追究行政机关及其工作人员责任的形式包括行政处理和处分。

对行政机关行政处理的种类为:责令限期整改、责令道歉、通报批评、取消评比先进的资格等。

对行政机关工作人员的行政处理的种类为:告诫、责令道歉、通报批评、离岗培训、调离执法岗位、取消行政执法资格等。

处分的种类为:警告、记过、记大过、降级、撤职、开除。

行政处理和处分可以合并适用。

第一百三十六条　追究行政机关及其工作人员的责任,按照下列规定进行:

(一)对行政机关的行政处理,由本级人民政府、监察机关或者上级行政机关决定;

(二)对行政机关工作人员的行政处理,由本行政机关或者任免机关决定;其中,取消行政执法资格的处理,由本级人民政府法制机构决定;

(三)对行政机关工作人员的处分,由任免机关或者监察机关决定;

(四)对行政机关工作人员应当采取组织处理措施的,按照管理权限和规定程序办理。

第一百三十七条　行政机关违反本规定实施行政行为,侵犯公民、法人和其他组织合法权益造成损害的,依法承担行政赔偿责任。

行政机关履行赔偿义务后,应当责令有故意或者重大过失的行政机关工作人员承担全部或者部分赔偿费用。

第八章　附　则

第一百三十八条　设区的市、县（市、区）人民政府可以根据本规定作出具体规定。

第一百三十九条　本规定自2012年1月1日起施行。

山东省行政处罚听证程序实施办法

山东省人民政府令第80号

第一条 为了规范行政处罚听证程序，维护公民、法人和其他组织的合法权益，根据《中华人民共和国行政处罚法》，制定本办法。

第二条 本省行政区域内各级行政机关（含经依法授权的行政执法组织，下同）对当事人依法作出下列行政处罚之前，应当告知当事人有要求举行听证的权利：

（一）责令停产停业；

（二）吊销许可证或者执照；

（三）对公民处以500元以上罚款，对法人或者其他组织处以20000元以上罚款。

法律、法规或者规章对举行听证的罚款数额另有规定的，从其规定。

第三条 听证应当遵循公开、公正、及时、便民的原则，保障当事人陈述、申辩和质证的权利。

第四条 听证由作出行政处罚的行政机关组织，具体组织工作由其法制机构或者承担法制工作任务的机构负责。

第五条 听证由行政机关指定的非本案调查人员主持，并应当有专人记录。

听证主持人应当由在行政机关法制机构工作2年以上或者从事行政执法工作5年以上的人员担任。听证主持人实行资格认证制度，由省政府法制局统一负责，并颁发资格证书。

第六条 行政机关在案件调查终结后，经行政机关负责人审查，拟作出本办法第二条规定的行政处罚前，应当告知当事人有要求举行听证的权利，并送达听证告知书。听证告知书应当载明认定当事人违法的基本事实和拟作出的行政处罚。

当事人要求听证的，应当在告知书的送达回证上签署意见，也可以在3日内以口头或者书面方式向行政机关提出听证要求。当事人逾期未提出要求的，视为放弃听证权利，记录在案，行政机关即可依法作出行政处罚决定。

第七条 当事人提出听证要求后，行政机关应当在15日内组织听证，并在听证的7日前，通知当事人举行听证的时间、地点、主持人等有关事项，由当事人在通知书送达回证上签字。

当事人应当按期参加听证。当事人有正当理由要求延期的，准许延期；当事人未按期参加听证并且事先未说明理由的，视为放弃听证权利，由听证主持人和记录人载入听证笔录。

第八条 听证参加人包括行政处罚案件的当事人及其委托代理人，以及该案调查人员。

当事人可以委托1至2名代理人参加听证；当事人委托代理人参加听证的，应当在举行听证前向行政机关提交授权委托书。

第九条 除涉及国家秘密、商业秘密或者个人隐私外，听证公开举行。听证举行前，行政机关应当将听证的内容、时间、地点以及有关事项，予以公告。

第十条 听证主持人与本案有直接利害关系的，应当回避。当事人认为听证主持人与本案有直接利害关系，有权向行政机关提出回避申请，是否回避，由行政机关负责人审核决定。

第十一条 当事人在听证中有权对调查人员提出的事实、证据、理由及依据进行陈述、申辩和质证；有权提出新的事实、理由和证据。

当事人在听证中应当如实陈述案件事实。

第十二条 听证参加人和旁听人员，应当遵守以下听证纪律：

（一）听证参加人未经听证主持人允许不得发言、提问；

（二）未经听证主持人允许，不得录音、录像或摄影；

（三）当事人未经听证主持人允许不得提前退席；

（四）旁听人员要保持肃静，不得发言、提问和议论。

当事人未经听证主持人允许提前退席的，视为放弃听证权利；对违反听证纪律的旁听人员，听证主持人有权责令其退席，情节严重妨害听证正常进行的，由公安机关依法处理。

第十三条　听证应当按下列顺序进行：

（一）听证记录人宣布听证纪律、当事人的权利和义务。听证主持人介绍主持人和记录人，询问核实听证参加人的身份，询问当事人是否申请回避，宣布听证开始。

（二）调查人员提出当事人违法的事实、证据、行政处罚依据以及处罚建议。

（三）当事人就案件的事实、理由进行陈述和申辩，对调查人员提出的证据进行质证，并可提出有利于维护自身合法权益的事实、理由和证据。

（四）听证参加人就案件的性质、情节及处罚建议进行辩论。

（五）当事人作最后陈述。

（六）听证主持人宣布听证结束。听证笔录交当事人审核无误或者补正后签字或者盖章。当事人拒绝签字或盖章的，视为放弃听证权利。

听证主持人在听证中有权对参加人不当的辩论予以制止。

第十四条　听证结束后，听证主持人应当依据听证情况，写出听证报告，连同听证笔录报行政机关负责人。听证报告应当载明听证的时间、地点、参加人、记录人、主持人；当事人与调查人员对违法的事实、证据的认定和对处罚建议的主要分歧；主持人的意见和建议。对当事人在听证中提出的新的事实、理由和证据，听证主持人应限期由调查人员进行复核，一并报行政机关负责人。

行政机关负责人应当认真审阅听证笔录，充分考虑听证主持人的意见，根据当事人的违法事实、证据和有关法律、法规、规章，依照行政处罚法第三十八条的规定，作出决定。

第十五条　当事人对举行听证后作出的行政处罚决定不服的，可以依法申请行政复议或者提起行政诉讼。

第十六条　当事人对限制人身自由的行政处罚有异议的，依照《中华人民共和国治安管理处罚条例》有关规定执行。

第十七条　违反本办法，有下列行为之一的，行政处罚无效：

（一）应当告知当事人有要求举行听证的权利，没有告知的；

（二）应当组织听证，没有组织听证的；

（三）违反听证程序的。

第十八条　行政机关组织听证，不得向当事人收取任何费用。

第十九条　本办法自1997年7月1日起施行。

最高人民法院关于适用《中华人民共和国行政诉讼法》的解释

法释〔2018〕1号

《最高人民法院关于适用〈中华人民共和国行政诉讼法〉的解释》已于2017年11月13日由最高人民法院审判委员会第1726次会议通过，现予公布，自2018年2月8日起施行。

最高人民法院
2018年2月6日

为正确适用《中华人民共和国行政诉讼法》(以下简称行政诉讼法)，结合人民法院行政审判工作实际，制定本解释。

一、受案范围

第一条 公民、法人或者其他组织对行政机关及其工作人员的行政行为不服，依法提起诉讼的，属于人民法院行政诉讼的受案范围。

下列行为不属于人民法院行政诉讼的受案范围：

(一)公安、国家安全等机关依照刑事诉讼法的明确授权实施的行为；

(二)调解行为以及法律规定的仲裁行为；

(三)行政指导行为；

(四)驳回当事人对行政行为提起申诉的重复处理行为；

(五)行政机关作出的不产生外部法律效力的行为；

(六)行政机关为作出行政行为而实施的准备、论证、研究、层报、咨询等过程性行为；

(七)行政机关根据人民法院的生效裁判、协助执行通知书作出的执行行为，但行政机关扩大执行范围或者采取违法方式实施的除外；

(八)上级行政机关基于内部层级监督关系对下级行政机关作出的听取报告、执法检查、督促履责等行为；

(九)行政机关针对信访事项作出的登记、受理、交办、转送、复查、复核意见等行为；

(十)对公民、法人或者其他组织权利义务不产生实际影响的行为。

第二条 行政诉讼法第十三条第一项规定的“国家行为”，是指国务院、中央军事委员会、国防部、外交部等根据宪法和法律的授权，以国家的名义实施的有关国防和外交事务的行为，以及经宪法和法律授权的国家机关宣布紧急状态等行为。

行政诉讼法第十三条第二项规定的“具有普遍约束力的决定、命令”，是指行政机关针对不特定对象发布的能反复适用的规范性文件。

行政诉讼法第十三条第三项规定的“对行政机关工作人员的奖惩、任免等决定”，是指行政机关作出的涉及行政机关工作人员公务员权利义务的决定。

行政诉讼法第十三条第四项规定的“法律规定由行政机关最终裁决的行政行为”中的“法律”，是指全国人民代表大会及其常务委员会制定、通过的规范性文件。

二、管　辖

第三条　各级人民法院行政审判庭审理行政案件和审查行政机关申请执行其行政行为的案件。

专门人民法院、人民法庭不审理行政案件，也不审查和执行行政机关申请执行其行政行为的案件。铁路运输法院等专门人民法院审理行政案件，应当执行行政诉讼法第十八条第二款的规定。

第四条　立案后，受诉人民法院的管辖权不受当事人住所地改变、追加被告等事实和法律状态变更的影响。

第五条　有下列情形之一的，属于行政诉讼法第十五条第三项规定的“本辖区内重大、复杂的案件”：

（一）社会影响重大的共同诉讼案件；

（二）涉外或者涉及香港特别行政区、澳门特别行政区、台湾地区的案件；

（三）其他重大、复杂案件。

第六条　当事人以案件重大复杂为由，认为有管辖权的基层人民法院不宜行使管辖权或者根据行政诉讼法第五十二条的规定，向中级人民法院起诉，中级人民法院应当根据不同情况在七日内分别作出以下处理：

（一）决定自行审理；

（二）指定本辖区其他基层人民法院管辖；

（三）书面告知当事人向有管辖权的基层人民法院起诉。

第七条　基层人民法院对其管辖的第一审行政案件，认为需要由中级人民法院审理或者指定管辖的，可以报请中级人民法院决定。中级人民法院应当根据不同情况在七日内分别作出以下处理：

（一）决定自行审理；

（二）指定本辖区其他基层人民法院管辖；

（三）决定由报请的人民法院审理。

第八条　行政诉讼法第十九条规定的“原告所在地”，包括原告的户籍所在地、经常居住地和被限制人身自由地。

对行政机关基于同一事实，既采取限制公民人身自由的行政强制措施，又采取其他行政强制措施或者行政处罚不服的，由被告所在地或者原告所在地的人民法院管辖。

第九条　行政诉讼法第二十条规定的“因不动产提起的行政诉讼”是指因行政行为导致不动产物权变动而提起的诉讼。

不动产已登记的，以不动产登记簿记载的所在地为不动产所在地；不动产未登记的，以不动产实际所在地为不动产所在地。

第十条　人民法院受理案件后，被告提出管辖异议的，应当在收到起诉状副本之日起十五日内提出。

对当事人提出的管辖异议，人民法院应当进行审查。异议成立的，裁定将案件移送有管辖权的人民法院；异议不成立的，裁定驳回。

人民法院对管辖异议审查后确定有管辖权的，不因当事人增加或者变更诉讼请求等改变管辖，但违反级别管辖、专属管辖规定的除外。

第十一条　有下列情形之一的，人民法院不予审查：

（一）人民法院发回重审或者按第一审程序再审的案件，当事人提出管辖异议的；

（二）当事人在第一审程序中未按照法律规定的期限和形式提出管辖异议，在第二审程序中提出的。

三、诉讼参加人

第十二条　有下列情形之一的，属于行政诉讼法第二十五条第一款规定的“与行政行为有利害关系”：

（一）被诉的行政行为涉及其相邻权或者公平竞争权的；

（二）在行政复议等行政程序中被追加为第三人的；

（三）要求行政机关依法追究加害人法律责任的；

（四）撤销或者变更行政行为涉及其合法权益的；

（五）为维护自身合法权益向行政机关投诉，具有处理投诉职责的行政机关作出或者未作出处理的；

（六）其他与行政行为有利害关系的情形。

第十三条　债权人以行政机关对债务人所作的行政行为损害债权实现为由提起行政诉讼的，人民法院应当告知其就民事争议提起民事诉讼，但行政机关作出行政行为时依法应予保护或者应予考虑的除外。

第十四条　行政诉讼法第二十五条第二款规定的“近亲属”，包括配偶、父母、子女、兄弟姐妹、祖父母、外祖父母、孙子女、外孙子女和其他具有扶养、赡养关系的亲属。

公民因被限制人身自由而不能提起诉讼的，其近亲属可以依其口头或者书面委托以该公民的名义提起诉讼。近亲属起诉时无法与被限制人身自由的公民取得联系，近亲属可以先行起诉，并在诉讼中补充提交委托证明。

第十五条　合伙企业向人民法院提起诉讼的，应当以核准登记的字号为原告。未依法登记领取营业执照的个人合伙的全体合伙人为共同原告；全体合伙人可以推选代表人，被推选的代表人，应当由全体合伙人出具推选书。

个体工商户向人民法院提起诉讼的，以营业执照上登记的经营者为原告。有字号的，以营业执照上登记的字号为原告，并应当注明该字号经营者的基本信息。

第十六条　股份制企业的股东大会、股东会、董事会等认为行政机关作出的行政行为侵犯企业经营自主权的，可以企业名义提起诉讼。

联营企业、中外合资或者合作企业的联营、合资、合作各方，认为联营、合资、合作企业权益或者自己一方合法权益受行政行为侵害的，可以自己的名义提起诉讼。

非国有企业被行政机关注销、撤销、合并、强令兼并、出售、分立或者改变企业隶属关系的，该企业或者其法定代表人可以提起诉讼。

第十七条　事业单位、社会团体、基金会、社会服务机构等非营利法人的出资人、设立人认为行政行为损害法人合法权益的，可以自己的名义提起诉讼。

第十八条　业主委员会对于行政机关作出的涉及业主共有利益的行政行为，可以自己的名义提起诉讼。

业主委员会不起诉的，专有部分占建筑物总面积过半数或者占总户数过半数的业主可以提起诉讼。

第十九条　当事人不服经上级行政机关批准的行政行为，向人民法院提起诉讼的，以在对外发生法律效力的文书上署名的机关为被告。

第二十条　行政机关组建并赋予行政管理职能但不具有独立承担法律责任能力的机构，以自己的名义作出行政行为，当事人不服提起诉讼的，应当以组建该机构的行政机关为被告。

法律、法规或者规章授权行使行政职权的行政机关内设机构、派出机构或者其他组织，超出法定授权范围实施行政行为，当事人不服提起诉讼的，应当以实施该行为的机构或者组织为被告。

没有法律、法规或者规章规定，行政机关授权其内设机构、派出机构或者其他组织行使行政职权的，属于行政诉讼法第二十六条规定的委托。当事人不服提起诉讼的，应当以该行政机关为被告。

第二十一条　当事人对由国务院、省级人民政府批准设立的开发区管理机构作出的行政行为不服提起诉讼的，以该开发区管理机构为被告；对由国务院、省级人民政府批准设立的开发区管理机构所属职能部门作出的行政行为不服提起诉讼的，以其职能部门为被告；对其他开发区管理机构所属职能部门作出的行政行为不服提起诉讼的，以开发区管理机构为被告；开发区管理机构没有行政主体资格的，以设立该机构的地方人民政府为被告。

第二十二条　行政诉讼法第二十六条第二款规定的“复议机关改变原行政行为”，是指复议机关改变原行政行为的处理结果。复议机关改变原行政行为所认定的主要事实和证据、改变原行政行为所适用的规范依据，但未改变原行政行为处理结果的，视为复议机关维持原行政行为。

复议机关确认原行政行为无效，属于改变原行政行为。

复议机关确认原行政行为违法，属于改变原行政行为，但复议机关以违反法定程序为由确认原行政行为违法的除外。

第二十三条 行政机关被撤销或者职权变更，没有继续行使其职权的行政机关的，以其所属的人民政府为被告；实行垂直领导的，以垂直领导的上一级行政机关为被告。

第二十四条 当事人对村民委员会或者居民委员会依据法律、法规、规章的授权履行行政管理职责的行为不服提起诉讼的，以村民委员会或者居民委员会为被告。

当事人对村民委员会、居民委员会受行政机关委托作出的行为不服提起诉讼的，以委托的行政机关为被告。

当事人对高等学校等事业单位以及律师协会、注册会计师协会等行业协会依据法律、法规、规章的授权实施的行政行为不服提起诉讼的，以该事业单位、行业协会为被告。

当事人对高等学校等事业单位以及律师协会、注册会计师协会等行业协会受行政机关委托作出的行为不服提起诉讼的，以委托的行政机关为被告。

第二十五条 市、县级人民政府确定的房屋征收部门组织实施房屋征收与补偿工作过程中作出行政行为，被征收人不服提起诉讼的，以房屋征收部门为被告。

征收实施单位受房屋征收部门委托，在委托范围内从事的行为，被征收人不服提起诉讼的，应当以房屋征收部门为被告。

第二十六条 原告所起诉的被告不适格，人民法院应当告知原告变更被告；原告不同意变更的，裁定驳回起诉。

应当追加被告而原告不同意追加的，人民法院应当通知其以第三人的身份参加诉讼，但行政复议机关作共同被告的除外。

第二十七条 必须共同进行诉讼的当事人没有参加诉讼的，人民法院应当依法通知其参加；当事人也可以向人民法院申请参加。

人民法院应当对当事人提出的申请进行审查，申请理由不成立的，裁定驳回；申请理由成立的，书面通知其参加诉讼。

前款所称的必须共同进行诉讼，是指按照行政诉讼法第二十七条的规定，当事人一方或者双方为两人以上，因同一行政行为发生行政争议，人民法院必须合并审理的诉讼。

第二十八条 人民法院追加共同诉讼的当事人时，应当通知其他当事人。应当追加的原告，已明确表示放弃实体权利的，可不予追加；既不愿意参加诉讼，又不放弃实体权利的，应追加为第三人，其不参加诉讼，不能阻碍人民法院对案件的审理和裁判。

第二十九条 行政诉讼法第二十八条规定的“人数众多”，一般指十人以上。

根据行政诉讼法第二十八条的规定，当事人一方人数众多的，由当事人推选代表人。当事人推选不出的，可以由人民法院在起诉的当事人中指定代表人。

行政诉讼法第二十八条规定的代表人为二至五人。代表人可以委托一至二人作为诉讼代理人。

第三十条 行政机关的同一行政行为涉及两个以上利害关系人，其中一部分利害关系人对行政行为不服提起诉讼，人民法院应当通知没有起诉的其他利害关系人作为第三人参加诉讼。

与行政案件处理结果有利害关系的第三人，可以申请参加诉讼，或者由人民法院通知其参加诉讼。人民法院判决其承担义务或者减损其权益的第三人，有权提出上诉或者申请再审。

行政诉讼法第二十九条规定的第三人，因不能归责于本人的事由未参加诉讼，但有证据证明发生法律效力的判决、裁定、调解书损害其合法权益的，可以依照行政诉讼法第九十条的规定，自知道或者应当知道其合法权益受到损害之日起六个月内，向上一级人民法院申请再审。

第三十一条 当事人委托诉讼代理人，应当向人民法院提交由委托人签名或者盖章的授权委托书。

委托书应当载明委托事项和具体权限。公民在特殊情况下无法书面委托的，也可以由他人代书，并由自己捺印等方式确认，人民法院应当核实并记录在卷；被诉行政机关或者其他有义务协助的机关拒绝人民法院向被限制人身自由的公民核实的，视为委托成立。当事人解除或者变更委托的，应当书面报告人民法院。

第三十二条 依照行政诉讼法第三十一条第二款第二项规定，与当事人有合法劳动人事关系的职工，可以当事人工作人员的名义作为诉讼代理人。以当事人的工作人员身份参加诉讼活动，应当提交以下证据之一加以证明：

（一）缴纳社会保险记录凭证；

（二）领取工资凭证；

（三）其他能够证明其为当事人工作人员身份的证据。

第三十三条 根据行政诉讼法第三十一条第二款第三项规定，有关社会团体推荐公民担任诉讼代理人的，应当符合下列条件：

（一）社会团体属于依法登记设立或者依法免予登记设立的非营利性法人组织；

（二）被代理人属于该社会团体的成员，或者当事人一方住所地位于该社会团体的活动地域；

（三）代理事务属于该社会团体章程载明的业务范围；

（四）被推荐的公民是该社会团体的负责人或者与该社会团体有合法劳动人事关系的工作人员。

专利代理人经中华全国专利代理人协会推荐，可以在专利行政案件中担任诉讼代理人。

四、证　据

第三十四条 根据行政诉讼法第三十六条第一款的规定，被告申请延期提供证据的，应当在收到起诉状副本之日起十五日内以书面方式向人民法院提出。人民法院准许延期提供的，被告应当在正当事由消除后十五日内提供证据。逾期提供的，视为被诉行政行为没有相应的证据。

第三十五条 原告或者第三人应当在开庭审理前或者人民法院指定的交换证据清单之日提供证据。因正当事由申请延期提供证据的，经人民法院准许，可以在法庭调查中提供。逾期提供证据的，人民法院应当责令其说明理由；拒不说明理由或者理由不成立的，视为放弃举证权利。

原告或者第三人在第一审程序中无正当事由未提供而在第二审程序中提供的证据，人民法院不予接纳。

第三十六条 当事人申请延长举证期限，应当在举证期限届满前向人民法院提出书面申请。

申请理由成立的，人民法院应当准许，适当延长举证期限，并通知其他当事人。申请理由不成立的，人民法院不予准许，并通知申请人。

第三十七条 根据行政诉讼法第三十九条的规定，对当事人无争议，但涉及国家利益、公共利益或者他人合法权益的事实，人民法院可以责令当事人提供或者补充有关证据。

第三十八条 对于案情比较复杂或者证据数量较多的案件，人民法院可以组织当事人在开庭前向对方出示或者交换证据，并将交换证据清单的情况记录在卷。

当事人在庭前证据交换过程中没有争议并记录在卷的证据，经审判人员在庭审中说明后，可以作为认定案件事实的依据。

第三十九条 当事人申请调查收集证据，但该证据与待证事实无关联、对证明待证事实无意义或者其他无调查收集必要的，人民法院不予准许。

第四十条 人民法院在证人出庭作证前应当告知其如实作证的义务以及作伪证的法律后果。

证人因履行出庭作证义务而支出的交通、住宿、就餐等必要费用以及误工损失，由败诉一方当事人承担。

第四十一条 有下列情形之一，原告或者第三人要求相关行政执法人员出庭说明的，人民法院可以准许：

(一)对现场笔录的合法性或者真实性有异议的;

(二)对扣押财产的品种或者数量有异议的;

(三)对检验的物品取样或者保管有异议的;

(四)对行政执法人员身份的合法性有异议的;

(五)需要出庭说明的其他情形。

第四十二条　能够反映案件真实情况、与待证事实相关联、来源和形式符合法律规定的证据,应当作为认定案件事实的根据。

第四十三条　有下列情形之一的,属于行政诉讼法第四十三条第三款规定的“以非法手段取得的证据”:

(一)严重违反法定程序收集的证据材料;

(二)以违反法律强制性规定的手段获取且侵害他人合法权益的证据材料;

(三)以利诱、欺诈、胁迫、暴力等手段获取的证据材料。

第四十四条　人民法院认为有必要的,可以要求当事人本人或者行政机关执法人员到庭,就案件有关事实接受询问。在询问之前,可以要求其签署保证书。

保证书应当载明据实陈述、如有虚假陈述愿意接受处罚等内容。当事人或者行政机关执法人员应当在保证书上签名或者捺印。

负有举证责任的当事人拒绝到庭、拒绝接受询问或者拒绝签署保证书,待证事实又欠缺其他证据加以佐证的,人民法院对其主张的事实不予认定。

第四十五条　被告有证据证明其在行政程序中依照法定程序要求原告或者第三人提供证据,原告或者第三人依法应当提供而没有提供,在诉讼程序中提供的证据,人民法院一般不予采纳。

第四十六条　原告或者第三人确有证据证明被告持有的证据对原告或者第三人有利的,可以在开庭审理前书面申请人民法院责令行政机关提交。

申请理由成立的,人民法院应当责令行政机关提交,因提交证据所产生的费用,由申请人预付。行政机关无正当理由拒不提交的,人民法院可以推定原告或者第三人基于该证据主张的事实成立。

持有证据的当事人以妨碍对方当事人使用为目的,毁灭有关证据或者实施其他致使证据不能使用行为的,人民法院可以推定对方当事人基于该证据主张的事实成立,并可依照行政诉讼法第五十九条规定处理。

第四十七条　根据行政诉讼法第三十八条第二款的规定,在行政赔偿、补偿案件中,因被告的原因导致原告无法就损害情况举证的,应当由被告就该损害情况承担举证责任。

对于各方主张损失的价值无法认定的,应当由负有举证责任的一方当事人申请鉴定,但法律、法规、规章规定行政机关在作出行政行为时依法应当评估或者鉴定的除外;负有举证责任的当事人拒绝申请鉴定的,由其承担不利的法律后果。

当事人的损失因客观原因无法鉴定的,人民法院应当结合当事人的主张和在案证据,遵循法官职业道德,运用逻辑推理和生活经验、生活常识等,酌情确定赔偿数额。

五、期间、送达

第四十八条　期间包括法定期间和人民法院指定的期间。

期间以时、日、月、年计算。期间开始的时和日,不计算在期间内。

期间届满的最后一日是节假日的,以节假日后的第一日为期间届满的日期。

期间不包括在途时间,诉讼文书在期满前交邮的,视为在期限内发送。

第四十九条　行政诉讼法第五十一条第二款规定的立案期限,因起诉状内容欠缺或者有其他错误通知原告限期补正的,从补正后递交人民法院的次日起算。由上级人民法院转交下级人民法院立案的案件,从受诉人民法院收到起诉状的次日起算。

第五十条　行政诉讼法第八十一条、第八十三条、第八十八条规定的审理期限,是指从立案之日起至裁判宣告、调解书送达之日止的期间，但公告期间、鉴定期间、调解期间、中止诉讼期间、审理当事人提出的管辖异议以及处理人民法院之间的管辖争议期间不应计算在内。

再审案件按照第一审程序或者第二审程序审理的，适用行政诉讼法第八十一条、第八十八条规定的审理期限。审理期限自再审立案的次日起算。

基层人民法院申请延长审理期限，应当直接报请高级人民法院批准，同时报中级人民法院备案。

第五十一条 人民法院可以要求当事人签署送达地址确认书，当事人确认的送达地址为人民法院法律文书的送达地址。

当事人同意电子送达的，应当提供并确认传真号、电子信箱等电子送达地址。

当事人送达地址发生变更的，应当及时书面告知受理案件的人民法院；未及时告知的，人民法院按原地址送达，视为依法送达。

人民法院可以通过国家邮政机构以法院专递方式进行送达。

第五十二条 人民法院可以在当事人住所地以外向当事人直接送达诉讼文书。当事人拒绝签署送达回证的，采用拍照、录像等方式记录送达过程即视为送达。审判人员、书记员应当在送达回证上注明送达情况并签名。

六、起诉与受理

第五十三条 人民法院对符合起诉条件的案件应当立案，依法保障当事人行使诉讼权利。

对当事人依法提起的诉讼，人民法院应当根据行政诉讼法第五十一条的规定接收起诉状。能够判断符合起诉条件的，应当当场登记立案；当场不能判断是否符合起诉条件的，应当在接收起诉状后七日内决定是否立案；七日内仍不能作出判断的，应当先予立案。

第五十四条 依照行政诉讼法第四十九条的规定，公民、法人或者其他组织提起诉讼时应当提交以下起诉材料：

（一）原告的身份证明材料以及有效联系方式；

（二）被诉行政行为或者不作为存在的材料；

（三）原告与被诉行政行为具有利害关系的材料；

（四）人民法院认为需要提交的其他材料。

由法定代理人或者委托代理人代为起诉的，还应当在起诉状中写明或者在口头起诉时向人民法院说明法定代理人或者委托代理人的基本情况，并提交法定代理人或者委托代理人的身份证明和代理权限证明等材料。

第五十五条 依照行政诉讼法第五十一条的规定，人民法院应当就起诉状内容和材料是否完备以及是否符合行政诉讼法规定的起诉条件进行审查。

起诉状内容或者材料欠缺的，人民法院应当给予指导和释明，并一次性全面告知当事人需要补正的内容、补充的材料及期限。在指定期限内补正并符合起诉条件的，应当登记立案。当事人拒绝补正或者经补正仍不符合起诉条件的，退回诉状并记录在册；坚持起诉的，裁定不予立案，并载明不予立案的理由。

第五十六条 法律、法规规定应当先申请复议，公民、法人或者其他组织未申请复议直接提起诉讼的，人民法院裁定不予立案。

依照行政诉讼法第四十五条的规定，复议机关不受理复议申请或者在法定期限内不作出复议决定，公民、法人或者其他组织不服，依法向人民法院提起诉讼的，人民法院应当依法立案。

第五十七条 法律、法规未规定行政复议为提起行政诉讼必经程序，公民、法人或者其他组织既提起诉讼又申请行政复议的，由先立案的机关管辖；同时立案的，由公民、法人或者其他组织选择。公民、法人或者其他组织已经申请行政复议，在法定复议期间内又向人民法院提起诉讼的，人民法院裁定不予立案。

第五十八条 法律、法规未规定行政复议为提起行政诉讼必经程序，公民、法人或者其他组织向复议机关申请行政复议后，又经复议机关同意撤回复议申请，在法定起诉期限内对原行政行为提起诉讼的，人民法院应当依法立案。

第五十九条　公民、法人或者其他组织向复议机关申请行政复议后，复议机关作出维持决定的，应当以复议机关和原行为机关为共同被告，并以复议决定送达时间确定起诉期限。

第六十条　人民法院裁定准许原告撤诉后，原告以同一事实和理由重新起诉的，人民法院不予立案。

准予撤诉的裁定确有错误，原告申请再审的，人民法院应当通过审判监督程序撤销原准予撤诉的裁定，重新对案件进行审理。

第六十一条　原告或者上诉人未按规定的期限预交案件受理费，又不提出缓交、减交、免交申请，或者提出申请未获批准的，按自动撤诉处理。在按撤诉处理后，原告或者上诉人在法定期限内再次起诉或者上诉，并依法解决诉讼费预交问题的，人民法院应予立案。

第六十二条　人民法院判决撤销行政机关的行政行为后，公民、法人或者其他组织对行政机关重新作出的行政行为不服向人民法院起诉的，人民法院应当依法立案。

第六十三条　行政机关作出行政行为时，没有制作或者没有送达法律文书，公民、法人或者其他组织只要能证明行政行为存在，并在法定期限内起诉的，人民法院应当依法立案。

第六十四条　行政机关作出行政行为时，未告知公民、法人或者其他组织起诉期限的，起诉期限从公民、法人或者其他组织知道或者应当知道起诉期限之日起计算，但从知道或者应当知道行政行为内容之日起最长不得超过一年。

复议决定未告知公民、法人或者其他组织起诉期限的，适用前款规定。

第六十五条　公民、法人或者其他组织不知道行政机关作出的行政行为内容的，其起诉期限从知道或者应当知道该行政行为内容之日起计算，但最长不得超过行政诉讼法第四十六条第二款规定的起诉期限。

第六十六条　公民、法人或者其他组织依照行政诉讼法第四十七条第一款的规定，对行政机关不履行法定职责提起诉讼的，应当在行政机关履行法定职责期限届满之日起六个月内提出。

第六十七条　原告提供被告的名称等信息足以使被告与其他行政机关相区别的，可以认定为行政诉讼法第四十九条第二项规定的"有明确的被告"。

起诉状列写被告信息不足以认定明确的被告的，人民法院可以告知原告补正；原告补正后仍不能确定明确的被告的，人民法院裁定不予立案。

第六十八条　行政诉讼法第四十九条第三项规定的"有具体的诉讼请求"是指：

（一）请求判决撤销或者变更行政行为；

（二）请求判决行政机关履行特定法定职责或者给付义务；

（三）请求判决确认行政行为违法；

（四）请求判决确认行政行为无效；

（五）请求判决行政机关予以赔偿或者补偿；

（六）请求解决行政协议争议；

（七）请求一并审查规章以下规范性文件；

（八）请求一并解决相关民事争议；

（九）其他诉讼请求。

当事人单独或者一并提起行政赔偿、补偿诉讼的，应当有具体的赔偿、补偿事项以及数额；请求一并审查规章以下规范性文件的，应当提供明确的文件名称或者审查对象；请求一并解决相关民事争议的，应当有具体的民事诉讼请求。

当事人未能正确表达诉讼请求的，人民法院应当要求其明确诉讼请求。

第六十九条　有下列情形之一，已经立案的，应当裁定驳回起诉：

（一）不符合行政诉讼法第四十九条规定的；

（二）超过法定起诉期限且无行政诉讼法第四十八条规定情形的；

（三）错列被告且拒绝变更的；

（四）未按照法律规定由法定代理人、指定代理人、代表人为诉讼行为的；

（五）未按照法律、法规规定先向行政机关申请复议的；

（六）重复起诉的；

（七）撤回起诉后无正当理由再行起诉的；

（八）行政行为对其合法权益明显不产生实际影响的；

（九）诉讼标的已为生效裁判或者调解书所羁束的；

（十）其他不符合法定起诉条件的情形。

前款所列情形可以补正或者更正的，人民法院应当指定期间责令补正或者更正；在指定期间已经补正或者更正的，应当依法审理。

人民法院经过阅卷、调查或者询问当事人，认为不需要开庭审理的，可以迳行裁定驳回起诉。

第七十条　起诉状副本送达被告后，原告提出新的诉讼请求的，人民法院不予准许，但有正当理由的除外。

七、审理与判决

第七十一条　人民法院适用普通程序审理案件，应当在开庭三日前用传票传唤当事人。对证人、鉴定人、勘验人、翻译人员，应当用通知书通知其到庭。当事人或者其他诉讼参与人在外地的，应当留有必要的在途时间。

第七十二条　有下列情形之一的，可以延期开庭审理：

（一）应当到庭的当事人和其他诉讼参与人有正当理由没有到庭的；

（二）当事人临时提出回避申请且无法及时作出决定的；

（三）需要通知新的证人到庭，调取新的证据，重新鉴定、勘验，或者需要补充调查的；

（四）其他应当延期的情形。

第七十三条　根据行政诉讼法第二十七条的规定，有下列情形之一的，人民法院可以决定合并审理：

（一）两个以上行政机关分别对同一事实作出行政行为，公民、法人或者其他组织不服向同一人民法院起诉的；

（二）行政机关就同一事实对若干公民、法人或者其他组织分别作出行政行为，公民、法人或者其他组织不服分别向同一人民法院起诉的；

（三）在诉讼过程中，被告对原告作出新的行政行为，原告不服向同一人民法院起诉的；

（四）人民法院认为可以合并审理的其他情形。

第七十四条　当事人申请回避，应当说明理由，在案件开始审理时提出；回避事由在案件开始审理后知道的，应当在法庭辩论终结前提出。

被申请回避的人员，在人民法院作出是否回避的决定前，应当暂停参与本案的工作，但案件需要采取紧急措施的除外。

对当事人提出的回避申请，人民法院应当在三日内以口头或者书面形式作出决定。对当事人提出的明显不属于法定回避事由的申请，法庭可以依法当庭驳回。

申请人对驳回回避申请决定不服的，可以向作出决定的人民法院申请复议一次。复议期间，被申请回避的人员不停止参与本案的工作。对申请人的复议申请，人民法院应当在三日内作出复议决定，并通知复议申请人。

第七十五条　在一个审判程序中参与过本案审判工作的审判人员，不得再参与该案其他程序的审判。

发回重审的案件，在一审法院作出裁判后又进入第二审程序的，原第二审程序中合议庭组成人员不受前款规定的限制。

第七十六条 人民法院对于因一方当事人的行为或者其他原因，可能使行政行为或者人民法院生效裁判不能或者难以执行的案件，根据对方当事人的申请，可以裁定对其财产进行保全、责令其作出一定行为或者禁止其作出一定行为；当事人没有提出申请的，人民法院在必要时也可以裁定采取上述保全措施。

人民法院采取保全措施，可以责令申请人提供担保；申请人不提供担保的，裁定驳回申请。

人民法院接受申请后，对情况紧急的，必须在四十八小时内作出裁定；裁定采取保全措施的，应当立即开始执行。

当事人对保全的裁定不服的，可以申请复议；复议期间不停止裁定的执行。

第七十七条 利害关系人因情况紧急，不立即申请保全将会使其合法权益受到难以弥补的损害的，可以在提起诉讼前向被保全财产所在地、被申请人住所地或者对案件有管辖权的人民法院申请采取保全措施。申请人应当提供担保，不提供担保的，裁定驳回申请。

人民法院接受申请后，必须在四十八小时内作出裁定；裁定采取保全措施的，应当立即开始执行。

申请人在人民法院采取保全措施后三十日内不依法提起诉讼的，人民法院应当解除保全。

当事人对保全的裁定不服的，可以申请复议；复议期间不停止裁定的执行。

第七十八条 保全限于请求的范围，或者与本案有关的财物。

财产保全采取查封、扣押、冻结或者法律规定的其他方法。人民法院保全财产后，应当立即通知被保全人。

财产已被查封、冻结的，不得重复查封、冻结。

涉及财产的案件，被申请人提供担保的，人民法院应当裁定解除保全。

申请有错误的，申请人应当赔偿被申请人因保全所遭受的损失。

第七十九条 原告或者上诉人申请撤诉，人民法院裁定不予准许的，原告或者上诉人经传票传唤无正当理由拒不到庭，或者未经法庭许可中途退庭的，人民法院可以缺席判决。

第三人经传票传唤无正当理由拒不到庭，或者未经法庭许可中途退庭的，不发生阻止案件审理的效果。

根据行政诉讼法第五十八条的规定，被告经传票传唤无正当理由拒不到庭，或者未经法庭许可中途退庭的，人民法院可以按期开庭或者继续开庭审理，对到庭的当事人诉讼请求、双方的诉辩理由以及已经提交的证据及其他诉讼材料进行审理后，依法缺席判决。

第八十条 原告或者上诉人在庭审中明确拒绝陈述或者以其他方式拒绝陈述，导致庭审无法进行，经法庭释明法律后果后仍不陈述意见的，视为放弃陈述权利，由其承担不利的法律后果。

当事人申请撤诉或者依法可以按撤诉处理的案件，当事人有违反法律的行为需要依法处理的，人民法院可以不准许撤诉或者不按撤诉处理。

法庭辩论终结后原告申请撤诉，人民法院可以准许，但涉及国家利益和社会公共利益的除外。

第八十一条 被告在一审期间改变被诉行政行为的，应当书面告知人民法院。

原告或者第三人对改变后的行政行为不服提起诉讼的，人民法院应当就改变后的行政行为进行审理。

被告改变原违法行政行为，原告仍要求确认原行政行为违法的，人民法院应当依法作出确认判决。

原告起诉被告不作为，在诉讼中被告作出行政行为，原告不撤诉的，人民法院应当就不作为依法作出确认判决。

第八十二条 当事人之间恶意串通，企图通过诉讼等方式侵害国家利益、社会公共利益或者他人合法权益的，人民法院应当裁定驳回起诉或者判决驳回其请求，并根据情节轻重予以罚款、拘留；构成犯罪的，依法追究刑事责任。

第八十三条 行政诉讼法第五十九条规定的罚款、拘留可以单独适用，也可以合并适用。

对同一妨害行政诉讼行为的罚款、拘留不得连续适用。发生新的妨害行政诉讼行为的，人民法院可以重新予以罚款、拘留。

第八十四条 人民法院审理行政诉讼法第六十条第一款规定的行政案件，认为法律关系明确、事实清楚，在征得当事人双方同意后，可以迳行调解。

第八十五条 调解达成协议，人民法院应当制作调解书。调解书应当写明诉讼请求、案件的事实和调解结果。

调解书由审判人员、书记员署名，加盖人民法院印章，送达双方当事人。

调解书经双方当事人签收后，即具有法律效力。调解书生效日期根据最后收到调解书的当事人签收的日期确定。

第八十六条 人民法院审理行政案件，调解过程不公开，但当事人同意公开的除外。

经人民法院准许，第三人可以参加调解。人民法院认为有必要的，可以通知第三人参加调解。

调解协议内容不公开，但为保护国家利益、社会公共利益、他人合法权益，人民法院认为确有必要公开的除外。

当事人一方或者双方不愿调解、调解未达成协议的，人民法院应当及时判决。

当事人自行和解或者调解达成协议后，请求人民法院按照和解协议或者调解协议的内容制作判决书的，人民法院不予准许。

第八十七条 在诉讼过程中，有下列情形之一的，中止诉讼：

(一)原告死亡，须等待其近亲属表明是否参加诉讼的；

(二)原告丧失诉讼行为能力，尚未确定法定代理人的；

(三)作为一方当事人的行政机关、法人或者其他组织终止，尚未确定权利义务承受人的；

(四)一方当事人因不可抗力的事由不能参加诉讼的；

(五)案件涉及法律适用问题，需要送请有权机关作出解释或者确认的；

(六)案件的审判须以相关民事、刑事或者其他行政案件的审理结果为依据，而相关案件尚未审结的；

(七)其他应当中止诉讼的情形。

中止诉讼的原因消除后，恢复诉讼。

第八十八条 在诉讼过程中，有下列情形之一的，终结诉讼：

(一)原告死亡，没有近亲属或者近亲属放弃诉讼权利的；

(二)作为原告的法人或者其他组织终止后，其权利义务的承受人放弃诉讼权利的。

因本解释第八十七条第一款第一、二、三项原因中止诉讼满九十日仍无人继续诉讼的，裁定终结诉讼，但有特殊情况的除外。

第八十九条 复议决定改变原行政行为错误，人民法院判决撤销复议决定时，可以一并责令复议机关重新作出复议决定或者判决恢复原行政行为的法律效力。

第九十条 人民法院判决被告重新作出行政行为，被告重新作出的行政行为与原行政行为的结果相同，但主要事实或者主要理由有改变的，不属于行政诉讼法第七十一条规定的情形。

人民法院以违反法定程序为由，判决撤销被诉行政行为的，行政机关重新作出行政行为不受行政诉讼法第七十一条规定的限制。

行政机关以同一事实和理由重新作出与原行政行为基本相同的行政行为，人民法院应当根据行政诉讼法第七十条、第七十一条的规定判决撤销或者部分撤销，并根据行政诉讼法第九十六条的规定处理。

第九十一条 原告请求被告履行法定职责的理由成立，被告违法拒绝履行或者无正当理由逾期不予答复的，人民法院可以根据行政诉讼法第七十二条的规定，判决被告在一定期限内依法履行原告请求的法定职责；尚需被告调查或者裁量的，应当判决被告针对原告的请求重新作出处理。

第九十二条 原告申请被告依法履行支付抚恤金、最低生活保障待遇或者社会保险待遇等给付义务的理由成立，被告依法负有给付义务而拒绝或者拖延履行义务的，人民法院可以根据行政诉讼法第七十三条的规定，判决被告在一定期限内履行相应的给付义务。

第九十三条 原告请求被告履行法定职责或者依法履行支付抚恤金、最低生活保障待遇或者社会保险待遇等给付义务，原告未先向行政机关提出申请的，人民法院裁定驳回起诉。

人民法院经审理认为原告所请求履行的法定职责或者给付义务明显不属于行政机关权限范围的，可以裁定驳回起诉。

第九十四条　公民、法人或者其他组织起诉请求撤销行政行为，人民法院经审查认为行政行为无效的，应当作出确认无效的判决。

公民、法人或者其他组织起诉请求确认行政行为无效，人民法院审查认为行政行为不属于无效情形，经释明，原告请求撤销行政行为的，应当继续审理并依法作出相应判决；原告请求撤销行政行为但超过法定起诉期限的，裁定驳回起诉；原告拒绝变更诉讼请求的，判决驳回其诉讼请求。

第九十五条　人民法院经审理认为被诉行政行为违法或者无效，可能给原告造成损失，经释明，原告请求一并解决行政赔偿争议的，人民法院可以就赔偿事项进行调解；调解不成的，应当一并判决。人民法院也可以告知其就赔偿事项另行提起诉讼。

第九十六条　有下列情形之一，且对原告依法享有的听证、陈述、申辩等重要程序性权利不产生实质损害的，属于行政诉讼法第七十四条第一款第二项规定的"程序轻微违法"：

（一）处理期限轻微违法；

（二）通知、送达等程序轻微违法；

（三）其他程序轻微违法的情形。

第九十七条　原告或者第三人的损失系由其自身过错和行政机关的违法行政行为共同造成的，人民法院应当依据各方行为与损害结果之间有无因果关系以及在损害发生和结果中作用力的大小，确定行政机关相应的赔偿责任。

第九十八条　因行政机关不履行、拖延履行法定职责，致使公民、法人或者其他组织的合法权益遭受损害的，人民法院应当判决行政机关承担行政赔偿责任。在确定赔偿数额时，应当考虑该不履行、拖延履行法定职责的行为在损害发生过程和结果中所起的作用等因素。

第九十九条　有下列情形之一的，属于行政诉讼法第七十五条规定的"重大且明显违法"：

（一）行政行为实施主体不具有行政主体资格；

（二）减损权利或者增加义务的行政行为没有法律规范依据；

（三）行政行为的内容客观上不可能实施；

（四）其他重大且明显违法的情形。

第一百条　人民法院审理行政案件，适用最高人民法院司法解释的，应当在裁判文书中援引。

人民法院审理行政案件，可以在裁判文书中引用合法有效的规章及其他规范性文件。

第一百零一条裁定适用于下列范围：

（一）不予立案；

（二）驳回起诉；

（三）管辖异议；

（四）终结诉讼；

（五）中止诉讼；

（六）移送或者指定管辖；

（七）诉讼期间停止行政行为的执行或者驳回停止执行的申请；

（八）财产保全；

（九）先予执行；

（十）准许或者不准许撤诉；

（十一）补正裁判文书中的笔误；

（十二）中止或者终结执行；

（十三）提审、指令再审或者发回重审；

（十四）准许或者不准许执行行政机关的行政行为；

（十五）其他需要裁定的事项。

对第一、二、三项裁定，当事人可以上诉。

裁定书应当写明裁定结果和作出该裁定的理由。裁定书由审判人员、书记员署名，加盖人民法院印章。口头裁定的，记入笔录。

第一百零二条　行政诉讼法第八十二条规定的行政案件中的“事实清楚”，是指当事人对争议的事实陈述基本一致，并能提供相应的证据，无须人民法院调查收集证据即可查明事实；“权利义务关系明确”，是指行政法律关系中权利和义务能够明确区分；“争议不大”，是指当事人对行政行为的合法性、责任承担等没有实质分歧。

第一百零三条　适用简易程序审理的行政案件，人民法院可以用口头通知、电话、短信、传真、电子邮件等简便方式传唤当事人、通知证人、送达裁判文书以外的诉讼文书。

以简便方式送达的开庭通知，未经当事人确认或者没有其他证据证明当事人已经收到的，人民法院不得缺席判决。

第一百零四条　适用简易程序案件的举证期限由人民法院确定，也可以由当事人协商一致并经人民法院准许，但不得超过十五日。被告要求书面答辩的，人民法院可以确定合理的答辩期间。

人民法院应当将举证期限和开庭日期告知双方当事人，并向当事人说明逾期举证以及拒不到庭的法律后果，由双方当事人在笔录和开庭传票的送达回证上签名或者捺印。

当事人双方均表示同意立即开庭或者缩短举证期限、答辩期间的，人民法院可以立即开庭审理或者确定近期开庭。

第一百零五条　人民法院发现案情复杂，需要转为普通程序审理的，应当在审理期限届满前作出裁定并将合议庭组成人员及相关事项书面通知双方当事人。

案件转为普通程序审理的，审理期限自人民法院立案之日起计算。

第一百零六条　当事人就已经提起诉讼的事项在诉讼过程中或者裁判生效后再次起诉，同时具有下列情形的，构成重复起诉：

（一）后诉与前诉的当事人相同；

（二）后诉与前诉的诉讼标的相同；

（三）后诉与前诉的诉讼请求相同，或者后诉的诉讼请求被前诉裁判所包含。

第一百零七条　第一审人民法院作出判决和裁定后，当事人均提起上诉的，上诉各方均为上诉人。

诉讼当事人中的一部分人提出上诉，没有提出上诉的对方当事人为被上诉人，其他当事人依原审诉讼地位列明。

第一百零八条　当事人提出上诉，应当按照其他当事人或者诉讼代表人的人数提出上诉状副本。

原审人民法院收到上诉状，应当在五日内将上诉状副本发送其他当事人，对方当事人应当在收到上诉状副本之日起十五日内提出答辩状。

原审人民法院应当在收到答辩状之日起五日内将副本发送上诉人。对方当事人不提出答辩状的，不影响人民法院审理。

原审人民法院收到上诉状、答辩状，应当在五日内连同全部案卷和证据，报送第二审人民法院；已经预收的诉讼费用，一并报送。

第一百零九条　第二审人民法院经审理认为原审人民法院不予立案或者驳回起诉的裁定确有错误且当事人的起诉符合起诉条件的，应当裁定撤销原审人民法院的裁定，指令原审人民法院依法立案或者继续审理。

第二审人民法院裁定发回原审人民法院重新审理的行政案件，原审人民法院应当另行组成合议庭进行审理。

原审判决遗漏了必须参加诉讼的当事人或者诉讼请求的，第二审人民法院应当裁定撤销原审判决，发回重审。

原审判决遗漏行政赔偿请求，第二审人民法院经审查认为依法不应当予以赔偿的，应当判决驳回行政赔偿请求。

原审判决遗漏行政赔偿请求，第二审人民法院经审理认为依法应当予以赔偿的，在确认被诉行政行为违法的同时，可以就行政赔偿问题进行调解；调解不成的，应当就行政赔偿部分发回重审。

当事人在第二审期间提出行政赔偿请求的，第二审人民法院可以进行调解；调解不成的，应当告知当事人另行起诉。

第一百一十条　当事人向上一级人民法院申请再审，应当在判决、裁定或者调解书发生法律效力后六个月内提出。有下列情形之一的，自知道或者应当知道之日起六个月内提出：

（一）有新的证据，足以推翻原判决、裁定的；

（二）原判决、裁定认定事实的主要证据是伪造的；

（三）据以作出原判决、裁定的法律文书被撤销或者变更的；

（四）审判人员审理该案件时有贪污受贿、徇私舞弊、枉法裁判行为的。

第一百一十一条　当事人申请再审的，应当提交再审申请书等材料。人民法院认为有必要的，可以自收到再审申请书之日起五日内将再审申请书副本发送对方当事人。对方当事人应当自收到再审申请书副本之日起十五日内提交书面意见。人民法院可以要求申请人和对方当事人补充有关材料，询问有关事项。

第一百一十二条　人民法院应当自再审申请案件立案之日起六个月内审查，有特殊情况需要延长的，由本院院长批准。

第一百一十三条　人民法院根据审查再审申请案件的需要决定是否询问当事人；新的证据可能推翻原判决、裁定的，人民法院应当询问当事人。

第一百一十四条　审查再审申请期间，被申请人及原审其他当事人依法提出再审申请的，人民法院应当将其列为再审申请人，对其再审事由一并审查，审查期限重新计算。经审查，其中一方再审申请人主张的再审事由成立的，应当裁定再审。各方再审申请人主张的再审事由均不成立的，一并裁定驳回再审申请。

第一百一十五条　审查再审申请期间，再审申请人申请人民法院委托鉴定、勘验的，人民法院不予准许。

审查再审申请期间，再审申请人撤回再审申请的，是否准许，由人民法院裁定。

再审申请人经传票传唤，无正当理由拒不接受询问的，按撤回再审申请处理。

人民法院准许撤回再审申请或者按撤回再审申请处理后，再审申请人再次申请再审的，不予立案，但有行政诉讼法第九十一条第二项、第三项、第七项、第八项规定情形，自知道或者应当知道之日起六个月内提出的除外。

第一百一十六条　当事人主张的再审事由成立，且符合行政诉讼法和本解释规定的申请再审条件的，人民法院应当裁定再审。

当事人主张的再审事由不成立，或者当事人申请再审超过法定申请再审期限、超出法定再审事由范围等不符合行政诉讼法和本解释规定的申请再审条件的，人民法院应当裁定驳回再审申请。

第一百一十七条　有下列情形之一的，当事人可以向人民检察院申请抗诉或者检察建议：

（一）人民法院驳回再审申请的；

（二）人民法院逾期未对再审申请作出裁定的；

（三）再审判决、裁定有明显错误的。

人民法院基于抗诉或者检察建议作出再审判决、裁定后，当事人申请再审的，人民法院不予立案。

第一百一十八条　按照审判监督程序决定再审的案件，裁定中止原判决、裁定、调解书的执行，但支付抚恤金、最低生活保障费或者社会保险待遇的案件，可以不中止执行。

上级人民法院决定提审或者指令下级人民法院再审的，应当作出裁定，裁定应当写明中止原判决的执行；情况紧急的，可以将中止执行的裁定口头通知负责执行的人民法院或者作出生效判决、裁定的人民法院，但应当在口头通知后十日内发出裁定书。

第一百一十九条 人民法院按照审判监督程序再审的案件，发生法律效力的判决、裁定是由第一审法院作出的，按照第一审程序审理，所作的判决、裁定，当事人可以上诉；发生法律效力的判决、裁定是由第二审法院作出的，按照第二审程序审理，所作的判决、裁定，是发生法律效力的判决、裁定；上级人民法院按照审判监督程序提审的，按照第二审程序审理，所作的判决、裁定是发生法律效力的判决、裁定。

人民法院审理再审案件，应当另行组成合议庭。

第一百二十条 人民法院审理再审案件应当围绕再审请求和被诉行政行为合法性进行。当事人的再审请求超出原审诉讼请求，符合另案诉讼条件的，告知当事人可以另行起诉。

被申请人及原审其他当事人在庭审辩论结束前提出的再审请求，符合本解释规定的申请期限的，人民法院应当一并审理。

人民法院经再审，发现已经发生法律效力的判决、裁定损害国家利益、社会公共利益、他人合法权益的，应当一并审理。

第一百二十一条 再审审理期间，有下列情形之一的，裁定终结再审程序：

（一）再审申请人在再审期间撤回再审请求，人民法院准许的；

（二）再审申请人经传票传唤，无正当理由拒不到庭的，或者未经法庭许可中途退庭，按撤回再审请求处理的；

（三）人民检察院撤回抗诉的；

（四）其他应当终结再审程序的情形。

因人民检察院提出抗诉裁定再审的案件，申请抗诉的当事人有前款规定的情形，且不损害国家利益、社会公共利益或者他人合法权益的，人民法院裁定终结再审程序。

再审程序终结后，人民法院裁定中止执行的原生效判决自动恢复执行。

第一百二十二条 人民法院审理再审案件，认为原生效判决、裁定确有错误，在撤销原生效判决或者裁定的同时，可以对生效判决、裁定的内容作出相应裁判，也可以裁定撤销生效判决或者裁定，发回作出生效判决、裁定的人民法院重新审理。

第一百二十三条 人民法院审理二审案件和再审案件，对原审法院立案、不予立案或者驳回起诉错误的，应当分别情况作如下处理：

（一）第一审人民法院作出实体判决后，第二审人民法院认为不应当立案的，在撤销第一审人民法院判决的同时，可以迳行驳回起诉；

（二）第二审人民法院维持第一审人民法院不予立案裁定错误的，再审法院应当撤销第一审、第二审人民法院裁定，指令第一审人民法院受理；

（三）第二审人民法院维持第一审人民法院驳回起诉裁定错误的，再审法院应当撤销第一审、第二审人民法院裁定，指令第一审人民法院审理。

第一百二十四条 人民检察院提出抗诉的案件，接受抗诉的人民法院应当自收到抗诉书之日起三十日内作出再审的裁定；有行政诉讼法第九十一条第二、三项规定情形之一的，可以指令下一级人民法院再审，但经该下一级人民法院再审过的除外。

人民法院在审查抗诉材料期间，当事人之间已经达成和解协议的，人民法院可以建议人民检察院撤回抗诉。

第一百二十五条 人民检察院提出抗诉的案件，人民法院再审开庭时，应当在开庭三日前通知人民检察院派员出庭。

第一百二十六条 人民法院收到再审检察建议后，应当组成合议庭，在三个月内进行审查，发现原判决、裁定、调解书确有错误，需要再审的，依照行政诉讼法第九十二条规定裁定再审，并通知当事人；经审查，决定不予再审的，应当书面回复人民检察院。

第一百二十七条　人民法院审理因人民检察院抗诉或者检察建议裁定再审的案件，不受此前已经作出的驳回当事人再审申请裁定的限制。

八、行政机关负责人出庭应诉

第一百二十八条　行政诉讼法第三条第三款规定的行政机关负责人，包括行政机关的正职、副职负责人以及其他参与分管的负责人。

行政机关负责人出庭应诉的，可以另行委托一至二名诉讼代理人。行政机关负责人不能出庭的，应当委托行政机关相应的工作人员出庭，不得仅委托律师出庭。

第一百二十九条　涉及重大公共利益、社会高度关注或者可能引发群体性事件等案件以及人民法院书面建议行政机关负责人出庭的案件，被诉行政机关负责人应当出庭。

被诉行政机关负责人出庭应诉的，应当在当事人及其诉讼代理人基本情况、案件由来部分予以列明。

行政机关负责人有正当理由不能出庭应诉的，应当向人民法院提交情况说明，并加盖行政机关印章或者由该机关主要负责人签字认可。

行政机关拒绝说明理由的，不发生阻止案件审理的效果，人民法院可以向监察机关、上一级行政机关提出司法建议。

第一百三十条　行政诉讼法第三条第三款规定的“行政机关相应的工作人员”，包括该行政机关具有国家行政编制身份的工作人员以及其他依法履行公职的人员。

被诉行政行为是地方人民政府作出的，地方人民政府法制工作机构的工作人员，以及被诉行政行为具体承办机关工作人员，可以视为被诉人民政府相应的工作人员。

第一百三十一条　行政机关负责人出庭应诉的，应当向人民法院提交能够证明该行政机关负责人职务的材料。

行政机关委托相应的工作人员出庭应诉的，应当向人民法院提交加盖行政机关印章的授权委托书，并载明工作人员的姓名、职务和代理权限。

第一百三十二条　行政机关负责人和行政机关相应的工作人员均不出庭，仅委托律师出庭的或者人民法院书面建议行政机关负责人出庭应诉，行政机关负责人不出庭应诉的，人民法院应当记录在案和在裁判文书中载明，并可以建议有关机关依法作出处理。

九、复议机关作共同被告

第一百三十三条　行政诉讼法第二十六条第二款规定的“复议机关决定维持原行政行为”，包括复议机关驳回复议申请或者复议请求的情形，但以复议申请不符合受理条件为由驳回的除外。

第一百三十四条　复议机关决定维持原行政行为的，作出原行政行为的行政机关和复议机关是共同被告。原告只起诉作出原行政行为的行政机关或者复议机关的，人民法院应当告知原告追加被告。原告不同意追加的，人民法院应当将另一机关列为共同被告。

行政复议决定既有维持原行政行为内容，又有改变原行政行为内容或者不予受理申请内容的，作出原行政行为的行政机关和复议机关为共同被告。

复议机关作共同被告的案件，以作出原行政行为的行政机关确定案件的级别管辖。

第一百三十五条　复议机关决定维持原行政行为的，人民法院应当在审查原行政行为合法性的同时，一并审查复议决定的合法性。

作出原行政行为的行政机关和复议机关对原行政行为合法性共同承担举证责任，可以由其中一个机关实施举证行为。复议机关对复议决定的合法性承担举证责任。

复议机关作共同被告的案件，复议机关在复议程序中依法收集和补充的证据，可以作为人民法院认定复议决定和原行政行为合法的依据。

第一百三十六条　人民法院对原行政行为作出判决的同时，应当对复议决定一并作出相应判决。

人民法院依职权追加作出原行政行为的行政机关或者复议机关为共同被告的，对原行政行为或者复议决定可以作出相应判决。

人民法院判决撤销原行政行为和复议决定的，可以判决作出原行政行为的行政机关重新作出行政行为。

人民法院判决作出原行政行为的行政机关履行法定职责或者给付义务的，应当同时判决撤销复议决定。

原行政行为合法、复议决定违法的，人民法院可以判决撤销复议决定或者确认复议决定违法，同时判决驳回原告针对原行政行为的诉讼请求。

原行政行为被撤销、确认违法或者无效，给原告造成损失的，应当由作出原行政行为的行政机关承担赔偿责任；因复议决定加重损害的，由复议机关对加重部分承担赔偿责任。

原行政行为不符合复议或者诉讼受案范围等受理条件，复议机关作出维持决定的，人民法院应当裁定一并驳回对原行政行为和复议决定的起诉。

十、相关民事争议的一并审理

第一百三十七条　公民、法人或者其他组织请求一并审理行政诉讼法第六十一条规定的相关民事争议，应当在第一审开庭审理前提出；有正当理由的，也可以在法庭调查中提出。

第一百三十八条　人民法院决定在行政诉讼中一并审理相关民事争议，或者案件当事人一致同意相关民事争议在行政诉讼中一并解决，人民法院准许的，由受理行政案件的人民法院管辖。

公民、法人或者其他组织请求一并审理相关民事争议，人民法院经审查发现行政案件已经超过起诉期限，民事案件尚未立案的，告知当事人另行提起民事诉讼；民事案件已经立案的，由原审判组织继续审理。

人民法院在审理行政案件中发现民事争议为解决行政争议的基础，当事人没有请求人民法院一并审理相关民事争议的，人民法院应当告知当事人依法申请一并解决民事争议。当事人就民事争议另行提起民事诉讼并已立案的，人民法院应当中止行政诉讼的审理。民事争议处理期间不计算在行政诉讼审理期限内。

第一百三十九条　有下列情形之一的，人民法院应当作出不予准许一并审理民事争议的决定，并告知当事人可以依法通过其他渠道主张权利：

（一）法律规定应当由行政机关先行处理的；

（二）违反民事诉讼法专属管辖规定或者协议管辖约定的；

（三）约定仲裁或者已经提起民事诉讼的；

（四）其他不宜一并审理民事争议的情形。

对不予准许的决定可以申请复议一次。

第一百四十条　人民法院在行政诉讼中一并审理相关民事争议的，民事争议应当单独立案，由同一审判组织审理。

人民法院审理行政机关对民事争议所作裁决的案件，一并审理民事争议的，不另行立案。

第一百四十一条　人民法院一并审理相关民事争议，适用民事法律规范的相关规定，法律另有规定的除外。

当事人在调解中对民事权益的处分，不能作为审查被诉行政行为合法性的根据。

第一百四十二条　对行政争议和民事争议应当分别裁判。

当事人仅对行政裁判或者民事裁判提出上诉的，未上诉的裁判在上诉期满后即发生法律效力。第一审人民法院应当将全部案卷一并移送第二审人民法院，由行政审判庭审理。第二审人民法院发现未上诉的生效裁判确有错误的，应当按照审判监督程序再审。

第一百四十三条　行政诉讼原告在宣判前申请撤诉的，是否准许由人民法院裁定。人民法院裁定准许行政诉讼原告撤诉，但其对已经提起的一并审理相关民事争议不撤诉的，人民法院应当继续审理。

第一百四十四条　人民法院一并审理相关民事争议，应当按行政案件、民事案件的标准分别收取诉讼费用。

十一、规范性文件的一并审查

第一百四十五条　公民、法人或者其他组织在对行政行为提起诉讼时一并请求对所依据的规范性文件审查的，由行政行为案件管辖法院一并审查。

第一百四十六条　公民、法人或者其他组织请求人民法院一并审查行政诉讼法第五十三条规定的规范性文件，应当在第一审开庭审理前提出；有正当理由的，也可以在法庭调查中提出。

第一百四十七条　人民法院在对规范性文件审查过程中，发现规范性文件可能不合法的，应当听取规范性文件制定机关的意见。

制定机关申请出庭陈述意见的，人民法院应当准许。

行政机关未陈述意见或者未提供相关证明材料的，不能阻止人民法院对规范性文件进行审查。

第一百四十八条　人民法院对规范性文件进行一并审查时，可以从规范性文件制定机关是否超越权限或者违反法定程序、作出行政行为所依据的条款以及相关条款等方面进行。

有下列情形之一的，属于行政诉讼法第六十四条规定的“规范性文件不合法”：

（一）超越制定机关的法定职权或者超越法律、法规、规章的授权范围的；

（二）与法律、法规、规章等上位法的规定相抵触的；

（三）没有法律、法规、规章依据，违法增加公民、法人和其他组织义务或者减损公民、法人和其他组织合法权益的；

（四）未履行法定批准程序、公开发布程序，严重违反制定程序的；

（五）其他违反法律、法规以及规章规定的情形。

第一百四十九条　人民法院经审查认为行政行为所依据的规范性文件合法的，应当作为认定行政行为合法的依据；经审查认为规范性文件不合法的，不作为人民法院认定行政行为合法的依据，并在裁判理由中予以阐明。作出生效裁判的人民法院应当向规范性文件的制定机关提出处理建议，并可以抄送制定机关的同级人民政府、上一级行政机关、监察机关以及规范性文件的备案机关。

规范性文件不合法的，人民法院可以在裁判生效之日起三个月内，向规范性文件制定机关提出修改或者废止该规范性文件的司法建议。

规范性文件由多个部门联合制定的，人民法院可以向该规范性文件的主办机关或者共同上一级行政机关发送司法建议。

接收司法建议的行政机关应当在收到司法建议之日起六十日内予以书面答复。情况紧急的，人民法院可以建议制定机关或者其上一级行政机关立即停止执行该规范性文件。

第一百五十条　人民法院认为规范性文件不合法的，应当在裁判生效后报送上一级人民法院进行备案。涉及国务院部门、省级行政机关制定的规范性文件，司法建议还应当分别层报最高人民法院、高级人民法院备案。

第一百五十一条　各级人民法院院长对本院已经发生法律效力的判决、裁定，发现规范性文件合法性认定错误，认为需要再审的，应当提交审判委员会讨论。

最高人民法院对地方各级人民法院已经发生法律效力的判决、裁定，上级人民法院对下级人民法院已经发生法律效力的判决、裁定，发现规范性文件合法性认定错误的，有权提审或者指令下级人民法院再审。

十二、执　行

第一百五十二条　对发生法律效力的行政判决书、行政裁定书、行政赔偿判决书和行政调解书，负有义务的一方当事人拒绝履行的，对方当事人可以依法申请人民法院强制执行。

人民法院判决行政机关履行行政赔偿、行政补偿或者其他行政给付义务，行政机关拒不履行的，对方当事人可以依法向法院申请强制执行。

第一百五十三条　申请执行的期限为二年。申请执行时效的中止、中断，适用法律有关规定。

申请执行的期限从法律文书规定的履行期间最后一日起计算；法律文书规定分期履行的，从规定的每次履行期间的最后一日起计算；法律文书中没有规定履行期限的，从该法律文书送达当事人之日起计算。

逾期申请的，除有正当理由外，人民法院不予受理。

第一百五十四条　发生法律效力的行政判决书、行政裁定书、行政赔偿判决书和行政调解书，由第一审人民法院执行。

第一审人民法院认为情况特殊，需要由第二审人民法院执行的，可以报请第二审人民法院执行；第二审人民法院可以决定由其执行，也可以决定由第一审人民法院执行。

第一百五十五条　行政机关根据行政诉讼法第九十七条的规定申请执行其行政行为，应当具备以下条件：

（一）行政行为依法可以由人民法院执行；

（二）行政行为已经生效并具有可执行内容；

（三）申请人是作出该行政行为的行政机关或者法律、法规、规章授权的组织；

（四）被申请人是该行政行为所确定的义务人；

（五）被申请人在行政行为确定的期限内或者行政机关催告期限内未履行义务；

（六）申请人在法定期限内提出申请；

（七）被申请执行的行政案件属于受理执行申请的人民法院管辖。

行政机关申请人民法院执行，应当提交行政强制法第五十五条规定的相关材料。

人民法院对符合条件的申请，应当在五日内立案受理，并通知申请人；对不符合条件的申请，应当裁定不予受理。行政机关对不予受理裁定有异议，在十五日内向上一级人民法院申请复议的，上一级人民法院应当在收到复议申请之日起十五日内作出裁定。

第一百五十六条　没有强制执行权的行政机关申请人民法院强制执行其行政行为，应当自被执行人的法定起诉期限届满之日起三个月内提出。逾期申请的，除有正当理由外，人民法院不予受理。

第一百五十七条　行政机关申请人民法院强制执行其行政行为的，由申请人所在地的基层人民法院受理；执行对象为不动产的，由不动产所在地的基层人民法院受理。

基层人民法院认为执行确有困难的，可以报请上级人民法院执行；上级人民法院可以决定由其执行，也可以决定由下级人民法院执行。

第一百五十八条　行政机关根据法律的授权对平等主体之间民事争议作出裁决后，当事人在法定期限内不起诉又不履行，作出裁决的行政机关在申请执行的期限内未申请人民法院强制执行的，生效行政裁决确定的权利人或者其继承人、权利承受人在六个月内可以申请人民法院强制执行。

享有权利的公民、法人或者其他组织申请人民法院强制执行生效行政裁决，参照行政机关申请人民法院强制执行行政行为的规定。

第一百五十九条　行政机关或者行政行为确定的权利人申请人民法院强制执行前，有充分理由认为被执行人可能逃避执行的，可以申请人民法院采取财产保全措施。后者申请强制执行的，应当提供相应的财产担保。

第一百六十条　人民法院受理行政机关申请执行其行政行为的案件后，应当在七日内由行政审判庭对行政行为的合法性进行审查，并作出是否准予执行的裁定。

人民法院在作出裁定前发现行政行为明显违法并损害被执行人合法权益的，应当听取被执行人和行政机关的意见，并自受理之日起三十日内作出是否准予执行的裁定。

需要采取强制执行措施的，由本院负责强制执行非诉行政行为的机构执行。

第一百六十一条　被申请执行的行政行为有下列情形之一的，人民法院应当裁定不准予执行：

（一）实施主体不具有行政主体资格的；

（二）明显缺乏事实根据的；

（三）明显缺乏法律、法规依据的；

（四）其他明显违法并损害被执行人合法权益的情形。

行政机关对不准予执行的裁定有异议，在十五日内向上一级人民法院申请复议的，上一级人民法院应当在收到复议申请之日起三十日内作出裁定。

十三、附　则

第一百六十二条　公民、法人或者其他组织对2015年5月1日之前作出的行政行为提起诉讼，请求确认行政行为无效的，人民法院不予立案。

第一百六十三条　本解释自2018年2月8日起施行。

本解释施行后，《最高人民法院关于执行〈中华人民共和国行政诉讼法〉若干问题的解释》（法释〔2000〕8号）、《最高人民法院关于适用〈中华人民共和国行政诉讼法〉若干问题的解释》（法释〔2015〕9号）同时废止。最高人民法院以前发布的司法解释与本解释不一致的，不再适用。

最高人民法院关于适用《中华人民共和国民事诉讼法》的解释（节选“诉讼参加人”）

法释〔2015〕5号

《最高人民法院关于适用〈中华人民共和国民事诉讼法〉的解释》已于2014年12月18日由最高人民法院审判委员会第1636次会议通过，现予公布，自2015年2月4日起施行。

最高人民法院
2015年1月30日

2012年8月31日，第十一届全国人民代表大会常务委员会第二十八次会议审议通过了《关于修改〈中华人民共和国民事诉讼法〉的决定》。根据修改后的民事诉讼法，结合人民法院民事审判和执行工作实际，制定本解释。

三、诉讼参加人

第五十条　法人的法定代表人以依法登记的为准，但法律另有规定的除外。依法不需要办理登记的法人，以其正职负责人为法定代表人；没有正职负责人的，以其主持工作的副职负责人为法定代表人。

法定代表人已经变更，但未完成登记，变更后的法定代表人要求代表法人参加诉讼的，人民法院可以准许。

其他组织，以其主要负责人为代表人。

第五十一条　在诉讼中，法人的法定代表人变更的，由新的法定代表人继续进行诉讼，并应向人民法院提交新的法定代表人身份证明书。原法定代表人进行的诉讼行为有效。

前款规定，适用于其他组织参加的诉讼。

第五十二条　民事诉讼法第四十八条规定的其他组织是指合法成立、有一定的组织机构和财产，但又不具备法人资格的组织，包括：

（一）依法登记领取营业执照的个人独资企业；

（二）依法登记领取营业执照的合伙企业；

（三）依法登记领取我国营业执照的中外合作经营企业、外资企业；

（四）依法成立的社会团体的分支机构、代表机构；

（五）依法设立并领取营业执照的法人的分支机构；

（六）依法设立并领取营业执照的商业银行、政策性银行和非银行金融机构的分支机构；

（七）经依法登记领取营业执照的乡镇企业、街道企业；

（八）其他符合本条规定条件的组织。

第五十三条　法人非依法设立的分支机构，或者虽依法设立，但没有领取营业执照的分支机构，以设立该分支机构的法人为当事人。

第五十四条　以挂靠形式从事民事活动，当事人请求由挂靠人和被挂靠人依法承担民事责任的，该挂靠人和被挂靠人为共同诉讼人。

第五十五条　在诉讼中，一方当事人死亡，需要等待继承人表明是否参加诉讼的，裁定中止诉讼。人民法院应当及时通知继承人作为当事人承担诉讼，被继承人已经进行的诉讼行为对承担诉讼的继承人有效。

第五十六条　法人或者其他组织的工作人员执行工作任务造成他人损害的，该法人或者其他组织为当事人。

第五十七条　提供劳务一方因劳务造成他人损害，受害人提起诉讼的，以接受劳务一方为被告。

第五十八条　在劳务派遣期间，被派遣的工作人员因执行工作任务造成他人损害的，以接受劳务派遣的用工单位为当事人。当事人主张劳务派遣单位承担责任的，该劳务派遣单位为共同被告。

第五十九条　在诉讼中，个体工商户以营业执照上登记的经营者为当事人。有字号的，以营业执照上登记的字号为当事人，但应同时注明该字号经营者的基本信息。

营业执照上登记的经营者与实际经营者不一致的，以登记的经营者和实际经营者为共同诉讼人。

第六十条　在诉讼中，未依法登记领取营业执照的个人合伙的全体合伙人为共同诉讼人。个人合伙有依法核准登记的字号的，应在法律文书中注明登记的字号。全体合伙人可以推选代表人；被推选的代表人，应由全体合伙人出具推选书。

第六十一条　当事人之间的纠纷经人民调解委员会调解达成协议后，一方当事人不履行调解协议，另一方当事人向人民法院提起诉讼的，应以对方当事人为被告。

第六十二条　下列情形，以行为人为当事人：

（一）法人或者其他组织应登记而未登记，行为人即以该法人或者其他组织名义进行民事活动的；

（二）行为人没有代理权、超越代理权或者代理权终止后以被代理人名义进行民事活动的，但相对人有理由相信行为人有代理权的除外；

（三）法人或者其他组织依法终止后，行为人仍以其名义进行民事活动的。

第六十三条　企业法人合并的，因合并前的民事活动发生的纠纷，以合并后的企业为当事人；企业法人分立的，因分立前的民事活动发生的纠纷，以分立后的企业为共同诉讼人。

第六十四条　企业法人解散的，依法清算并注销前，以该企业法人为当事人；未依法清算即被注销的，以该企业法人的股东、发起人或者出资人为当事人。

第六十五条　借用业务介绍信、合同专用章、盖章的空白合同书或者银行账户的，出借单位和借用人为共同诉讼人。

第六十六条　因保证合同纠纷提起的诉讼，债权人向保证人和被保证人一并主张权利的，人民法院应当将保证人和被保证人列为共同被告。保证合同约定为一般保证，债权人仅起诉保证人的，人民法院应当通知被保证人作为共同被告参加诉讼；债权人仅起诉被保证人的，可以只列被保证人为被告。

第六十七条　无民事行为能力人、限制民事行为能力人造成他人损害的，无民事行为能力人、限制民事行为能力人和其监护人为共同被告。

第六十八条　村民委员会或者村民小组与他人发生民事纠纷的，村民委员会或者有独立财产的村民小组为当事人。

第六十九条　对侵害死者遗体、遗骨以及姓名、肖像、名誉、荣誉、隐私等行为提起诉讼的，死者的近亲属为当事人。

第七十条　在继承遗产的诉讼中，部分继承人起诉的，人民法院应通知其他继承人作为共同原告参加诉讼；被通知的继承人不愿意参加诉讼又未明确表示放弃实体权利的，人民法院仍应将其列为共同原告。

第七十一条　原告起诉被代理人和代理人，要求承担连带责任的，被代理人和代理人为共同被告。

第七十二条　共有财产权受到他人侵害，部分共有权人起诉的，其他共有权人为共同诉讼人。

第七十三条　必须共同进行诉讼的当事人没有参加诉讼的，人民法院应当依照民事诉讼法第一百三十二条的规定，通知其参加；当事人也可以向人民法院申请追加。人民法院对当事人提出的申请，应当进行审查，申请理由不成立的，裁定驳回；申请理由成立的，书面通知被追加的当事人参加诉讼。

第七十四条 人民法院追加共同诉讼的当事人时，应当通知其他当事人。应当追加的原告，已明确表示放弃实体权利的，可不予追加；既不愿意参加诉讼，又不放弃实体权利的，仍应追加为共同原告，其不参加诉讼，不影响人民法院对案件的审理和依法作出判决。

第七十五条 民事诉讼法第五十三条、第五十四条和第一百九十九条规定的人数众多，一般指十人以上。

第七十六条 依照民事诉讼法第五十三条规定，当事人一方人数众多在起诉时确定的，可以由全体当事人推选共同的代表人，也可以由部分当事人推选自己的代表人；推选不出代表人的当事人，在必要的共同诉讼中可以自己参加诉讼，在普通的共同诉讼中可以另行起诉。

第七十七条 根据民事诉讼法第五十四条规定，当事人一方人数众多在起诉时不确定的，由当事人推选代表人。当事人推选不出的，可以由人民法院提出人选与当事人协商；协商不成的，也可以由人民法院在起诉的当事人中指定代表人。

第七十八条 民事诉讼法第五十三条和第五十四条规定的代表人为二至五人，每位代表人可以委托一至二人作为诉讼代理人。

第七十九条 依照民事诉讼法第五十四条规定受理的案件，人民法院可以发出公告，通知权利人向人民法院登记。公告期间根据案件的具体情况确定，但不得少于三十日。

第八十条 根据民事诉讼法第五十四条规定向人民法院登记的权利人，应当证明其与对方当事人的法律关系和所受到的损害。证明不了的，不予登记，权利人可以另行起诉。人民法院的裁判在登记的范围内执行。未参加登记的权利人提起诉讼，人民法院认定其请求成立的，裁定适用人民法院已作出的判决、裁定。

第八十一条 根据民事诉讼法第五十六条的规定，有独立请求权的第三人有权向人民法院提出诉讼请求和事实、理由，成为当事人；无独立请求权的第三人，可以申请或者由人民法院通知参加诉讼。

第一审程序中未参加诉讼的第三人，申请参加第二审程序的，人民法院可以准许。

第八十二条 在一审诉讼中，无独立请求权的第三人无权提出管辖异议，无权放弃、变更诉讼请求或者申请撤诉，被判决承担民事责任的，有权提起上诉。

第八十三条 在诉讼中，无民事行为能力人、限制民事行为能力人的监护人是他的法定代理人。事先没有确定监护人的，可以由有监护资格的人协商确定；协商不成的，由人民法院在他们之中指定诉讼中的法定代理人。当事人没有民法通则第十六条第一款、第二款或者第十七条第一款规定的监护人的，可以指定该法第十六条第四款或者第十七条第三款规定的有关组织担任诉讼中的法定代理人。

第八十四条 无民事行为能力人、限制民事行为能力人以及其他依法不能作为诉讼代理人的，当事人不得委托其作为诉讼代理人。

第八十五条 根据民事诉讼法第五十八条第二款第二项规定，与当事人有夫妻、直系血亲、三代以内旁系血亲、近姻亲关系以及其他有抚养、赡养关系的亲属，可以当事人近亲属的名义作为诉讼代理人。

第八十六条 根据民事诉讼法第五十八条第二款第二项规定，与当事人有合法劳动人事关系的职工，可以当事人工作人员的名义作为诉讼代理人。

第八十七条 根据民事诉讼法第五十八条第二款第三项规定，有关社会团体推荐公民担任诉讼代理人的，应当符合下列条件：

（一）社会团体属于依法登记设立或者依法免予登记设立的非营利性法人组织；

（二）被代理人属于该社会团体的成员，或者当事人一方住所地位于该社会团体的活动地域；

（三）代理事务属于该社会团体章程载明的业务范围；

（四）被推荐的公民是该社会团体的负责人或者与该社会团体有合法劳动人事关系的工作人员。

专利代理人经中华全国专利代理人协会推荐，可以在专利纠纷案件中担任诉讼代理人。

第八十八条 诉讼代理人除根据民事诉讼法第五十九条规定提交授权委托书外，还应当按照下列规定向人民法院提交相关材料：

（一）律师应当提交律师执业证、律师事务所证明材料；

（二）基层法律服务工作者应当提交法律服务工作者执业证、基层法律服务所出具的介绍信以及当事人一方位于本辖区内的证明材料；

（三）当事人的近亲属应当提交身份证件和与委托人有近亲属关系的证明材料；

（四）当事人的工作人员应当提交身份证件和与当事人有合法劳动人事关系的证明材料；

（五）当事人所在社区、单位推荐的公民应当提交身份证件、推荐材料和当事人属于该社区、单位的证明材料；

（六）有关社会团体推荐的公民应当提交身份证件和符合本解释第八十七条规定条件的证明材料。

第八十九条　当事人向人民法院提交的授权委托书，应当在开庭审理前送交人民法院。授权委托书仅写“全权代理”而无具体授权的，诉讼代理人无权代为承认、放弃、变更诉讼请求，进行和解，提出反诉或者提起上诉。

适用简易程序审理的案件，双方当事人同时到庭并径行开庭审理的，可以当场口头委托诉讼代理人，由人民法院记入笔录。

最高人民法院关于审理破坏广播电视设施等刑事案件具体应用法律若干问题的解释

法释〔2011〕13号

《最高人民法院关于审理破坏广播电视设施等刑事案件具体应用法律若干问题的解释》已于2011年5月23日由最高人民法院审判委员会第1523次会议通过，现予公布，自2011年6月13日起施行。

二〇一一年六月七日

为依法惩治破坏广播电视设施等犯罪活动，维护广播电视设施运行安全，根据刑法有关规定，现就审理这类刑事案件具体应用法律的若干问题解释如下：

第一条 采取拆卸、毁坏设备，剪割缆线，删除、修改、增加广播电视设备系统中存储、处理、传输的数据和应用程序，非法占用频率等手段，破坏正在使用的广播电视设施，具有下列情形之一的，依照刑法第一百二十四条第一款的规定，以破坏广播电视设施罪处三年以上七年以下有期徒刑：

（一）造成救灾、抢险、防汛和灾害预警等重大公共信息无法发布的；

（二）造成县级、地市（设区的市）级广播电视台中直接关系节目播出的设施无法使用，信号无法播出的；

（三）造成省级以上广播电视传输网内的设施无法使用，地市（设区的市）级广播电视传输网内的设施无法使用三小时以上，县级广播电视传输网内的设施无法使用十二小时以上，信号无法传输的；

（四）其他危害公共安全的情形。

第二条 实施本解释第一条规定的行为，具有下列情形之一的，应当认定为刑法第一百二十四条第一款规定的“造成严重后果”，以破坏广播电视设施罪处七年以上有期徒刑：

（一）造成救灾、抢险、防汛和灾害预警等重大公共信息无法发布，因此贻误排除险情或者疏导群众，致使一人以上死亡、三人以上重伤或者财产损失五十万元以上，或者引起严重社会恐慌、社会秩序混乱的；

（二）造成省级以上广播电视台中直接关系节目播出的设施无法使用，信号无法播出的；

（三）造成省级以上广播电视传输网内的设施无法使用三小时以上，地市（设区的市）级广播电视传输网内的设施无法使用十二小时以上，县级广播电视传输网内的设施无法使用四十八小时以上，信号无法传输的；

（四）造成其他严重后果的。

第三条 过失损坏正在使用的广播电视设施，造成本解释第二条规定的严重后果的，依照刑法第一百二十四条第二款的规定，以过失损坏广播电视设施罪处三年以上七年以下有期徒刑；情节较轻的，处三年以下有期徒刑或者拘役。

过失损坏广播电视设施构成犯罪，但能主动向有关部门报告，积极赔偿损失或者修复被损坏设施的，可以酌情从宽处罚。

第四条 建设、施工单位的管理人员、施工人员，在建设、施工过程中，违反广播电视设施保护规定，故意或者过失损毁正在使用的广播电视设施，构成犯罪的，以破坏广播电视设施罪或者过失损坏广播电视设施罪定罪处罚。其定罪量刑标准适用本解释第一至三条的规定。

第五条 盗窃正在使用的广播电视设施，尚未构成盗窃罪，但具有本解释第一条、第二条规定情形的，以破坏广播电视设施罪定罪处罚；同时构成盗窃罪和破坏广播电视设施罪的，依照处罚较重的规定定罪处罚。

第六条 破坏正在使用的广播电视设施未危及公共安全，或者故意毁坏尚未投入使用的广播电视设施，造成财物损失数额较大或者有其他严重情节的，以故意毁坏财物罪定罪处罚。

第七条 实施破坏广播电视设施犯罪，并利用广播电视设施实施煽动分裂国家、煽动颠覆国家政权、煽动民族仇恨、民族歧视或者宣扬邪教等行为，同时构成其他犯罪的，依照处罚较重的规定定罪处罚。

第八条 本解释所称广播电视台中直接关系节目播出的设施、广播电视传输网内的设施，参照国家广播电视行政主管部门和其他相关部门的有关规定确定。

最高人民法院、最高人民检察院关于办理侵犯知识产权刑事案件具体应用法律若干问题的解释

法释〔2004〕19 号

（2004 年 11 月 2 日最高人民法院审判委员会第 1331 次会议、2004 年 11 月 11 日最高人民检察院第十届检察委员会第 28 次会议通过，2004 年 12 月 8 日公布，自 2004 年 12 月 22 日起施行）

为依法惩治侵犯知识产权犯罪活动，维护社会主义市场经济秩序，根据刑法有关规定，现就办理侵犯知识产权刑事案件具体应用法律的若干问题解释如下：

第一条　未经注册商标所有人许可，在同一种商品上使用与其注册商标相同的商标，具有下列情形之一的，属于刑法第二百一十三条规定的“情节严重”，应当以假冒注册商标罪判处三年以下有期徒刑或者拘役，并处或者单处罚金：

（一）非法经营数额在五万元以上或者违法所得数额在三万元以上的；

（二）假冒两种以上注册商标，非法经营数额在三万元以上或者违法所得数额在二万元以上的；

（三）其他情节严重的情形。

具有下列情形之一的，属于刑法第二百一十三条规定的“情节特别严重”，应当以假冒注册商标罪判处三年以上七年以下有期徒刑，并处罚金：

（一）非法经营数额在二十五万元以上或者违法所得数额在十五万元以上的；

（二）假冒两种以上注册商标，非法经营数额在十五万元以上或者违法所得数额在十万元以上的；

（三）其他情节特别严重的情形。

第二条　销售明知是假冒注册商标的商品，销售金额在五万元以上的，属于刑法第二百一十四条规定的“数额较大”，应当以销售假冒注册商标的商品罪判处三年以下有期徒刑或者拘役，并处或者单处罚金。

销售金额在二十五万元以上的，属于刑法第二百一十四条规定的“数额巨大”，应当以销售假冒注册商标的商品罪判处三年以上七年以下有期徒刑，并处罚金。

第三条　伪造、擅自制造他人注册商标标识或者销售伪造、擅自制造的注册商标标识，具有下列情形之一的，属于刑法第二百一十五条规定的“情节严重”，应当以非法制造、销售非法制造的注册商标标识罪判处三年以下有期徒刑、拘役或者管制，并处或者单处罚金：

（一）伪造、擅自制造或者销售伪造、擅自制造的注册商标标识数量在二万件以上，或者非法经营数额在五万元以上，或者违法所得数额在三万元以上的；

（二）伪造、擅自制造或者销售伪造、擅自制造两种以上注册商标标识数量在一万件以上，或者非法经营数额在三万元以上，或者违法所得数额在二万元以上的；

（三）其他情节严重的情形。

具有下列情形之一的，属于刑法第二百一十五条规定的“情节特别严重”，应当以非法制造、销售非法制造的注册商标标识罪判处三年以上七年以下有期徒刑，并处罚金：

（一）伪造、擅自制造或者销售伪造、擅自制造的注册商标标识数量在十万件以上，或者非法经营数额在二十五万元以上，或者违法所得数额在十五万元以上的；

（二）伪造、擅自制造或者销售伪造、擅自制造两种以上注册商标标识数量在五万件以上，或者非法经

营数额在十五万元以上，或者违法所得数额在十万元以上的；

（三）其他情节特别严重的情形。

第四条　假冒他人专利，具有下列情形之一的，属于刑法第二百一十六条规定的“情节严重”，应当以假冒专利罪判处三年以下有期徒刑或者拘役，并处或者单处罚金：

（一）非法经营数额在二十万元以上或者违法所得数额在十万元以上的；

（二）给专利权人造成直接经济损失五十万元以上的；

（三）假冒两项以上他人专利，非法经营数额在十万元以上或者违法所得数额在五万元以上的；

（四）其他情节严重的情形。

第五条　以营利为目的，实施刑法第二百一十七条所列侵犯著作权行为之一，违法所得数额在三万元以上的，属于“违法所得数额较大”；具有下列情形之一的，属于“有其他严重情节”，应当以侵犯著作权罪判处三年以下有期徒刑或者拘役，并处或者单处罚金：

（一）非法经营数额在五万元以上的；

（二）未经著作权人许可，复制发行其文字作品、音乐、电影、电视、录像作品、计算机软件及其他作品，复制品数量合计在一千张（份）以上的；

（三）其他严重情节的情形。

以营利为目的，实施刑法第二百一十七条所列侵犯著作权行为之一，违法所得数额在十五万元以上的，属于“违法所得数额巨大”；具有下列情形之一的，属于“有其他特别严重情节”，应当以侵犯著作权罪判处三年以上七年以下有期徒刑，并处罚金：

（一）非法经营数额在二十五万元以上的；

（二）未经著作权人许可，复制发行其文字作品、音乐、电影、电视、录像作品、计算机软件及其他作品，复制品数量合计在五千张（份）以上的；

（三）其他特别严重情节的情形。

第六条　以营利为目的，实施刑法第二百一十八条规定的行为，违法所得数额在十万元以上的，属于“违法所得数额巨大”，应当以销售侵权复制品罪判处三年以下有期徒刑或者拘役，并处或者单处罚金。

第七条　实施刑法第二百一十九条规定的行为之一，给商业秘密的权利人造成损失数额在五十万元以上的，属于“给商业秘密的权利人造成重大损失”，应当以侵犯商业秘密罪判处三年以下有期徒刑或者拘役，并处或者单处罚金。

给商业秘密的权利人造成损失数额在二百五十万元以上的，属于刑法第二百一十九条规定的“造成特别严重后果”，应当以侵犯商业秘密罪判处三年以上七年以下有期徒刑，并处罚金。

第八条　刑法第二百一十三条规定的“相同的商标”，是指与被假冒的注册商标完全相同，或者与被假冒的注册商标在视觉上基本无差别、足以对公众产生误导的商标。

刑法第二百一十三条规定的“使用”，是指将注册商标或者假冒的注册商标用于商品、商品包装或者容器以及产品说明书、商品交易文书，或者将注册商标或者假冒的注册商标用于广告宣传、展览以及其他商业活动等行为。

第九条　刑法第二百一十四条规定的“销售金额”，是指销售假冒注册商标的商品后所得和应得的全部违法收入。

具有下列情形之一的，应当认定为属于刑法第二百一十四条规定的“明知”：

（一）知道自己销售的商品上的注册商标被涂改、调换或者覆盖的；

（二）因销售假冒注册商标的商品受到过行政处罚或者承担过民事责任，又销售同一种假冒注册商标的商品的；

（三）伪造、涂改商标注册人授权文件或者知道该文件被伪造、涂改的；

（四）其他知道或者应当知道是假冒注册商标的商品的情形。

第十条　实施下列行为之一的，属于刑法第二百一十六条规定的“假冒他人专利”的行为：

（一）未经许可，在其制造或者销售的产品、产品的包装上标注他人专利号的；

（二）未经许可，在广告或者其他宣传材料中使用他人的专利号，使人将所涉及的技术误认为是他人专利技术的；

（三）未经许可，在合同中使用他人的专利号，使人将合同涉及的技术误认为是他人专利技术的；

（四）伪造或者变造他人的专利证书、专利文件或者专利申请文件的。

第十一条　以刊登收费广告等方式直接或者间接收取费用的情形，属于刑法第二百一十七条规定的“以营利为目的”。

刑法第二百一十七条规定的“未经著作权人许可”，是指没有得到著作权人授权或者伪造、涂改著作权人授权许可文件或者超出授权许可范围的情形。

通过信息网络向公众传播他人文字作品、音乐、电影、电视、录像作品、计算机软件及其他作品的行为，应当视为刑法第二百一十七条规定的“复制发行”。

第十二条　本解释所称“非法经营数额”，是指行为人在实施侵犯知识产权行为过程中，制造、储存、运输、销售侵权产品的价值。已销售的侵权产品的价值，按照实际销售的价格计算。制造、储存、运输和未销售的侵权产品的价值，按照标价或者已经查清的侵权产品的实际销售平均价格计算。侵权产品没有标价或者无法查清其实际销售价格的，按照被侵权产品的市场中间价格计算。

多次实施侵犯知识产权行为，未经行政处理或者刑事处罚的，非法经营数额、违法所得数额或者销售金额累计计算。

本解释第三条所规定的“件”，是指标有完整商标图样的一份标识。

第十三条　实施刑法第二百一十三条规定的假冒注册商标犯罪，又销售该假冒注册商标的商品，构成犯罪的，应当依照刑法第二百一十三条的规定，以假冒注册商标罪定罪处罚。

实施刑法第二百一十三条规定的假冒注册商标犯罪，又销售明知是他人的假冒注册商标的商品，构成犯罪的，应当实行数罪并罚。

第十四条　实施刑法第二百一十七条规定的侵犯著作权犯罪，又销售该侵权复制品，构成犯罪的，应当依照刑法第二百一十七条的规定，以侵犯著作权罪定罪处罚。

实施刑法第二百一十七条规定的侵犯著作权犯罪，又销售明知是他人的侵权复制品，构成犯罪的，应当实行数罪并罚。

第十五条　单位实施刑法第二百一十三条至第二百一十九条规定的行为，按照本解释规定的相应个人犯罪的定罪量刑标准的三倍定罪量刑。

第十六条　明知他人实施侵犯知识产权犯罪，而为其提供贷款、资金、账号、发票、证明、许可证件，或者提供生产、经营场所或者运输、储存、代理进出口等便利条件、帮助的，以侵犯知识产权犯罪的共犯论处。

第十七条　以前发布的有关侵犯知识产权犯罪的司法解释，与本解释相抵触的，自本解释施行后不再适用。

最高人民法院、最高人民检察院关于办理侵犯知识产权刑事案件具体应用法律若干问题的解释(二)

法释〔2007〕6号

(2007年4月4日最高人民法院审判委员会第1422次会议、最高人民检察院第十届检察委员会第75次会议通过,2007年4月5日公布,自2007年4月5日起施行)

为维护社会主义市场经济秩序,依法惩治侵犯知识产权犯罪活动,根据刑法、刑事诉讼法有关规定,现就办理侵犯知识产权刑事案件具体应用法律的若干问题解释如下:

第一条　以营利为目的,未经著作权人许可,复制发行其文字作品、音乐、电影、电视、录像作品、计算机软件及其他作品,复制品数量合计在五百张(份)以上的,属于刑法第二百一十七条规定的"有其他严重情节";复制品数量在二千五百张(份)以上的,属于刑法第二百一十七条规定的"有其他特别严重情节"。

第二条　刑法第二百一十七条侵犯著作权罪中的"复制发行",包括复制、发行或者既复制又发行的行为。

侵权产品的持有人通过广告、征订等方式推销侵权产品的,属于刑法第二百一十七条规定的"发行"。

非法出版、复制、发行他人作品,侵犯著作权构成犯罪的,按照侵犯著作权罪定罪处罚。

第三条　侵犯知识产权犯罪,符合刑法规定的缓刑条件的,依法适用缓刑。有下列情形之一的,一般不适用缓刑:

(一)因侵犯知识产权被刑事处罚或者行政处罚后,再次侵犯知识产权构成犯罪的;

(二)不具有悔罪表现的;

(三)拒不交出违法所得的;

(四)其他不宜适用缓刑的情形。

第四条　对于侵犯知识产权犯罪的,人民法院应当综合考虑犯罪的违法所得、非法经营数额、给权利人造成的损失、社会危害性等情节,依法判处罚金。罚金数额一般在违法所得的一倍以上五倍以下,或者按照非法经营数额的50%以上一倍以下确定。

第五条　被害人有证据证明的侵犯知识产权刑事案件,直接向人民法院起诉的,人民法院应当依法受理;严重危害社会秩序和国家利益的侵犯知识产权刑事案件,由人民检察院依法提起公诉。

第六条　单位实施刑法第二百一十三条至第二百一十九条规定的行为,按照《最高人民法院、最高人民检察院关于办理侵犯知识产权刑事案件具体应用法律若干问题的解释》和本解释规定的相应个人犯罪的定罪量刑标准定罪处罚。

第七条　以前发布的司法解释与本解释不一致的,以本解释为准。

最高人民法院、最高人民检察院、公安部关于办理侵犯知识产权刑事案件适用法律若干问题的意见

法发〔2011〕3号

为解决近年来公安机关、人民检察院、人民法院在办理侵犯知识产权刑事案件中遇到的新情况、新问题，依法惩治侵犯知识产权犯罪活动，维护社会主义市场经济秩序，根据刑法、刑事诉讼法及有关司法解释的规定，结合侦查、起诉、审判实践，制定本意见。

一、关于侵犯知识产权犯罪案件的管辖问题

侵犯知识产权犯罪案件由犯罪地公安机关立案侦查。必要时，可以由犯罪嫌疑人居住地公安机关立案侦查。侵犯知识产权犯罪案件的犯罪地，包括侵权产品制造地、储存地、运输地、销售地，传播侵权作品、销售侵权产品的网站服务器所在地、网络接入地、网站建立者或者管理者所在地，侵权作品上传者所在地，权利人受到实际侵害的犯罪结果发生地。对有多个侵犯知识产权犯罪地的，由最初受理的公安机关或者主要犯罪地公安机关管辖。多个侵犯知识产权犯罪地的公安机关对管辖有争议的，由共同的上级公安机关指定管辖，需要提请批准逮捕、移送审查起诉、提起公诉的，由该公安机关所在地的同级人民检察院、人民法院受理。

对于不同犯罪嫌疑人、犯罪团伙跨地区实施的涉及同一批侵权产品的制造、储存、运输、销售等侵犯知识产权犯罪行为，符合并案处理要求的，有关公安机关可以一并立案侦查，需要提请批准逮捕、移送审查起诉、提起公诉的，由该公安机关所在地的同级人民检察院、人民法院受理。

二、关于办理侵犯知识产权刑事案件中行政执法部门收集、调取证据的效力问题

行政执法部门依法收集、调取、制作的物证、书证、视听资料、检验报告、鉴定结论、勘验笔录、现场笔录，经公安机关、人民检察院审查，人民法院庭审质证确认，可以作为刑事证据使用。

行政执法部门制作的证人证言、当事人陈述等调查笔录，公安机关认为有必要作为刑事证据使用的，应当依法重新收集、制作。

三、关于办理侵犯知识产权刑事案件的抽样取证问题和委托鉴定问题

公安机关在办理侵犯知识产权刑事案件时，可以根据工作需要抽样取证，或者商请同级行政执法部门、有关检验机构协助抽样取证。法律、法规对抽样机构或者抽样方法有规定的，应当委托规定的机构并按照规定方法抽取样品。

公安机关、人民检察院、人民法院在办理侵犯知识产权刑事案件时，对于需要鉴定的事项，应当委托国家认可的有鉴定资质的鉴定机构进行鉴定。

公安机关、人民检察院、人民法院应当对鉴定结论进行审查，听取权利人、犯罪嫌疑人、被告人对鉴定结论的意见，可以要求鉴定机构作出相应说明。

四、关于侵犯知识产权犯罪自诉案件的证据收集问题

人民法院依法受理侵犯知识产权刑事自诉案件，对于当事人因客观原因不能取得的证据，在提起自

诉时能够提供有关线索，申请人民法院调取的，人民法院应当依法调取。

五、关于刑法第二百一十三条规定的“同一种商品”的认定问题

名称相同的商品以及名称不同但指同一事物的商品，可以认定为“同一种商品”。“名称”是指国家工商总局商标局在商标注册工作中对商品使用的名称，通常即《商标注册用商品和服务国际分类》中规定的商品名称。“名称不同但指同一事物的商品”是指在功能、用途、主要原料、消费对象、销售渠道等方面相同或者基本相同，相关公众一般认为是同一种事物的商品。

认定“同一种商品”，应当在权利人注册商标核定使用的商品和行为人实际生产销售的商品之间进行比较。

六、关于刑法第二百一十三条规定的“与其注册商标相同的商标”的认定问题

具有下列情形之一，可以认定为“与其注册商标相同的商标”：

（一）改变注册商标的字体、字母大小写或者文字横竖排列，与注册商标之间仅有细微差别的；

（二）改变注册商标的文字、字母、数字等之间的间距，不影响体现注册商标显著特征的；

（三）改变注册商标颜色的；

（四）其他与注册商标在视觉上基本无差别、足以对公众产生误导的商标。

七、关于尚未附着或者尚未全部附着假冒注册商标标识的侵权产品价值是否计入非法经营数额的问题

在计算制造、储存、运输和未销售的假冒注册商标侵权产品价值时，对于已经制作完成但尚未附着（含加贴）或者尚未全部附着（含加贴）假冒注册商标标识的产品，如果有确实、充分证据证明该产品将假冒他人注册商标，其价值计入非法经营数额。

八、关于销售假冒注册商标的商品犯罪案件中尚未销售或者部分销售情形的定罪量刑问题

销售明知是假冒注册商标的商品，具有下列情形之一的，依照刑法第二百一十四条的规定，以销售假冒注册商标的商品罪（未遂）定罪处罚：

（一）假冒注册商标的商品尚未销售，货值金额在十五万元以上的；

（二）假冒注册商标的商品部分销售，已销售金额不满五万元，但与尚未销售的假冒注册商标的商品的货值金额合计在十五万元以上的。

假冒注册商标的商品尚未销售，货值金额分别达到十五万元以上不满二十五万元、二十五万元以上的，分别依照刑法第二百一十四条规定的各法定刑幅度定罪处罚。

销售金额和未销售货值金额分别达到不同的法定刑幅度或者均达到同一法定刑幅度的，在处罚较重的法定刑或者同一法定刑幅度内酌情从重处罚。

九、关于销售他人非法制造的注册商标标识犯罪案件中尚未销售或者部分销售情形的定罪问题

销售他人伪造、擅自制造的注册商标标识，具有下列情形之一的，依照刑法第二百一十五条的规定，以销售非法制造的注册商标标识罪（未遂）定罪处罚：

（一）尚未销售他人伪造、擅自制造的注册商标标识数量在六万件以上的；

（二）尚未销售他人伪造、擅自制造的两种以上注册商标标识数量在三万件以上的；

（三）部分销售他人伪造、擅自制造的注册商标标识，已销售标识数量不满二万件，但与尚未销售标识

数量合计在六万件以上的；

（四）部分销售他人伪造、擅自制造的两种以上注册商标标识，已销售标识数量不满一万件，但与尚未销售标识数量合计在三万件以上的。

十、关于侵犯著作权犯罪案件“以营利为目的”的认定问题

除销售外，具有下列情形之一的，可以认定为“以营利为目的”：

（一）以在他人作品中刊登收费广告、捆绑第三方作品等方式直接或者间接收取费用的；

（二）通过信息网络传播他人作品，或者利用他人上传的侵权作品，在网站或者网页上提供刊登收费广告服务，直接或者间接收取费用的；

（三）以会员制方式通过信息网络传播他人作品，收取会员注册费或者其他费用的；

（四）其他利用他人作品牟利的情形。

十一、关于侵犯著作权犯罪案件“未经著作权人许可”的认定问题

“未经著作权人许可”一般应当依据著作权人或者其授权的代理人、著作权集体管理组织、国家著作权行政管理部门指定的著作权认证机构出具的涉案作品版权认证文书，或者证明出版者、复制发行者伪造、涂改授权许可文件或者超出授权许可范围的证据，结合其他证据综合予以认定。

在涉案作品种类众多且权利人分散的案件中，上述证据确实难以一一取得，但有证据证明涉案复制品系非法出版、复制发行的，且出版者、复制发行者不能提供获得著作权人许可的相关证明材料的，可以认定为“未经著作权人许可”。但是，有证据证明权利人放弃权利、涉案作品的著作权不受我国著作权法保护，或者著作权保护期限已经届满的除外。

十二、关于刑法第二百一十七条规定的“发行”的认定及相关问题

“发行”，包括总发行、批发、零售、通过信息网络传播以及出租、展销等活动。

非法出版、复制、发行他人作品，侵犯著作权构成犯罪的，按照侵犯著作权罪定罪处罚，不认定为非法经营罪等其他犯罪。

十三、关于通过信息网络传播侵权作品行为的定罪处罚标准问题

以营利为目的，未经著作权人许可，通过信息网络向公众传播他人文字作品、音乐、电影、电视、美术、摄影、录像作品、录音录像制品、计算机软件及其他作品，具有下列情形之一的，属于刑法第二百一十七条规定的“其他严重情节”：

（一）非法经营数额在五万元以上的；

（二）传播他人作品的数量合计在五百件（部）以上的；

（三）传播他人作品的实际被点击数达到五万次以上的；

（四）以会员制方式传播他人作品，注册会员达到一千人以上的；

（五）数额或者数量虽未达到第（一）项至第（四）项规定标准，但分别达到其中两项以上标准一半以上的；

（六）其他严重情节的情形。

实施前款规定的行为，数额或者数量达到前款第（一）项至第（五）项规定标准五倍以上的，属于刑法第二百一十七条规定的“其他特别严重情节”。

十四、关于多次实施侵犯知识产权行为累计计算数额问题

依照《最高人民法院、最高人民检察院关于办理侵犯知识产权刑事案件具体应用法律若干问题的解释》第十二条第二款的规定，多次实施侵犯知识产权行为，未经行政处理或者刑事处罚的，非法经营数额、

违法所得数额或者销售金额累计计算。

二年内多次实施侵犯知识产权违法行为，未经行政处理，累计数额构成犯罪的，应当依法定罪处罚。实施侵犯知识产权犯罪行为的追诉期限，适用刑法的有关规定，不受前述二年的限制。

十五、关于为他人实施侵犯知识产权犯罪提供原材料、机械设备等行为的定性问题

明知他人实施侵犯知识产权犯罪，而为其提供生产、制造侵权产品的主要原材料、辅助材料、半成品、包装材料、机械设备、标签标识、生产技术、配方等帮助，或者提供互联网接入、服务器托管、网络存储空间、通讯传输通道、代收费、费用结算等服务的，以侵犯知识产权犯罪的共犯论处。

十六、关于侵犯知识产权犯罪竞合的处理问题

行为人实施侵犯知识产权犯罪，同时构成生产、销售伪劣商品犯罪的，依照侵犯知识产权犯罪与生产、销售伪劣商品犯罪中处罚较重的规定定罪处罚。

最高人民法院关于审理侵害信息网络传播权民事纠纷案件适用法律若干问题的规定

法释〔2012〕20号

（2012年11月26日最高人民法院审判委员会第1561次会议通过，2012年12月17日公布，2013年1月1日起施行）

为正确审理侵害信息网络传播权民事纠纷案件，依法保护信息网络传播权，促进信息网络产业健康发展，维护公共利益，根据《中华人民共和国民法通则》《中华人民共和国侵权责任法》《中华人民共和国著作权法》《中华人民共和国民事诉讼法》等有关法律规定，结合审判实际，制定本规定。

第一条　人民法院审理侵害信息网络传播权民事纠纷案件，在依法行使裁量权时，应当兼顾权利人、网络服务提供者和社会公众的利益。

第二条　本规定所称信息网络，包括以计算机、电视机、固定电话机、移动电话机等电子设备为终端的计算机互联网、广播电视网、固定通信网、移动通信网等信息网络，以及向公众开放的局域网络。

第三条　网络用户、网络服务提供者未经许可，通过信息网络提供权利人享有信息网络传播权的作品、表演、录音录像制品，除法律、行政法规另有规定外，人民法院应当认定其构成侵害信息网络传播权行为。

通过上传到网络服务器、设置共享文件或者利用文件分享软件等方式，将作品、表演、录音录像制品置于信息网络中，使公众能够在个人选定的时间和地点以下载、浏览或者其他方式获得的，人民法院应当认定其实施了前款规定的提供行为。

第四条　有证据证明网络服务提供者与他人以分工合作等方式共同提供作品、表演、录音录像制品，构成共同侵权行为的，人民法院应当判令其承担连带责任。网络服务提供者能够证明其仅提供自动接入、自动传输、信息存储空间、搜索、链接、文件分享技术等网络服务，主张其不构成共同侵权行为的，人民法院应予支持。

第五条　网络服务提供者以提供网页快照、缩略图等方式实质替代其他网络服务提供者向公众提供相关作品的，人民法院应当认定其构成提供行为。

前款规定的提供行为不影响相关作品的正常使用，且未不合理损害权利人对该作品的合法权益，网络服务提供者主张其未侵害信息网络传播权的，人民法院应予支持。

第六条　原告有初步证据证明网络服务提供者提供了相关作品、表演、录音录像制品，但网络服务提供者能够证明其仅提供网络服务，且无过错的，人民法院不应认定为构成侵权。

第七条　网络服务提供者在提供网络服务时教唆或者帮助网络用户实施侵害信息网络传播权行为的，人民法院应当判令其承担侵权责任。

网络服务提供者以言语、推介技术支持、奖励积分等方式诱导、鼓励网络用户实施侵害信息网络传播权行为的，人民法院应当认定其构成教唆侵权行为。

网络服务提供者明知或者应知网络用户利用网络服务侵害信息网络传播权，未采取删除、屏蔽、断开链接等必要措施，或者提供技术支持等帮助行为的，人民法院应当认定其构成帮助侵权行为。

第八条　人民法院应当根据网络服务提供者的过错，确定其是否承担教唆、帮助侵权责任。网络服务提供者的过错包括对于网络用户侵害信息网络传播权行为的明知或者应知。

网络服务提供者未对网络用户侵害信息网络传播权的行为主动进行审查的，人民法院不应据此认定其具有过错。

网络服务提供者能够证明已采取合理、有效的技术措施，仍难以发现网络用户侵害信息网络传播权行为的，人民法院应当认定其不具有过错。

第九条　人民法院应当根据网络用户侵害信息网络传播权的具体事实是否明显，综合考虑以下因素，认定网络服务提供者是否构成应知：

（一）基于网络服务提供者提供服务的性质、方式及其引发侵权的可能性大小，应当具备的管理信息的能力；

（二）传播的作品、表演、录音录像制品的类型、知名度及侵权信息的明显程度；

（三）网络服务提供者是否主动对作品、表演、录音录像制品进行了选择、编辑、修改、推荐等；

（四）网络服务提供者是否积极采取了预防侵权的合理措施；

（五）网络服务提供者是否设置便捷程序接收侵权通知并及时对侵权通知作出合理的反应；

（六）网络服务提供者是否针对同一网络用户的重复侵权行为采取了相应的合理措施；

（七）其他相关因素。

第十条　网络服务提供者在提供网络服务时，对热播影视作品等以设置榜单、目录、索引、描述性段落、内容简介等方式进行推荐，且公众可以在其网页上直接以下载、浏览或者其他方式获得的，人民法院可以认定其应知网络用户侵害信息网络传播权。

第十一条　网络服务提供者从网络用户提供的作品、表演、录音录像制品中直接获得经济利益的，人民法院应当认定其对该网络用户侵害信息网络传播权的行为负有较高的注意义务。

网络服务提供者针对特定作品、表演、录音录像制品投放广告获取收益，或者获取与其传播的作品、表演、录音录像制品存在其他特定联系的经济利益，应当认定为前款规定的直接获得经济利益。网络服务提供者因提供网络服务而收取一般性广告费、服务费等，不属于本款规定的情形。

第十二条　有下列情形之一的，人民法院可以根据案件具体情况，认定提供信息存储空间服务的网络服务提供者应知网络用户侵害信息网络传播权：

（一）将热播影视作品等置于首页或者其他主要页面等能够为网络服务提供者明显感知的位置的；

（二）对热播影视作品等的主题、内容主动进行选择、编辑、整理、推荐，或者为其设立专门的排行榜的；

（三）其他可以明显感知相关作品、表演、录音录像制品为未经许可提供，仍未采取合理措施的情形。

第十三条　网络服务提供者接到权利人以书信、传真、电子邮件等方式提交的通知，未及时采取删除、屏蔽、断开链接等必要措施的，人民法院应当认定其明知相关侵害信息网络传播权行为。

第十四条　人民法院认定网络服务提供者采取的删除、屏蔽、断开链接等必要措施是否及时，应当根据权利人提交通知的形式，通知的准确程度，采取措施的难易程度，网络服务的性质，所涉作品、表演、录音录像制品的类型、知名度、数量等因素综合判断。

第十五条　侵害信息网络传播权民事纠纷案件由侵权行为地或者被告住所地人民法院管辖。侵权行为地包括实施被诉侵权行为的网络服务器、计算机终端等设备所在地。侵权行为地和被告住所地均难以确定或者在境外的，原告发现侵权内容的计算机终端等设备所在地可以视为侵权行为地。

第十六条　本规定施行之日起，《最高人民法院关于审理涉及计算机网络著作权纠纷案件适用法律若干问题的解释》（法释〔2006〕11号）同时废止。

本规定施行之后尚未终审的侵害信息网络传播权民事纠纷案件，适用本规定。本规定施行前已经终审，当事人申请再审或者按照审判监督程序决定再审的，不适用本规定。

最高人民法院关于审理非法出版物刑事案件具体应用法律若干问题的解释

法释〔1998〕30号

（1998年12月11日最高人民法院审判委员会第1032次会议通过，1998年12月17日公布，自1998年12月23日起施行）

为依法惩治非法出版物犯罪活动，根据刑法的有关规定，现对审理非法出版物刑事案件具体应用法律的若干问题解释如下：

第一条 明知出版物中载有煽动分裂国家、破坏国家统一或者煽动颠覆国家政权、推翻社会主义制度的内容，而予以出版、印刷、复制、发行、传播的，依照刑法第一百零三条第二款或者第一百零五条第二款的规定，以煽动分裂国家罪或者煽动颠覆国家政权罪定罪处罚。

第二条 以营利为目的，实施刑法第二百一十七条所列侵犯著作权行为之一，个人违法所得数额在五万元以上，单位违法所得数额在二十万元以上的，属于"违法所得数额较大"；具有下列情形之一的，属于"有其他严重情节"：

（一）因侵犯著作权曾经两次以上被追究行政责任或者民事责任，两年内又实施刑法第二百一十七条所列侵犯著作权行为之一的；

（二）个人非法经营数额在二十万元以上，单位非法经营数额在一百万元以上的；

（三）造成其他严重后果的。

以营利为目的，实施刑法第二百一十七条所列侵犯著作权行为之一，个人违法所得数额在二十万元以上，单位违法所得数额在一百万元以上的，属于"违法所得数额巨大"；具有下列情形之一的，属于"有其他特别严重情节"：

（一）个人非法经营数额在一百万元以上，单位非法经营数额在五百万元以上的；

（二）造成其他特别严重后果的。

第三条 刑法第二百一十七条第（一）项中规定的"复制发行"，是指行为人以营利为目的，未经著作权人许可而实施的复制、发行或者既复制又发行其文字作品、音乐、电影、电视、录像作品、计算机软件及其他作品的行为。

第四条 以营利为目的，实施刑法第二百一十八条规定的行为，个人违法所得数额在十万元以上，单位违法所得数额在五十万元以上的，依照刑法第二百一十八条的规定，以销售侵权复制品罪定罪处罚。

第五条 实施刑法第二百一十七条规定的侵犯著作权行为，又销售该侵权复制品，违法所得数额巨大的，只定侵犯著作权罪，不实行数罪并罚。

实施刑法第二百一十七条规定的侵犯著作权的犯罪行为，又明知是他人的侵权复制品而予以销售，构成犯罪的，应当实行数罪并罚。

第六条 在出版物中公然侮辱他人或者捏造事实诽谤他人，情节严重的，依照刑法第二百四十六条的规定，分别以侮辱罪或者诽谤罪定罪处罚。

第七条 出版刊载歧视、侮辱少数民族内容的作品，情节恶劣，造成严重后果的，依照刑法第二百五十条的规定，以出版歧视、侮辱少数民族作品罪定罪处罚。

第八条 以牟利为目的，实施刑法第三百六十三条第一款规定的行为，具有下列情形之一的，以制作、复制、出版、贩卖、传播淫秽物品牟利罪定罪处罚：

（一）制作、复制、出版淫秽影碟、软件、录像带五十至一百张（盒）以上，淫秽音碟、录音带一百至二百张（盒）以上，淫秽扑克、书刊、画册一百至二百副（册）以上，淫秽照片、画片五百至一千张以上的；

（二）贩卖淫秽影碟、软件、录像带一百至二百张（盒）以上，淫秽音碟、录音带二百至四百张（盒）以上，淫秽扑克、书刊、画册二百至四百副（册）以上，淫秽照片、画片一千至二千张以上的；

（三）向他人传播淫秽物品达二百至五百人次以上，或者组织播放淫秽影、像达十至二十场次以上的；

（四）制作、复制、出版、贩卖、传播淫秽物品，获利五千至一万元以上的。

以牟利为目的，实施刑法第三百六十三条第一款规定的行为，具有下列情形之一的，应当认定为制作、复制、出版、贩卖、传播淫秽物品牟利罪"情节严重"：

（一）制作、复制、出版淫秽影碟、软件、录像带二百五十至五百张（盒）以上，淫秽音碟、录音带五百至一千张（盒）以上，淫秽扑克、书刊、画册五百至一千副（册）以上，淫秽照片、画片二千五百至五千张以上的；

（二）贩卖淫秽影碟、软件、录像带五百至一千张（盒）以上，淫秽音碟、录音带一千至二千张（盒）以上，淫秽扑克、书刊、画册一千至二千副（册）以上，淫秽照片、画片五千至一万张以上的；

（三）向他人传播淫秽物品达一千至二千人次以上，或者组织播放淫秽影、像达五十至一百场次以上的；

（四）制作、复制、出版、贩卖、传播淫秽物品，获利三万至五万元以上的。

以牟利为目的，实施刑法第三百六十三条第一款规定的行为，其数量（数额）达到前款规定的数量（数额）五倍以上的，应当认定为制作、复制、出版、贩卖、传播淫秽物品牟利罪"情节特别严重"。

第九条　为他人提供书号、刊号，出版淫秽书刊的，依照刑法第三百六十三条第二款的规定，以为他人提供书号出版淫秽书刊罪定罪处罚。

为他人提供版号，出版淫秽音像制品的，依照前款规定定罪处罚。

明知他人用于出版淫秽书刊而提供书号、刊号的，依照刑法第三百六十三条第一款的规定，以出版淫秽物品牟利罪定罪处罚。

第十条　向他人传播淫秽的书刊、影片、音像、图片等出版物达三百至六百人次以上或者造成恶劣社会影响的，属于"情节严重"，依照刑法第三百六十四条第一款的规定，以传播淫秽物品罪定罪处罚。

组织播放淫秽的电影、录像等音像制品达十五至三十场次以上或者造成恶劣社会影响的，依照刑法第三百六十四条第二款的规定，以组织播放淫秽音像制品罪定罪处罚。

第十一条　违反国家规定，出版、印刷、复制、发行本解释第一条至第十条规定以外的其他严重危害社会秩序和扰乱市场秩序的非法出版物，情节严重的，依照刑法第二百二十五条第（三）项的规定，以非法经营罪定罪处罚。

第十二条　个人实施本解释第十一条规定的行为，具有下列情形之一的，属于非法经营行为"情节严重"：

（一）经营数额在五万元至十万元以上的；

（二）违法所得数额在二万元至三万元以上的；

（三）经营报纸五千份或者期刊五千本或者图书二千册或者音像制品、电子出版物五百张（盒）以上的。

具有下列情形之一的，属于非法经营行为"情节特别严重"：

（一）经营数额在十五万元至三十万元以上的；

（二）违法所得数额在五万元至十万元以上的；

（三）经营报纸一万五千份或者期刊一万五千本或者图书五千册或者音像制品、电子出版物一千五百张（盒）以上的。

第十三条　单位实施本解释第十一条规定的行为，具有下列情形之一的，属于非法经营行为"情节严重"：

(一)经营数额在十五万元至三十万元以上的;

(二)违法所得数额在五万元至十万元以上的;

(三)经营报纸一万五千份或者期刊一万五千本或者图书五千册或者音像制品、电子出版物一千五百张(盒)以上的。

具有下列情形之一的,属于非法经营行为“情节特别严重”:

(一)经营数额在五十万元至一百万元以上的;

(二)违法所得数额在十五万元至三十万元以上的;

(三)经营报纸五万份或者期刊五万本或者图书一万五千册或者音像制品、电子出版物五千张(盒)以上的。

第十四条 实施本解释第十一条规定的行为,经营数额、违法所得数额或者经营数量接近非法经营行为“情节严重”、“情节特别严重”的数额、数量起点标准,并具有下列情形之一的,可以认定为非法经营行为“情节严重”、“情节特别严重”:

(一)两年内因出版、印刷、复制、发行非法出版物受过行政处罚两次以上的;

(二)因出版、印刷、复制、发行非法出版物造成恶劣社会影响或者其他严重后果的。

第十五条 非法从事出版物的出版、印刷、复制、发行业务,严重扰乱市场秩序,情节特别严重,构成犯罪的,可以依照刑法第二百二十五条第(三)项的规定,以非法经营罪定罪处罚。

第十六条 出版单位与他人事前通谋,向其出售、出租或者以其他形式转让该出版单位的名称、书号、刊号、版号,他人实施本解释第二条、第四条、第八条、第九条、第十条、第十一条规定的行为,构成犯罪的,对该出版单位应当以共犯论处。

第十七条 本解释所称“经营数额”,是指以非法出版物的定价数额乘以行为人经营的非法出版物数量所得的数额。

本解释所称“违法所得数额”,是指获利数额。

非法出版物没有定价或者以境外货币定价的,其单价数额应当按照行为人实际出售的价格认定。

第十八条 各省、自治区、直辖市高级人民法院可以根据本地的情况和社会治安状况,在本解释第八条、第十条、第十二条、第十三条规定的有关数额、数量标准的幅度内,确定本地执行的具体标准,并报最高人民法院备案。

国家新闻出版广电总局关于加强微博、微信等网络社交平台传播视听节目管理的通知

新广电发〔2016〕196 号

各省、自治区、直辖市新闻出版广电局，新疆生产建设兵团新闻出版广电局：

随着微博、微信等网络社交平台的迅速发展，利用网络社交平台传播影视剧、纪录片和新闻节目等视听节目的行为日益增多，其中不乏大量由无资质的机构或个人制作的新闻节目和不符合国家相关管理政策的影视剧、纪录片。为进一步规范互联网视听节目的传播秩序，根据《互联网视听节目服务管理规定》等有关规定，现就加强微博、微信等网络社交平台（含微博账号、微信公众号，下同）面向公众传播视听节目管理通知如下：

一、利用微博、微信等各类社交应用开展互联网视听服务的网络平台，应当取得《信息网络传播视听节目许可证》（AVSP）等法律法规规定的相关资质，并严格在许可证载明的业务范围内开展业务。在网络平台上使用微博账号、微信公众号等各类社交应用开展互联网视听节目服务，且已持有《信息网络传播视听节目许可证》的机构，应当按照许可证的各项要求开展业务；未持有《信息网络传播视听节目许可证》的机构和个人使用微博账号、微信公众号等各类社交应用开展互联网视听节目服务，应由网络平台作为该项服务的开办主体，按照视听节目管理的各项要求，对节目内容履行内容把关等各项管理责任，节目范围不得超出平台自身许可证载明的业务范围。网络平台对不符合上述要求的微博账号、微信公众号等，不得为其提供信息上传服务等技术支持。

二、利用微博、微信等各类网络社交平台传播的电影、电视剧，相关影视剧应当具有《电影片公映许可证》或《电视剧发行许可证》。

三、利用微博、微信等各类网络社交平台传播的网络剧、网络电影、新闻节目、纪录片、专题片、综艺节目等视听节目，节目内容应当符合互联网视听节目管理的相关规定。微博、微信等网络社交平台不得转发网民上传的自制行政类视听新闻节目。

四、各省（自治区、直辖市）新闻出版广电局要按照本通知要求，会同相关部门对本区域内利用微博、微信等各类网络社交平台传播视听节目的情况进行全面排查，并组织不符合要求的网络社交平台立即进行整改。排查和整改情况报我局网络司。

点播影院、点播院线管理规定

国家新闻出版广电总局令第 14 号

《点播影院、点播院线管理规定》已经 2018 年 2 月 12 日国家新闻出版广电总局局务会议审议通过，现予公布，自 2018 年 3 月 30 日起施行。

国家新闻出版广电总局局长：聂辰席

2018 年 3 月 6 日

第一章　总　则

第一条　为促进电影产业健康繁荣发展，弘扬社会主义核心价值观，规范电影产业新业态，丰富人民群众精神文化生活，根据《中华人民共和国电影产业促进法》和《电影管理条例》，制定本规定。

第二条　从事点播影院、点播院线电影放映、发行活动，适用本规定。

本规定所称点播影院，是指在电影院和流动放映活动场所之外，为观众观看自选影片提供放映服务经营活动的文化娱乐场所。

本规定所称点播院线，是指由一定数量的点播影院组成，拥有一定数量影片的发行权，并对所辖点播影院的电影放映活动提供影片、实施运营管理的发行企业。

第三条　从事点播影院、点播院线电影放映、发行活动，应当遵守宪法和有关法律、法规，坚持为人民服务、为社会主义服务，坚持社会效益优先，实现社会效益与经济效益相统一。

第四条　国务院电影主管部门负责全国点播影院、点播院线电影放映、发行活动的监督管理工作。

县级以上地方人民政府电影主管部门负责本行政区域内点播影院、点播院线电影放映、发行活动的监督管理工作。

第二章　业务许可

第五条　企业、个体工商户设立点播影院，应当向所在地县级人民政府电影主管部门提出申请，并应当符合以下条件：

（一）放映设备、放映质量和计费系统符合国务院电影主管部门规定的技术规范；

（二）所设单个影厅的银幕宽度不超过 6 米，观众有效座位数不超过 20 个；

（三）有拟加入的点播院线或者处于筹建期的点播院线；

（四）法定代表人或者主要负责人未处于电影从业禁止期间。

第六条　企业设立省内点播院线，应当向所在地省、自治区、直辖市人民政府电影主管部门提出申请；设立跨省点播院线，应当向国务院电影主管部门提出申请；并应当符合以下条件：

（一）有与其业务相适应的影片来源；

（二）计费系统符合国务院电影主管部门规定的技术规范；

（三）法定代表人或者主要负责人未处于电影从业禁止期间；

（四）省内点播院线所辖点播影院数量不少于30家，跨省点播院线所辖点播影院数量不少于60家。

只符合前款第一项至第三项条件的，由有关电影主管部门发给有效期为三个月的同意筹建证明文件。筹建期间内达到前款第四项条件的，方可向有关电影主管部门申请颁发许可证件。

第七条　电影主管部门应当依照《中华人民共和国电影产业促进法》第二十五条的规定，对符合条件的点播影院，颁发电影放映经营许可证；对符合条件的点播院线，颁发电影发行经营许可证。

第八条　点播影院变更其所加入的点播院线或者处于筹建期的点播院线的，应当向原发证机关重新申请核发电影放映经营许可证。

第九条　点播影院的电影放映经营许可证和点播院线的电影发行经营许可证的有效期为两年。

第三章　经营规范

第十条　国务院电影主管部门建立全国点播影院经营管理信息系统和影片著作权授权信息公示查询系统。

第十一条　县级人民政府电影主管部门应当自颁发电影放映经营许可证之日起10日内，向省、自治区、直辖市人民政府电影主管部门报送相关审批材料。

点播影院应当自经许可设立之日起10日内，将许可的相关信息报送所加入的点播院线。

第十二条　点播院线负责在全国点播影院经营管理信息系统上办理注册登记，申请点播影院编码。

省、自治区、直辖市人民政府电影主管部门应当自收到相关材料之日起10日内，依据所报材料对全国点播影院经营管理信息系统所载点播影院相关信息进行核对。核对无误的，依点播院线申请向其发放所辖点播影院编码。

第十三条　省、自治区、直辖市人民政府以上电影主管部门应当自颁发电影发行经营许可证之日起10日内，在全国点播影院经营管理信息系统上办理注册登记，并向点播院线发放点播院线编码。

第十四条　点播影院编码、点播院线编码是电影主管部门对点播影院、点播院线实施管理的唯一数字标识。

第十五条　点播院线负责向所辖点播影院提供影片。

点播影院不得放映所加入的点播院线发行范围之外的影片。

第十六条　点播影院放映和点播院线发行的影片，应当依法获得电影公映许可。

第十七条　点播院线发行的影片，应当依法取得著作权人许可其在点播影院放映的授权。

点播院线应当及时将影片著作权授权状况上传至影片著作权授权信息公示查询系统。

第十八条　电影著作权人对其作品由电影院进入点播影院放映的期间有限定的，点播院线在限定期间不得发行。

第十九条　点播影院应当合理安排由境内法人、其他组织所摄制电影的放映场次和时段，并且放映的时长不得低于年放映电影时长总和的三分之二。

第二十条　点播影院不得在同一影厅内开展电影院的电影放映活动。

第二十一条　点播影院应当遵守治安、消防、公共场所卫生等法律、法规规定，维护放映场所的公共秩序和环境卫生，保障观众的安全与健康。

第二十二条　点播影院、点播院线应当加强计费系统和放映系统设备的日常维护，确保电影放映质量。

第二十三条　点播院线负责对所辖点播影院的制度建设、放映内容和质量管理、技术系统建设和运行维护、数据报送、人员培训等运营活动实施管理。

第二十四条 点播影院应当按照所加入点播院线的要求，按时报送相关经营数据。

点播院线应当按照国务院电影主管部门的要求，将所辖点播影院的经营数据上传至全国点播影院经营管理信息系统，纳入电影销售收入统计。

第四章 监督管理

第二十五条 电影主管部门应当加强对点播影院、点播院线的日常监督管理。

电影主管部门的工作人员依法履行监督检查职责时，点播影院、点播院线应当予以配合并提供必要的技术支持，不得拒绝、阻扰。

第二十六条 电影主管部门应当记录监督检查情况和处理结果，并定期向社会公布有关执法情况。

第二十七条 任何单位或者个人发现点播影院、点播院线有违反本规定行为的，有权向电影主管部门投诉、举报。

第二十八条 电影主管部门应当分别建立点播影院、点播院线违法行为警示记录档案，并向社会公布；对列入警示记录的点播影院、点播院线，应当加大监督检查力度。

第二十九条 点播影院、点播院线行业协会应当依照章程规定，制定行业自律规范，指导和推动点播影院、点播院线依法规范经营。

第五章 法律责任

第三十条 违反本规定，擅自从事点播影院、点播院线电影放映、发行活动的，依照《中华人民共和国电影产业促进法》第四十七条的规定予以处罚。

伪造、变造、出租、出借、买卖或者以其他形式非法转让有关电影放映、发行许可证件，或者以欺骗、贿赂等不正当手段取得上述许可证件的，依照《中华人民共和国电影产业促进法》第四十八条的规定予以处罚。

第三十一条 违反本规定，放映、发行未获得电影公映许可的电影的，依照《中华人民共和国电影产业促进法》第四十九条的规定予以处罚。

第三十二条 违反本规定，有下列行为之一的，依照《中华人民共和国电影产业促进法》第五十一条的规定予以处罚：

（一）制造虚假交易、虚报瞒报销售收入，扰乱电影市场秩序的；

（二）在电影开始放映之后至放映结束前放映广告的。

第三十三条 违反本规定，有下列行为之一的，由县级以上人民政府电影主管部门责令限期改正，给予警告，可以并处3万元以下的罚款：

（一）未按时办理点播影院编码、点播院线编码登记的；

（二）点播影院放映所加入点播院线发行范围之外的影片的；

（三）点播院线未按时报送经营数据的；

（四）点播影院在同一影厅内开展电影院的电影放映活动的；

（五）点播院线未有效履行运营管理职责，致使所辖点播影院出现违法行为的；

（六）点播影院、点播院线未按照点播影院技术规范的要求选用计费系统和放映系统设备，放映质量不达标的。

第三十四条　点播影院、点播院线违反著作权法律法规的，由著作权行政管理部门依法予以处罚；情节严重的，由原发证机关吊销许可证。

第六章　附　则

第三十五条　本规定未尽事宜，适用《中华人民共和国电影产业促进法》和《电影管理条例》的有关规定。

第三十六条　境外资本从事点播影院、点播院线电影放映、发行活动的，参照国家有关电影院、电影院线外资准入的规定执行。

第三十七条　公益性点播影院、点播院线的业务许可、经营规范和监督管理参照本规定执行。

第三十八条　本规定自2018年3月30日起施行。

后　记

“天下之事，不难于立法，而难于法之必行。”行政执法是行政机关履行政府职能、管理经济社会事务的主要方式。当前，“放管服”改革不断深化，综合行政执法改革逐渐推开，对依法行政提出新的挑战；同时，执法对象日趋多元、公民维权意识越来越强，对行政执法的要求也越来越高。

为进一步规范行政执法行为，提高行政执法水平，更好地为全省新闻出版广播影视行政执法案卷制作提供借鉴，我们参照总局和部分省市做法，在广泛搜集全省新闻出版广播影视系统行政执法案卷的基础上，选取部分有代表性的案例，组织部分市、县有多年行政执法实践经验的同志以及法律专业人士，从合法性、正当性和规范性等多个方面对案卷进行逐一修改完善，并比照《新闻出版广电(版权)行政处罚文书示范格式》认真校正，最终形成行政处罚示范文书。另外，为方便行政执法人员查阅和使用，我们还整理了部分法规和司法解释作为第二篇附后。

需要特别说明的是，本书主要作为大家学习业务和开展工作的参考之用，故书中当事人信息、相关证件及证据材料复印件及照片等均未直接呈现，执法人员姓名也均采用化名。出版此类行政处罚手册是我们的首次尝试，由于时间和人力有限，加之缺乏经验，难免存在疏漏和不足，希望大家多提宝贵意见，以使本书能够更贴近实际工作，更好地解决行政执法过程中的实际问题。

在本书的编写出版过程中，得到了国家广播电视总局政策法规司领导的悉心指导和大力支持。济南、淄博、烟台、泰安、临沂、嘉祥、宁津等市、县以及其他部分市、县文化广电新闻出版局及文化市场执法部门的同志们为本书写作提出了诸多良好的建议；山东德衡(济南)律师事务所的律师们在本书的编写过程中进行了细致的审核并提供了大量的法律意见，在此一并表示感谢。

编　者

2018 年 8 月

图书在版编目(CIP)数据

山东省新闻出版广播影视行政执法实用手册/山东省新闻出版广电局编.—济南:山东大学出版社,2018.9
ISBN 978-7-5607-6219-7

Ⅰ.①山…　Ⅱ.①山…　Ⅲ.①新闻工作—行政执法—山东—手册 ②出版工作—行政执法—山东—手册 ③广播工作—行政执法—山东—手册 ④电影工作—行政执法—山东—手册 ⑤电视工作—行政执法—山东—手册　Ⅳ.①D927.520.28-62

中国版本图书馆CIP数据核字(2018)第244052号

责任编辑:王　潇
封面设计:张　荔

出版发行:山东大学出版社
社　址　山东省济南市山大南路20号
邮　编　250100
电　话　市场部(0531)88363008
经　销:新华书店
印　刷:山东新华印务有限责任公司
规　格:880毫米×1230毫米　1/16
21.25印张　498千字
版　次:2018年9月第1版
印　次:2018年9月第1次印刷
定　价:60.00元
